U0605655

中国语言文学课程
教学实践与探索

彭福荣　白瑞芬　谢诗茂　张红兵　编

西南交通大学出版社
·成　都·

图书在版编目（CIP）数据

前后集：中国语言文学课程教学实践与探索 / 彭福荣等编. -- 成都：西南交通大学出版社，2025.1
ISBN 978-7-5774-0283-3

Ⅰ.H1；I206

中国国家版本馆 CIP 数据核字第 20255L5D47 号

Qianhouji: Zhongguo Yuyan Wenxue Kecheng Jiaoxue Shijian yu Tansuo

前后集：中国语言文学课程教学实践与探索

彭福荣　白瑞芬　谢诗茂　张红兵　编

策 划 编 辑	秦　薇　胡　军　罗俊亮
责 任 编 辑	邵莘越
封 面 设 计	原谋书装
出 版 发 行	西南交通大学出版社 （四川省成都市金牛区二环路北一段 111 号 西南交通大学创新大厦 21 楼）
营 销 部 电 话	028-87600564　028-87600533
邮 政 编 码	610031
网　　　　址	https://www.xnjdcbs.com
印　　　　刷	成都蜀通印务有限责任公司
成 品 尺 寸	185 mm×260 mm
印　　　　张	11.5
字　　　　数	259 千
版　　　　次	2025 年 1 月第 1 版
印　　　　次	2025 年 1 月第 1 次
书　　　　号	ISBN 978-7-5774-0283-3
定　　　　价	48.00 元

编委会

编委会主任：向小川

编委会成员（排名不分先后）：

前言

本成果名谓"前后集"，取其承前启后、继往开来之意也。

长江师范学院是重庆市人民政府主办的全日制普通本科高等院校，自 1931 年建校办学以来，经历涪陵师范高等专科学校、涪陵师范学院到长江师范学院等沿革变迁，迄今已逾九十载，可谓近百年历史的地方高校，形成了"治学促乡，师从师出"的办学传统，被誉为"山区教育子弟兵的摇篮"。

文学院亦在"文以化人，学以明道"院训指引下，历经中文系、汉语言文学系、文学与新闻学院和文学院等调整，是学校办学历史最为悠久、办学实力最为强劲的教学科研单位之一。其中，汉语言文学专业是文学院践行校训、秉承传统、履行使命的重要平台，办学历史悠久、综合实力较强，自1977年开始招生以来，成为重庆市级的特色专业和一流专业，于2020年通过教育部师范专业认证，迄今已经培养万余名德才兼备的学生。他们或活跃在中小学语文教师的岗位上，或成长为党政机关、企事业单位的语言文字工作者，或从事文学创作和文化研究，杰出者已然成为知名学者、诗人、作家、企业家、领导干部，成长为基础教育界的校长、特级教师和骨干教师。

长江师范学院文学院及其汉语言文学专业可谓名声在外、桃李天下，是数十年脚踏实地、求真进取的办学成果，凝聚历届领导和数代老师的智慧和心血。大家团结一致、攻坚克难，整合学校内外优质资源，打造教学科研团队，凝练学科专业方向，不辞劳苦耕耘讲台，承担教学科研项目，训练学生教育教学技能，培养高素质应用型人才，服务地方经济社会发展，积累丰富的办学育人经验，成为今天育人育才的重要财富。

尤其是获批重庆市级特色专业和一流专业以来，文学院及其开设的汉语言文学专业在办学环境、资源投入、师资队伍、学科方向、专业特色、人才培养和求职就业等方面，面貌一新，高级职称教师占比70%，博士教师占比50%，多人系国家社科基金项目评审专家、市级学术技术带头人后备人选、省市级以上学术组织负责人，依托"巴渝文献整理与研究中心"等多个平台，建设重点学科中国语言文学，聚焦国家战略，服务地方发展，依托各级各类科研项目，深化西南民族历史文化与中国现当代文学研究，在重庆地方文献整理与地域文化研究、西南民族历史文化与中国现当代文学等研究领域的成果较为丰硕，形成乌江流域、中国土司制度与作家吴宓研究的特色和优势。

文学院顺应教育强国建设与教育数字化发展趋势，深度融合基础教育改革发展，对标"新文科""新师范"建设，结合新时代基础教育改革发展、中小学语文教师岗位的需求，依托汉语言文学和小学教育专业，探索"校地协作，分类培养，学练结合"的人才培养模式，实现校校共建课程与协同育人，推进国际化办学，开展学科教学论（语文）专硕和中国语言文学与民族学学硕研究生培养，培养德、智、体、美全面发展的中小学语文教师、企事业单位语言文字工作者，形成卓越教师、博雅人才的应用型人才培养特色。

我们从"为党育人，为国育才"和立德树人的根本目标出发，对标新时代办人民满意教育的迫切要求，聚焦"新师范"和"新文科"建设，落实学校事业发展的"十四五"规划，整合办学资源，结集出版近年师生在中国语言文学学科和汉语言文学专业的宏观理论思考、教研教改研究、学生专业素养提升与技能训练研究等方面的成果，试图引导大家总结经验、探索规律和概括学理，向学界同行请教，与专家学者交流，引领长江师范学院文学院学科专业高质量发展的新时代。

若然，善莫大焉。

是为序！

彭福荣

2023 年冬季于钩深副楼

目录

第一编

语文教育思想
与教师素养培养

当今世界百年未有之大变局正在加速演进，中国特色社会主义进入新时代，为党育人与为国育人，落实立德树人根本任务，践行教育家精神、培养"四有"好老师，学做"大先生"，成为中国高等教育，尤其师范院校的历史使命与时代要求。因此，着眼于语文教育价值导向的新变化，针对如何成为一名师德高尚、学养深厚、理论扎实、视野开阔、能力突出、关爱学生的语文教师，结合业已取得的经验，加强高校教师教育教学能力与职业道德素养建设，就显得尤为必要和重要。

——题记

语文教育价值导向新变化
——基于 2016 年部编初中语文教科书的分析

张江元①

（长江师范学院　文学院　重庆涪陵　408100）

【摘　要】从新编七年级语文教科书编排可见，新编语文教材蕴含着新的语文教育价值导向，一是凸显多元文化背景下的民族文化认同感，二是强调人格修养的社会价值，三是重视非连续性文本的综合育人效应，四是回归语文素养的基础性要求。

【关键词】部编教材；语文教育；价值导向；变化

雅斯贝尔斯认为"教育最重要的是选择完美的教育内容"。②作为传承民族文化的基础性工具，语文教科书编写是随着社会主流价值取向、课程与教学理论的深化、知识概念的更新不断发展的。新课程改革以来，我国初中语文教科书为达到准确引领鲜活生动的教学实践的目的，在总体平稳中经历了几次较大修订。2001 年人教版初中语文"新大纲"教科书大量更新选文内容，尝试从"人与自然""人与社会""人与自我"三个维度呈现出语文学习与生活的密切联系。"写作、口语交际""语文实践活动"作为独立板块与阅读单元并列，已体现出课程整合和注重实践的重大突破。同年稍后的 2001 年"新课标"教科书除更新选文内容，大量选用外国文学作品和时文以外，以"综合性学习·写作·口语交际"贯穿全套的设计，加强了语文课程跨界整合的力度，并以"名著导读"强调对课外阅读的重视。2007 年教科书在单元内部进行了篇目的零星调整，使之与单元主题更匹配。2008 年教科书对"名著导读"数量作了适当删减。2013 年教科书采用篇目更新与单元调整并举的方式，在安排阅读内容方面体现切合实际的"生本意识"，并且单元导语和课后练习都有显著变化，但都局限于上册，只有对综合性学习的修订贯穿全套。2016 年秋教育部语文教科书（简称部编语文教科书）正式启用③，它以"守正创新"为总体思路，运用"三位一体"（教读、自读、课外阅读）"双线组元"（人文主题、语文要素）设计来创新教科书编排体系和更新内容，并汲取新课改经验，以"生本意识"为核心细致落实"语文素养"，在阅读板块、单元导语、预习提示和课后练习

---

① 张江元：长江师范学院文学院副教授，主要从事语文课程教学论研究。原文发表在《语文建设》2018 年第 1 期，收录本书时略有修改。
② 雅斯贝尔斯：《什么是教育》，三联书店，1991 年版，第 4 页。
③ 教育部：《义务教育教科书·语文（七年级上册）》，人民教育出版社，2016 年版。

方面都有显著变化。为追求有"灵魂"的教育，七年级部编教科书于诸多生动变化中呈现出的语文教育价值导向变化可以归纳为以下几方面。

一、凸显多元文化背景下的民族文化认同感

世纪之交前后，各国母语课程都走上了一条追求规范化、现代化、多元化、民族化、生活化的发展之路。这势必要求语文教科书在多元化追求中实现本土文化与世界优秀文化的对接，以开放的姿态对待丰富多彩的世界文化，使语文教科书既有民族文化的魅力，也具世界文化的风采。仅以 2013 年人教版语文七年级教科书为例①，所选外国作品多达 17 篇，涉及印度、奥地利、希腊、丹麦、英国、俄国、法国、美国等 8 个国家，有小说、演说词、说明文、童话、寓言、诗歌、散文（诗）等多种文体。这与 2001 年版本教材只选来自法国、美国、希腊、丹麦 4 个国家的 8 篇选文相比，变化惊人。

中华民族历史悠久，英雄名家辈出，积累的思想文化财富浩如烟海，为传承、弘扬民族文化精神，语文教科书要在加强学生民族文化积淀方面，多撷取代表中国文化精髓的内容。为振兴中华传统文化、展现当代中国人文精神、提升民族文化自信，部编语文教科书与时俱进，在中外文本选择比例上有所变化。2016 年七年级语文教材，外国选文由原来的 17 篇压缩为 12 篇，并且在内容选择上的变化显著。具体情况如表 1 表示。

表 1　七年级语文教材选文变化（2013 年与 2016 年）

2013			2016		
册	篇目	单元	变动	篇目	单元
七上	金色花	人间真情	√		挚爱亲情
	再塑生命的人	学习生活	√		校园之美
	我的早年生活		替换	植树的牧羊人	人生之舟
	走一步，再走一步	生命感悟	√		
	绿色蝈蝈	科学世界	删除		
	皇帝的新装		√		
	赫尔墨斯和雕像者	想象世界	√		想象之翼
	蚊子和狮子		√		
七下	丑小鸭	成长足迹	删除		
	假如生活欺骗了你		√		哲理之思
	未选择的路		√		
	最后一课	爱国情操	√		祖国之恋
	福楼拜家的星期天	名人风采	替换	回忆鲁迅先生	群星闪耀

---

① 课程教材研究所：《义务教育课程标准实验教科书·语文（七年级）》，人民教育出版社，2013 年版。

续表

2013			2016		
册	篇目	单元	变动	篇目	单元
七下	伟大的悲剧	探险传奇	√		科幻探险
	在沙漠中心		替换	太空一日	
	真正的英雄		替换	带上她的眼睛	
	马	关爱动物	替换	动物笑谈	动物与人（七上）（七上）　（七上）

从上表可见，被删除和替换掉的外国选文篇目多达 7 篇，所占比例几乎近半。其中有 2 篇是新选的，有 2 篇直接被删除，有 3 篇被我国选文替换。七年级下册"群星闪耀"单元与旧版"名人风采"单元编辑目的一致，都是感知学习名人精神风采和思想智慧。旧版选文有 2 篇涉及国外名人，有 3 篇涉及中国名人。而"群星闪耀"涉及的全是中国古今名人，不仅用萧红的《回忆鲁迅先生》取代莫泊桑的作品，讲述贝多芬的选文也没有保留。

语文教材不仅要扎根民族历史，更要关注伟大时代的建设成就。部编教科书合并上册"科学世界"和下册"探险传奇"单元为"科幻探险"单元，只保留了《河中石兽》《伟大的悲剧》这两篇，并用杨利伟的《太空一日》和刘慈欣的《带上她的眼睛》代替另外两篇外国选文《在沙漠中心》《真正的英雄》，删除郭超人的《登上地球之巅》。此单元主要培养学生的科学探索精神和创新精神，去掉最后一篇不仅让选文更贴近时代发展，且用"航空英雄"选文与中国科幻小说家的作品，更有利于激发和体现民族自豪感和自信心。《河中石兽》作为清代民间故事包含着科学探索所需的正确观念和质疑态度。这样编排既能达成单元学习要求，也能体现出民族自豪感和文化自信。

新课标前言明确指出语文课程不仅要让学生具有"开阔的视野、开放的心态、创新的思维"[①]，而且在"增强民族文化认同感，增强民族凝聚力和创造力"方面[②]，也要发挥不可替代的作用。部编教科书无疑在多元文化背景下坚守了民族文化认同感。

二、强调人格修养的社会价值

部编教科书通过单元主题搭建语文课程与现实生活的联系，内容几乎涉及现实生活的所有方面，意欲引导学生正确面对各种现实境遇，形成健全人格。在三条线索下，各单元主题在部编教科书中的具体分布如表 2 所示。

---

① 中华人民共和国教育部：《义务教育语文课程标准（2011 年版）》，北京师范大学出版社，2012 年版，第 1 页。

② 中华人民共和国教育部：《义务教育语文课程标准（2011 年版）》，北京师范大学出版社，2012 年版，第 1 页。

表2　2016年七年级单元主题分类

	人与自我		人与社会		人与自然	
七上	四单元	六单元	二单元	三单元	一单元	五单元
	人生之舟	想象之翼	至爱亲情	校园之美	四季美景	动物与人
七下	四单元	五单元	一单元	二单元	三单元	六单元
	修身正己	哲理之思	群星闪耀	祖国之恋	凡人小事	科幻探险

　　据上表，"人与社会"单元主题学习内容占单元总数的41.7%，单元数量超过了"人与自我"与"人与自然"单元。分析其原因，一是社会生活内容本身丰富多彩，涉及范围广泛，与学生生活密切相关；二是因为语文课程培养目标随社会发展需要而改弦更张，强调"人与自我"的完善与和谐发展，也是为更好适应未来社会的变化发展。

　　初中生正处在品德修养形成的关键可塑时期，如何成为一个正直、善良、有责任感，并对自己国家、民族及文化有高度认同感的人，成为语文课程首先要解决的问题。语文课程是全面培养学生语文素养的综合性实践性课程。新课程明确要求"继承和发扬中华优秀文化传统和革命传统，体现社会主义核心价值体系的引领作用，突出中国特色社会主义共同理想"，"树立社会主义荣辱观，培养良好的思想道德风尚"[①]。为此，部编教科书调整单元顺序并重组单元主题，新课标的要求在教科书中得到明确落实，具体如表3所示。

表3　七年级语文教科书单元主题变化

七上	旧	一、人间真情	二、学习生活	三、自然美景	四、生命感悟	五、科学世界	六、想象世界
	新	一、四季美景	二、至爱亲情	三、校园之美	四、人生之舟	五、动物与人	六、想象之翼
七下	旧	一、成长足迹	二、爱国情操	三、名人风采	四、文化艺术	五、探险传奇	六、关爱动物
	新	一、群星闪耀	二、祖国之恋	三、凡人小事	四、修身正己	五、哲理之思	六、科幻探险

　　"生命感悟"和"人生之舟"表面看来接近，实则差异极大。前者多是着眼于个人生活经历的心灵感悟；后者却是将"生命之舟"航行在坚实的现实生活之中体现出人生应有的价值追求。《纪念白求恩》和《植树的牧羊人》强调的都是主人公在本职工作和日常生活中无私奉献的高尚品德，《诫子书》是在成就现实人生价值的背景下强调"静以修身，俭以养德"等个人修养的意义。

　　下册以"群星闪耀"里邓稼先等名人事迹和"祖国之恋"里的经典篇章对学生进行为国家、民族奋斗的崇高爱国主义教育。为弘扬中华民族优秀传统美德，第一次选编了《叶圣陶先生二三事》《最苦与最乐》，与《驿路梨花》《爱莲说》等文本组合成"修身正己"单元，取代"文化艺术"单元，凸显品德修养的重要性。更将目光投向平凡现实人生，将八年级的"凡人小事"单元稍作修改提前安排，目的在于引导学生在现实社会

---

① 中华人民共和国教育部：《义务教育语文课程标准（2011年版）》，北京师范大学出版社，2012年版，第3页。

生活中成长为善良正直、宽厚仁爱之人。无论如何平凡普通，即便如阿长和老王，也应该善良正直充满爱心，拥有与他人平等的人格；即便如《台阶》里的"父亲"，也应该活得有尊严和有价值。"修身正己"单元虽然强调的是个人品德修养，却无不与当下生活密切联系对学生进行以"仁爱共济、立己达人为重点的社会关爱教育"①。《驿路梨花》朴实民风里的助人为乐不应只是一种简单的人性美德，更应该是我们这个时代所应有的公德意识表现；《最苦与最乐》对"背负责任是人生最大的苦，尽责任是人生最大的乐"的辩证认识启迪我们直面现实人生勇担责任，超越小我实现大我；《陋室铭》《爱莲说》强调君子具有的高尚品德和美好情操使"陋室不陋"，能做到"出淤泥而不染""濯清涟而不妖"。

三、重视非连续性文本的综合育人效应

阅读教学是各国母语课程的"重镇"，2011 版课标在第 4 学段的教学目标中明确规定要进行"由多种材料组合、较为复杂的非连续性文本"阅读训练，但相应的语文教科书里却难以见到此类阅读材料。部编教科书通过"综合性学习"活动的开展，弥补了阅读训练方面存在的缺陷。在六次"综合性学习"中呈现了两次非连续性文本阅读"少年正是读书时"和"孝亲敬老从我做起"。其中有坐标图、调查问卷、图画、片段文字等不同材料的组合。非连续性文本阅读的重要性在于它首先能体现对母语课程阅读训练的重视，其次能充分体现语文课程的两大特性即综合性和实践性。它能灵活多样地涉及生活中常见的文本形式，比如图表、广告、说明书、凭证、地图、目录、索引、公告、标识、海报等，并要求学生从中提取有价值的信息，得出正确的结论。它所涉及的多种材料与人们的现实生活实践密切相关，能有效地引导学生在阅读分析各种材料的实践中形成获取信息、处理信息、评价信息的能力。与此同时，学生的比较、分析、概括、文字运用等多方面的素养也得到扎实训练。一个将非连续性文本阅读引入并体现出母语教育"随在性"的课标，无疑是一个具有先进性和重要历史意义的课标②，那么将非连续性文本阅读明确体现于实践训练的部编教科书，它的先进性和进步性显而易见，这样的阅读训练对学生综合素养的形成作用不言自明。

四、回归语文素养的基础性要求

2001 年语文课程标准曾提出"不宜刻意追求语文知识的系统和完整"③，这使人教版初中语文实验教科书采用重心后移方式来淡化语文知识教学，使语文知识边缘化。教

---

① 中华人民共和国教育部：《完善中华优秀传统文化教育指导纲要》，《中国教育报》，2014-04-02.
② 曾晓洁、蒋蓉：《基于母语、基于儿童：论 2011 年版〈语文课程标准〉的先进性与历史性》，《现代中小学教育》，2013 年第 3 期。
③ 中华人民共和国教育部：《全日制义务教育语文课程标准（实验稿）》，北京大学出版社，2001 年版，第 2 页。

学实践的"去知识化"使学生在语文知识及相关技能方面的表现不佳。2011 版课标删除上述规定，并在"教学建议"部分新增"语法修辞知识"的具体建议，也在"教材编写建议"里去掉"语文知识要精而少"①的表述。因此 2013 年修订教科书的语文知识编排出现了些微改观。部编教科书欲将课改经验和课程理念全面落实。

在回归语文基础性方面有新变化。在回归语文课程基础——语文知识方面，部编教材囊括了旧版教材绝大部分知识内容，还新增大量的语文知识点，增加了语文知识呈现的密度，体现出对语文基础知识的高度重视，改善了语文知识在教材中的边缘化地位。一门完善的课程必将建立在完善的基础知识之上，部编教材"重新确定语文教学的'知识体系'，落实那些体现语文核心素养的知识点、能力点"②，将于学生素养形成有用的知识还给课程。一门课程的"知识体系"只有建立在科学的基础上才是合理的、有用的。科学的知识体系必是符合课标理念和学生学习需要的。

在回归学生自主发展基础——语文能力方面，部编语文教科书也有可圈可点之处。"语文知识是语文能力的坚实基础"③，新课程改革倡导的语文理念，如果没有知识的支撑终将是空中楼阁。部编教科书将知识学习与学生阅读能力、文字运用水平和语文素养形成密切联系起来，采用更具体实用的方法和策略，因为语文知识不仅是知识本身，还是"语言规律的科学概括和语文学习广泛的科学总结"④。在编写知识短文时，不从概念入手而从现象、事例入手，语言浅显生动，这样便于学生自主学习，也可避免语文教学中的死记硬背和机械训练，走出"知识立意"的循环怪圈，便于将"素养立意"的课程理念落到实处。

---

① 中华人民共和国教育部：《义务教育语文课程标准（2011 年版）》，北京师范大学出版社，2012 年版，第 25、33 页。
② 温儒敏：《部编义务教育语文教科书的七个创新点》，《小学语文》，2016 年第 9 期。
③ 刘永康：《语文课程与教学新论》，高等教育出版社，2011 年版，第 248 页。
④ 张鸿苓：《语文教育学》，北京师范大学出版社，1993 年版，249-250 页。

论地方师范院校专任教师教学能力建设

李金荣①

（长江师范学院 文学院 重庆涪陵 408100）

【摘 要】教育事业的发展，人才培养质量的提升，核心在师资队伍的建设。培养适应新时代需要的卓越教师，成为当前教育界探讨的热点之一，但其核心在于提升本科师范院校师资队伍水平，尤其急需切实提升专任教师的课堂教学、课程思政、实践指导、智慧教学、教研科研、创新创业指导、职后培训等能力。

【关键词】地方师范院校；专任教师；能力

百年大计，教育为本。21世纪以来，党和国家对我国教育事业，对各级各类学校人才培养质量高度重视。就本科教育而言，全国高等学校本科教育工作会明确指出："人才培养是大学的本质职能，本科教育是大学的根和本"，要坚持"以本为本"，"把本科教育放在人才培养的核心地位、教育教学的基础地位、新时代教育发展的前沿地位"；推进"四个回归"，"把人才培养的质量和效果作为检验一切工作的根本标准"，"引导教师热爱教学、倾心教学、研究教学，潜心教书育人。坚持以师德师风作为教师素质评价的第一标准，在教师专业技术职务晋升中实行本科教学工作考评一票否决制。"为此，教育部《关于深化本科教育教学改革全面提高人才培养质量的意见》提出，要"把思想政治教育贯穿人才培养全过程""全面提高课程建设质量""深化创新创业教育改革""推动科研反哺教学""全面推进质量文化建设""完善教师培训与激励体系"等。

教育大计，教师为本。教育事业的发展，人才培养质量的提升，虽然要回答和解决的问题有很多，但其核心还在师资队伍的建设。中共中央、国务院文件《关于全面深化新时代教师队伍建设改革的意见》《中国教育现代化2035》强调，"造就党和人民满意的高素质专业化创新型的教师队伍"。为落实党中央、国务院文件精神，教育部先后出台《关于实施卓越教师培养计划的意见》《教育部关于实施卓越教师培养计划2.0的意见》《教师教育振兴行动计划（2018—2022年）》等系列文件。

一、问题的提出

为贯彻落实中共中央、国务院和教育部等关于新时代教师队伍建设、卓越教师培养等文件精神和新时代全国高等学校本科教学工作等会议精神，本科师范院校作为为基础

---

① 李金荣：长江师范学院文学院教授，主要从事中国古代文学教学与研究。

教育培养卓越教师的主阵地，近年正经历着深刻的变化：一方面，师范教育被边缘化的"老问题"倒逼着师范院校持续探索从"去师范化"到"再师范化"的二次转型；另一方面，信息技术和人工智能等新技术引发人们对未来师范教育理念、制度和方式等的深度思考。"老问题"与"新形势"的相互叠加，正推动着社会对深入推进师范教育体系改革的强烈期盼，如何打造高水平有特色的"新师范"，如何培养适应新时代需要的卓越教师，成为当前教育界探讨的热点之一。

正如前面所言，提升本科教育人才培养质量，打造高水平有特色的"新师范"，"造就党和人民满意的高素质专业化创新型的教师队伍"，虽然要回答和解决的问题很多，但其核心还在提升本科师范院校师资队伍水平，尤其是其教学能力。

二、应对的策略

对照中共中央、国务院、教育部等关于新时代教师队伍建设、卓越教师培养的要求，对照全国高等学校本科教学工作会等关于本科人才培养质量的要求，对照目前学界关于"新师范"建设的共识，我们认为，目前地方师范院校在师资队伍建设方面，尤其在专任教师教学能力方面，急需切实提升以下几个方面的教学能力。

（一）切实提升专任教师的课堂教学能力

未来卓越教师培养的主阵地在课堂，地方师范院校近年来引进了大批年轻有为的高层次人才，他们是地方师范院校未来发展的中坚力量，但因大多未接受师范教育的系统训练，加之入职不久等原因，导致部分教师教育人才培养基本规律不熟、教学经验欠缺、教学手段落后等。而部分"老"教师或因职前未能接受系统的学科专业训练，或因职后未参加培训进修，或因主观努力不够等，导致他们教学观念、教学内容、教学手段等陈旧，指导学生力不从心，课堂教学长期在低水平上重复。急需动员、组织、指导专任教师了解高等教育的基本规律、宏观政策和改革趋势等，提升教育学、心理学等学科素养，强化普通话、板书和现代教育技术等教师基本功，熟悉人才培养方案、课程教学大纲等，潜心研究教学内容、教学手段和教学方法等，切实提升专任教师课堂教学能力。

（二）切实提升专任教师的课程思政能力

师范院校肩负培养未来卓越教师的神圣使命，落实立德树人根本任务不但事关师范生的成长成才，更事关基础教育学生成长成才，师范院校专任教师、专业课程在开展课程思政、落实立德树人方面更肩负更多的责任和具有天然的优势，而目前部分地方师范院校专任教师在自身师德师风建设方面、在利用课程资源开展课程思政方面、在培养未来基础教育教师掌握开展课程思政本领方面存在不足。急需动员、组织、指导专任教师学习有关师德师风文件精神，筑牢师德红线，争做"四有"好老师，勇担立德树人根本任务，在强化专业知识和能力学习的同时，充分挖掘专业课程在落实立德树人根本任务方面的课程资源优势，切实提升专任教师的课程思政能力。

（三）切实提升专任教师的实践指导能力

"新师范"建设要求"完善全方位协同培养机制"，"建立高校与地方政府、中小学'三位一体'协同培养新机制"，"推动实践导向的教师教育课程内容改革……构建全方位教育实践内容体系"。然而地方师范院校部分专任教师不熟悉教师教育基本规律，加之长期脱离基础教育，导致他们在指导师范生教育专业实践和教育见习、试讲、实习以及毕业论文（设计）等实践教学活动时捉襟见肘、隔靴搔痒、力不从心。急需动员、组织、指导专任教师扎根基础教育一线，调研基础教育现状，熟悉最新中小学课程标准、最新部编中小学教材和考核评价办法等，了解中小学最新课改前沿，协同共建指导师范生中小学教学的专业课程、拓展课程和实践课程，联合开展课题申请、论著撰写和成果申报等，协作指导师范生专业实践和教育见习、实习、研习以及创新创业、毕业论文（设计）指导等，切实提升专任教师的实践教学能力。

（四）切实提升专任教师的智慧教学能力

随着信息技术和人工智能等新技术的发展，"新师范"建设不但要求师范院校教师在师范教育体系中融入智能教育，掌握开展智能教育的能力，而且要求全面提高未来教师的信息素养和智能水平，促进师范生基于全体、全面、全时空的教与学的能力和效率提升，而目前部分地方师范院校专任教师对此不但意识淡薄，而且水平有限，不适应"新师范"建设需要。急需动员、组织、指导专任教师熟练掌握互联网、大数据和人工智能等信息技术，并充分利用信息技术开展专业建设、课程建设、课堂教学、实践教学、思政教育和教学管理等，切实提升专任教师的智慧教学能力。

（五）切实提升专任教师的教研科研能力

专任教师教学能力的提升必须以提升他们的科研水平、教研能力为前提。然而地方师范院校部分教师还存在重科研轻教研的情况，或没能立足教学开展科研，将科研成果转化成课程资源、教学资源，充分发挥高层次人才及高水平科研成果在卓越教师培养中的重要作用。急需动员、组织、指导专任教师立足教学开展科研教研，积极申报各类科研教研项目、质量工程，实时推出高水平科研教研成果，并将科研教研成果转化成课程资源、教学资源，更新专业基础课程教学内容，开发专业拓展课程，创新教学模式，改进教学手段，指导师范生创新创业训练，充分发挥高水平科研教研成果在卓越教师培养中的重要作用，切实提升专任教师的科研、教研能力和教学水平。

（六）切实提升专任教师的创新创业指导能力

"新师范"建设要求培养未来卓越教师创新思维、创新能力和科学精神，然而地方师范院校部分专任教师的创新意识、创新思维不强，科研教研成果不多，指导未来卓越教师创新创业实践活动的能力不足。急需动员、组织、指导专任教师吸纳学生担任科研教研助手，参与专任教师的科研教研活动，指导学生参加学科竞赛和创新创业活动，培养未来卓越教师创新思维、创新能力和科学精神，切实提升专任教师的创新创业指导能力。

（七）切实提升专任教师的职后培训能力

"新师范"建设要求不再把教师职后培训看成师范院校的社会服务功能，而是当作自己的本职主业，务求做到教师职前培养和职后培训一体化，而目前部分地方师范院校专任教师对基础教育缺乏了解，更缺乏研究，在调研基础教育教师培训需求、培训课程资源开发与利用、培训课程设计、培训成果的提炼和利用培训成果反哺教师职前培养等方面的能力有待提高。急需动员、组织、指导专任教师牢固树立终身学习的理念，了解国家教师职后培训相关政策，调研基础教育教师培训需求，申报国培市培项目，开发设计培训课程，实施培训项目，提炼培训成果等，并利用培训成果、资源等反哺基础教育教师职前培养，切实提升专任教师职后培训能力。

高校教师能力建设经验谈：中国古代文学课程教学案例

李胜①

（长江师范学院　文学院　重庆涪陵　408100）

【摘　要】讲解专业课程，需要做到鲜活、具体、切实、有效，带有教师个性、人格风采，让学生感受到知识的"落地""切身"和"有我"，变学生心目中的"无用"为"有用"，使其终身受用。尤其"中国古代文学"这类带"古"字号的课程，基本经验如下：一是教学、科研相互促进，相互为用，形成鲜明的教学特色。二是挖掘地方文化资源补充课程内容，促进知识更新，促成学以致用。三是加强课程思政力度，立德树人，建设为社会主义新时代培养人才。

【关键词】课程；教育教学；经验；中国古代文学

如何使专业课程教学内容的讲解做到鲜活、具体、切实、有效，还带有教师的个性、人格风采，让学生能够感受到知识的"落地""切身"和"有我"，变学生心目中的"无用"为"有用"，而且使其终身受用，是"中国古代文学"这一类带"古"字号的课程始终要面对和解决的难题。以下系列教学案例大致记录了我从 1995 年以来担任汉语言文学专业"中国古代文学"课程唐宋元明清文学教学时在课堂讲授内容方面的思考、设计及实施过程。为了清晰再现教学情景，更清楚地说明问题、总结经验，避免单一案例集中叙述带来的重复累赘，本文把众多同类型的教学案例按实际实施流程分为以下三个方面。

一、案例一：教学、科研相互促进，相互为用，形成鲜明的教学特色

（一）内容、方法及实施过程

教师在教学中细心发现有价值的科研课题，围绕教学搞科研，然后把科研成果有效融入课堂促进教学，同时形成课堂教学的"有我之境"。比如在讲包括唐诗在内的整个唐代文学的繁荣原因时，我注意到了初唐史家的特殊贡献，于是写了《初唐史家文论特

---

① 李胜：长江师范学院文学院教授，主要从事中国古代文学教学与研究。

色检讨》；在讲唐宋词前对词体的基本知识作梳理时，发现众多的词评、词学理论书籍在词段何以称"片"、一首双调词究竟是一阕还是两阕，以及"阕"字能不能写成"阙"字诸问题上犯糊涂，于是写了《词的段落称名琐议》；在讲《三国演义》成书前三国故事的民间流传情况时，发现《中国文学史》教材引述的唐代李商隐诗句"或谑张飞胡，或笑邓艾吃"各家讲法不一，于是写了《〈骄儿诗〉"或谑张飞胡"句"胡"字辨义》；在讲《聊斋志异》时发现文学史教材引述了清代著名小说评点家冯镇峦对此书的评论，而关于冯氏的籍贯"涪陵"，又基本误认为就是现在的重庆市涪陵区——学校长江师范学院所在地，于是写了《冯镇峦"涪陵"籍贯质疑》《冯镇峦生平著述考》《冯镇峦族戚交游考》等。这些文章撰写出来后，又反馈运用于实际教学当中，不但使知识的讲解更加清楚明白，也逐渐形成了教师鲜明的个人教学风格，让学生受益更多。

（二）教学体会

树立正确的价值观，长期积累，认真备课，用心教学，才能发现有价值的问题，并且要有较强的科研能力和积极解决问题的态度。总之，教学、科研都要认真、努力才行，缺一不可，偏废不得。

二、案例二：挖掘地方文化资源补充课程内容，促进知识更新，促成学以致用

（一）内容、方法及实施过程

"人类创造的一切文化现象，都在时空的交汇中发生和展现。"有感于专业课程知识与学校所在地涪陵这个地方的疏离，如何深入挖掘地方文化资源找到二者的连接点，让知识"落地"，同时凸显学校的"地方性应用型大学"特点，也自然成为我们需要去面对和解决的问题。比如在讲现存的唐诗总量时，会涉及《全唐诗》和《全唐诗补编》，我就进一步联系学校所处的地域、地方有关单位，对《全唐诗》中的重庆诗人特别是涪陵诗人做了清查，写了《李远并非"〈全唐诗〉中惟有诗作传世的巴渝籍作家"》《有关唐代诗人孙定材料的三则考辨》。由此逐步扩展，我又对唐宋元明清各朝代著名作家如李白、杜甫、元稹、贯休、苏轼、黄庭坚、陆游、范成大、朱熹、王士祯等人与涪陵有关的文学作品，以及著名的涪陵白鹤梁题刻中保存的宋代以来的古诗进行清理、整理，先后写了《苏诗"山胡"考》《黄山谷〈点绛唇〉（浊酒黄花）词序"时再涪陵"者考识》《朱熹〈北岩题壁〉诗的真与伪》《高应乾及其〈白鹤梁观石鱼〉诗的时代考断》《白鹤梁题刻文字校读》等文章，并最后汇编成《地方文化：资料收集与问题研讨——以涪陵历史文化研究为例》一书出版。而把这些内容恰当融入课堂，无疑会使课程内容得到鲜活生动的补充，增强课堂教学的"在地"色彩，促进知识更新，促成学以致用。

（二）教学体会

爱岗敬业，多为学生的现实学习目的和拓宽其毕业后的就业途径着想，同时还要热爱学校、立足地方，有家国情怀，有自觉的责任感、使命感。只有这两方面结合在一起，才会将思考落实为具体行动。

三、案例三：加强课程思政力度，立德树人，培养社会主义新时代建设人才

（一）内容、方法及实施过程

"学以明道，文以化人。"专业课程也要既"教书"又"育人"，为国家培养社会主义新时代建设者。所以，加强课程思政力度，立德树人，既是教育的终极目标，也是教学的基本前提。比如在讲到韦庄时，有意点出其 60 岁才真正开始建功立业的"大器晚成"，引申建议学生要强健体魄；在讲到宋之问时，结合历史记载批评其"文人无行"的卑劣人品人格；在讲李白、苏轼时，称赞其"善处患难""四海作胸臆""也无风雨也无晴"的宽广胸怀与豁达人生态度；在讲杜甫、陆游、辛弃疾、文天祥时，重点强调其爱国忧民思想对中华民族文化性格的影响，对学生进行爱国主义思想教育；在讲李商隐、李清照时，侧重揭示其与国家、时代紧密关联的个人命运，让学生能够真正领会"时代的一粒灰，落在个人头上，就是一座山"这句话的内在含义。

（二）教学体会

"误人子弟易，教书育人难。"教师首先要树立正确的世界观、价值观、人生观，培养高尚美好的道德情操，并在言行举止上严格要求自己，注重言传身教，体现"学高为师，身正为范"的师范特色，做习近平总书记倡导的"四有"好老师，使课程思政的人生指导意义能够让学生终身受用。

试论乡村教师新乡贤体系培养路径

白瑞芬①

（长江师范学院 文学院 重庆涪陵 408100）

【摘　要】在欠发达地区，乡村教师是乡村知识分子的典型代表、塑造乡风文明的重要引领者和乡村优秀文化的传承者，具备成长为新乡贤的培养潜质。乡村教师新乡贤研究必须澄清三个基本问题：一是新乡贤需不需要培养，二是乡村教师可否"人人乡贤"，三是乡村教师如何成长为群体乡贤和个体乡贤。乡贤不是天生的而是后天养成的，乡村教师新乡贤体系需要通过政府的顶层设计和政策激励，优化乡贤社会成长环境，设置乡贤培养路径体系，根据个人意愿分层培养、分类引导，以形成不同层级的群体乡贤和个体乡贤。

【关键词】乡村教师；群体乡贤；个体乡贤；培养路径

党的二十大提出加快构建新发展格局，着力推动高质量发展，全面推进乡村振兴。教育部在《关于进一步做好"优师计划"师范生培养工作的通知》中，再次强调振兴乡村教育、实现乡村振兴对于中华民族伟大复兴的重要意义，提出注重优秀乡村教师的榜样引领作用。全面推进乡村振兴需要数亿人口留在农村，振兴乡村教育是留住青年和乡村未来的基石，优质乡村学校和乡村教师是提供优质乡村教育的核心，是传承发展农村优秀传统文化、增强乡风文明建设的依托。在全面推进乡村振兴战略部署下，政府系统性设计、有组织培养、成体系推动乡村教师队伍建设，可以扩大农村新乡贤规模、提升新乡贤参与质量、构建完善的在乡乡贤服务体系，更好地服务于乡村振兴战略的实施。

一、乡村教师新乡贤角色的社会认同与自我认知

（一）政府对乡村教师新乡贤角色的认同

2020 年，教育部在《关于加强新时代乡村教师队伍建设的意见》提出"注重发挥乡村教师新乡贤示范引领作用，塑造新时代文明乡风，促进乡村文化振兴。"教育部认同乡村教师在乡村振兴中的职责和价值，认可其能发挥新乡贤作用，推动乡风文明建设、促进乡村文化振兴和乡村教育事业的发展，鼓励其发挥引领示范作用。2022 年，教育部

---

① 白瑞芬：长江师范学院文学院副教授，主要从事地域文化、典籍训诂与文化阐释的研究。

在《关于进一步做好"优师计划"师范生培养工作的通知》中，再次强调振兴乡村教育、实现乡村振兴对于中华民族伟大复兴的重要意义，强调注重优秀乡村教师的榜样引领，做新时代文明乡风的塑造者，振兴乡村教育的"大先生"。

（二）民众对乡村教师新乡贤角色的认知

乡村教师不仅在乡村人才培养中发挥着不可替代的作用，在地方文化传承和乡风文明建设方面也有着重要作用，被大众认可为新乡贤。

1. 在地方文化传承方面

乡村教师是乡村社会知识分子中的重要群体，在传承本土文化和促进教育普及方面有着自身优势，通过课堂内外相关活动推动本地文化的传承和传播。乡村教师还是地方文化和价值观的守护者，对地方文化和社会价值有着深厚的情感，能够通过教育活动守护本土优秀文化，大众基于对乡村教师在文化传承和教育影响力等方面贡献的认同，认可其新乡贤地位。

2. 在乡风文明建设方面

乡村教师作为道德楷模，通过自己的行为和态度影响学生和社区成员，传递正面的价值观和社会责任感。大众对教师的认同，部分源于对其道德操守和责任感的尊重。乡村教师常常深入社区，参与环保、公共卫生等社区建设和服务活动，可以增强社区成员之间的联系，提升社区的整体福祉，从而赢得大众的尊重和认同。

（三）学界对乡村教师新乡贤角色的认知

学界对乡村教师乡贤角色的认知争议较大，分歧主要集中于乡村教师能否成为新乡贤的问题上，在乡村教师承担乡贤职责和乡贤角色扮演方面观点相近。

1. 乡村教师能否成为新乡贤

在乡村教师能否成为乡贤问题上学界尚无定论，一方面，乡村教师"不在乡"情况日益突出，吉标（2018）认为乡村教师与乡村社会逐渐疏离，成为乡村中的"陌生人"[①]，刘秀峰（2022）认为在乡村学校"离土"的背景下，乡村教师能够坚守教书育人本职工作，就是为乡村教育"兜底"[②]，难以成为"在乡乡贤"。另一方面，乡村教师在乡村振兴中占据重要位置，能够适应时代的需求成为新乡贤。肖正德（2022）认为乡村教师是乡村振兴战略中的新乡贤，应当融入当地社会，通过教育学生改造社会，承担联结家校协同育人的桥梁角色[③]。学者将乡村教师作为整体进行乡贤成长问题研究，在乡村教师的层次、群体和个体差异性方面探索不足。

---

① 吉标，刘擎擎：《乡村教师乡贤形象的式微与重塑》，《当代教育科学》，2018 年第 5 期。
② 刘秀峰，蔡莹桥：《乡村教师成为新乡贤的困境与限度》，《教育与教学研究》，2022 年第 7 期。
③ 肖正德：《乡村振兴战略中的乡村教师新乡贤角色研究》，华东师范大学出版社，2022 年版。

2. 乡村教师承担的乡贤职责

在乡村教师成长为新乡贤的职责价值认知方面，学界观点基本一致，普遍认为乡村教师在乡村文化传承、乡风文明建设和培养乡村人才方面重任在肩、责无旁贷，肖正德（2020）认为乡村教师是新乡贤的重要代表，在乡村产业人才培育、生态文明传播、乡风文明守护、乡村治理和乡民生活改造中担任重要社会角色①，王飞（2021）认为乡村教师是新乡贤的最重要群体之一，可以主动承担起乡村文化振兴的使命②。

3. 乡村教师新乡贤角色迷失

学者在乡村教师新乡贤角色认同方面认识较为一致，苏鹏举（2021）认为乡村教师原有乡贤角色迷失和旁落③，肖正德（2021）认为乡村教师新乡贤角色存在诸多现实问题④，主观条件不足，客观条件不利，支持体系不完备⑤，乡村教师担当新乡贤角色的意愿总体状态低迷⑥，乡村教师个体乡贤自我发展困难重重。同时，在乡村教师成长为新乡贤的培育体系、分层方面的研究以研究生学位论文居多，重量级学术研究明显不足，在乡村教师独特群体、群体差异化研究方面存在缺憾。

（四）乡村教师对新乡贤角色的自我认知

课题组对乌江流域部分区县的乡村教师进行了抽样调查（有效文件185份）和深度访谈（27人），结果和学界已有研究基本一致。乡村教师对自身新乡贤身份认同度较低（完全赞同+基本赞同共计19.46%，下同），认为通过自身努力成长为新乡贤的机会不大（13.51%），对自身肩负的乡村文化传承传播职责认可度较高（58.37%），希望通过政府政策帮助成长为新乡贤（41.08%）。在深度访谈中，学校领导觉得自己有一定的机会参与到乡村治理之中，但机会还不够多，施展的空间有限；中年乡村教师渴望为乡村振兴做出自己的贡献，但觉得没平台、缺渠道让他们无法直接参与乡风文明建设；青年乡村教师感觉自身能力、精力不够，无力参与其中，且付出与收获可能不成比例，参与意愿也相对较弱。总之，在乡村教师队伍中，不同群体对新乡贤身份自我认同存在显著的差异，职务、年龄成为区分认同新乡贤身份与否的主要辨识标志。

二、乡村教师群体乡贤与个体乡贤的认知误区

目前对乡村教师新乡贤研究尚未聚焦于群体乡贤和个体乡贤的差异，进而造成研究

① 肖正德：《论乡村振兴战略中乡村教师的新乡贤角色》，《教育研究》，2020年第11期。
② 王飞：《新时代乡村学校的社会责任与使命》，《教育与教学研究》，2021年第6期。
③ 苏鹏举，王海福：《乡村振兴视域下乡村教师新乡贤角色的式微与重塑》，《中国成人教育》，2021年第3期。
④ 肖正德：《乡村振兴战略中乡村教师新乡贤角色的现实问题与建设策略》，《教育科学研究》，2021年第12期。
⑤ 肖正德：《乡村教师新乡贤角色担当支持条件的问题考察与系统构建》，《教育发展研究》，2021年第8期。
⑥ 肖正德：《乡村振兴战略中乡村教师新乡贤角色担当意愿的相关影响因素分析》，《华东师范大学学报》，2021年第7期。

阐释中存在一些误区。

（一）群体乡贤和个体乡贤的内涵差异

乡村教师群体乡贤主要指依托乡村学校，为推动乡村振兴作出贡献的引领示范群体。群体乡贤是以学校为单位的乡村教师群体，依托乡村学校开展教书育人、参与乡村振兴建设，成为乡村人才培育、乡风文明建设的主阵地，为区域乡村振兴做出突出贡献，成为引领乡村社会道德文明风尚的新核心。乡村教师个体乡贤主要指依托校外平台渠道为推动乡村振兴做出突出贡献的贤达个体。个体乡贤主要依靠教师个人能力、魅力或正式渠道，在参与乡村治理、推动乡村经济发展或推动传统文化传承等方面做出突出贡献。群体乡贤和个体乡贤的内涵差异显著，需要明确区分，不可混为一谈。

（二）群体乡贤和个体乡贤的成长环境差异

乡村教师成长为群体乡贤需要依托学校机构等正式平台，在培养乡村人才、引导乡风文明、传承传统文化以及参与乡村治理中做出突出的贡献。政府可以通过政策体系，构筑乡风文明建设的示范（校）点的网络，成建制地培养乡村教师群体乡贤。乡村教师成长为个体乡贤，须根植于乡村教育的熟人环境基础，对乡村教育文化做出过突出贡献，在乡村社会获得普遍认可，乡村教师成长为个体乡贤，需要在个人意愿、能力和长期奉献的基础上逐步成长成熟，政府可以通过政策鼓励引导乡村教师的自我成长。二者在成长环境和过程上有明显差异，群体乡贤依赖于组织和制度的支持，通过系统化的教育和政策支持，实现集体化的影响力；而个体乡贤则基于个人的长期奉献和努力，逐步获得社会认可。

（三）厘清群体乡贤和个体乡贤的理论价值

梳理群体乡贤和个体乡贤的差异，分辨二者之间的关系，有助于克服因过度强调个体乡贤，而令乡村教师感到成为乡贤的难度太大或难以实现，导致的悲观主义倾向；有助于廓清乡村学校功能和依托乡村学校参与乡风文明建设的边界，克服乡村学校在乡村振兴中的"无用论"倾向，提振乡村学校成为乡风文明的示范高地和引领者的信心；有助于消除乡贤不是培养出来的误区，强化乡村教师个体乡贤培养的层级设计，逐步形成乡村教师乡贤培养体系，吸引有意愿、有能力、有责任的乡村教师不断加入培养新乡贤的队伍。

三、乡村教师成长为新乡贤的培养潜质

乡村教师是乡村稳定发展中的"逆行者"，既承担着乡村培养人才、留住人口的重任，又需参与乡风文明建设、乡土文化传承、乡村治理等社会公共活动。党的二十大提

出要全面推进乡村振兴，就需要系统营造乡村教师群体和个体成长环境，使其逐步成为新时代乡村振兴需要的群体乡贤和个体乡贤。

（一）新乡贤成长的必备条件

新乡贤主要指在乡村治理和文化传承中发挥重要作用的在乡乡贤。新乡贤必须具备以下四个条件。首先，新乡贤必须是根植于乡村社会的"在乡乡贤"，能扎扎实实为乡村振兴作出贡献，新乡贤参与乡村文化治理[①]，能参与乡村文化振兴、乡风文明培育、乡村社会文明[②]。其次，新乡贤必须获得社会价值普遍认可，必须得到乡村社会的普遍认同，乡贤是在当地具有较高威望且赢得村民们普遍敬重的贤达人士[③]，并在乡村振兴中充分彰显其社会价值。再次，新乡贤必须对乡村做出过突出贡献。最后，新乡贤可以非强制性权威引导民众，非强制性权威是区分乡贤和非乡贤的关键点，新乡贤依靠群体或个体影响力而非行政等强制性权力，就能很好地规范引导民众行为、推动乡风文明、促进乡村文化传承或者推动经济产业发展。行政机构人员或其他强制性权威则不是乡贤。

（二）乡村教师成长为新乡贤的关键潜质

乡村教师是集知识信息、道德涵养、教育技巧和文化传承于一身的乡村文化建设重要参与者，无论在扎根社会环境、社会价值认可，还是乡村社会贡献、引导民众方面都具备成长为新乡贤的潜质。

1. 乡村教师是乡村知识分子的典型代表

在城市化进程加速、农村人口萎缩、知识分子向城市聚拢的情况下，乡村教师是留在乡村最稳定的知识分子群体之一，是集知识德行于一身的典型代表，既承担着教书育人的国家使命和公共教育服务的职责，又承担着农村优秀文化传承与发展的任务，承担着加强农村思想文化阵地建设，加强爱国主义、集体主义、社会主义教育，深化民族团结进步教育的使命。陶行知先生早在20世纪初就曾指出，"乡村教育政策是要乡村学校做改造乡村生活的中心，乡村教师做改造乡村生活的灵魂。"[④]在乡村振兴战略背景下，训练有素、有群体意识、团队稳定的乡村教师队伍将成为乡村建设可依托的力量。

2. 乡村教师是塑造乡风文明的引领者

乡村教师群体是乌江流域乡风文明建设的重要参与者、引领者和贡献者。乡村教师植根于乡村，既要行使教书育人的使命，又要引导社会构建良好的习俗或风气，引导民众做人、处事。乡村教师也是农村价值引导和公共道德养成的核心力量，乡村教师应成

---

① 李建柱：《如何培育"新乡贤"》，《唯实》，2017年第3期。
② 唐兴军、李定国：《文化嵌入：新时代乡风文明建设的价值取向与现实路径》，《求实》，2019年第2期。
③ 张静、王泽应：《乡贤文化的理论内涵及其传承与创新》，《南通大学学报（社会科学版）》，2018年第3期。
④ 徐莹晖、徐志辉：《陶行知论乡村教育》，四川教育出版社，2010年版，第47页。

为公共智者、公共事务与政治秩序的调衡者以及公共道德濡染者[1]，乡村教师应在道德行为、言谈举止、思想意识、价值观念和个人能力等方面引导乡风文明的发展方向。乡村教师是乡风文明建设的重要参与者、引领者和贡献者，乡风文明建设离不开教师队伍的参与。

3. 乡村教师是优秀传统文化的传承者

传统文化传承是乡村文明建设的重要组成部分，传统的乡村教师具有"修齐治平"的情怀[2]，当代乡村教师作为乡村公共服务人才，有弘扬乡村优秀传统文化的职责[3]，新乡贤是新的文化承载者[4]，在树立村落文化自信、建构新型村落共同体中具有独特的聚合功能[5]，乡村教师不仅是教育者，还是乡村社会中的文化人、局内人和文化传播人[6]。乡村学校教育是传播乡土文化、传承乡村文明的重要载体[7]，乡村学校应该成为传承乡土文化的中心[8]。因此，在乡村文化传承和建设过程中，应鼓励乡村教师依托学校，积极弘扬传承地方传统文化，挖掘丰富的乡村文化内涵。

（三）乡村教师是乡村稳定发展的"推动者"

在乌江流域，越是偏远地区就越需要相对稳定的社会精英群体，然而城市化发展对乡村精英、乡村青年和儿童具有难以拒绝的吸引力。乡村振兴需要稳定的建设群体，乡村教师群体是乡村振兴中不可或缺的推动者。

1. 优质教育成为稳定村镇人口的关键因素

随着城市经济快速发展，城市对乡村人口吸引力不断增大，大量青壮年拖家带口离乡进城，不但导致乡村劳动力流失严重，还将儿童一并带到城里接受教育，这让乡村振兴当下缺主力群体，未来后继更为乏力。根据乌江流域市区县相关调研，大量年轻父母为了让孩子享受优质教育资源、享受良好成长环境而定居城市，不再返回农村，成为年轻父母驻留城市的主要原因之一。因而，乡村优质教育资源已经成为影响乌江流域村镇人口稳定的重要因素，也成为村镇增强吸引力、留住青年儿童的核心力量之一。

2. 乡村干部精英重心偏移加速乡村空心化

随着交通条件的改善，乌江流域不少乡村干部精英流向城市，部分乡村精英在城镇有房产，成为白天在农村工作晚上回城镇休息的"上班族"，城乡之间候鸟式居住生活已是常态，工作生活重心由农村逐步转向城市，对其扎根乡村全身心投入乡村振兴工作

---

① 冯璇坤、刘春雷：《失落与纾解：论乡村教师的公共精神》，《教育理论与实践》，2019 年第 4 期。
② 王志勇等：《"新乡贤"：乡村教师公共性身份的复归与塑造》，《教育理论与实践》，2022 年第 4 期。
③ 马永全：《论乡村教师作为乡村公共服务人才》，《教师教育研究》，2022 年第 3 期。
④ 赵浩：《"乡贤"的伦理精神及其向当代"新乡贤"的转变轨迹》，《云南社会科学》，2016 年第 5 期。
⑤ 王院成：《乡村振兴战略视野下的传统村落保护研究》，《焦作师范高等专科学校学报》，2018 年第 3 期。
⑥ 顾玉军：《乡村振兴中乡村教师助力乡村文化传承路径探析》，《教育理论与实践》，2019 年第 13 期。
⑦ 李长娟等：《乡村学校教育视域下乡土文化的断裂与传承》，《教学与管理》，2016 年第 16 期。
⑧ 黄小丽、任仕君：《论乡村学校应成为乡土文化的传承中心》，《当代教育科学》，2019 年第 5 期。

具有一定影响，对其在乡村振兴中的模范带头作用造成不利影响。乡村干部示范影响的减弱，使得乡村教师的乡村精英地位进一步凸显，乡村教师在塑造新时代文明乡风，促进乡村文化振兴中的作用进一步凸显。

3. 乡村教师队伍在乡村振兴中常驻稳定

乡村教师是组织性、纪律性强的社会群体，是集职业道德、知识体系和教育技巧于一身的乡村精英，在适当的政策环境下，能够成为扎根乡村奉献乡村的核心力量。在乌江流域大量青年人口、乡村精英流向城市的情况下，乡村教师社会精英的地位逐步显现，乡村教师参与乡风文明建设的急迫性日益突出。乡村教师依托乡村学校形成常驻稳定的精英团队，在外部适当条件刺激和鼓励下，能够快速成长为乌江流域乡村振兴战略的新生力量，成为塑造新时代文明乡风、促进乡村文化振兴的新乡贤。

四、欠发达地区乡村教师新乡贤培养的路径

乡贤不是天生的而是后天培养的，乡贤体系也不是脱离社会现实的孤立存在。欠发达地区要全面推进乡村振兴，政府就需要培育新乡贤体系，最大限度发挥乡村学校和乡村教师群体的优势，创造适合乡村教师群体施展才华的平台渠道。同时政府又要乡村教师个体分层次培养、分类别引导，促进乌江流域乡村教师个体更好地参与乡村振兴建设。

（一）构建乡村教师个体乡贤培养的体系

个体乡贤是引导和培养出来的，政府是新乡贤体系建设和培养的责任人，肩负着乡村教师新乡贤培养顶层设计、分类培养的重任。乡村教师新乡贤培养需尊重个人意愿、明晰培养层次和各层级政府的相关责任，为新乡贤系统性地成长铺平道路。

1. 明确乡村教师乡贤体系的主体责任

乡贤不是自由发展的而是精心培育的，乡村教师个体乡贤需要依托教育主导、社会参与共同构筑的适合新乡贤成长的社会环境，通过政策激励系统性批量化培养出来，不能让其自由发展。系统工程的建设实施需要明确主体责任人，乡村教师乡贤体系主体责任人是教育部及各级政府教育部门及相关部门。教育部门通过乡村教师乡贤群体示范点（示范学校）建设，以点带面加快推动群体乡贤建设，通过乡村教师个体乡贤标兵评选，系统性鼓励乡村教师群体和个体成长为新乡贤。

2. 明晰乡村教师个体乡贤的培养层次

乡村教师乡贤体系建设需要顶层设计和各级政策落地实施。国家需要从教育部层面完成对乡村教师成长为乡贤的顶层设计，构筑乡村教师成长为乡贤的完备体系，达到"发挥乡村教师新乡贤示范引领作用"的目的。欠发达地区省市政府需要根据自身条件，在教育部顶层设计的指导下补充完善自身的乡村教师新乡贤体系设计，为各层次乡贤成长

提供渠道、环境、资金和政策保障。通过一段时间的培养推动，初步形成梯队层次适当、年龄结构合理、区域分布均衡、对乡村振兴发展支撑有力的乡村教师乡贤体系，并为青年乡村教师乡贤成长创造良好的环境。

3. 尊重乡村教师参与培养的个人意愿

欠发达地区乡村教师的群体庞大，其差异性和层次性显著，鼓励乡村教师参与乡风文明建设，需要考虑个体意愿、能力、素养等方面的层次性差异，并非人人皆可乡贤、人人皆愿乡贤。政府在乡村教师新乡贤培养体系中，需要通过明确乡村教师新乡贤体系建设的层次性，尊重个体的参与意愿，进行适当的引导和鼓励，充分发挥榜样示范作用，以消除误区、克服障碍、提振信心，促使有能力、有意愿的乡村教师在培养体系支持下逐步成长为新时代乡贤。

（二）加快乡风文明示范校（点）网络建设

乡村教师群体参与乡村振兴建设，需要依托政府与学校搭建的正式或非正式平台渠道，需要社会的鼓励和认同。

1. 依托教育主管部门的组织动员力量

不断强化构建乌江流域乡村学校参与乡风文明建设的示范（校）点的网络体系，形成社会层面认可的乡村教师参与乡风文明建设的主渠道，培养社会认同乡村教师参与乡风文明建设的良好社会环境，鼓励乡村学校出台差异化措施，鼓励本校教师以多种形式参与到乡风文明建设中来，为乡村教师个体参与乡风文明建设提供保障和支撑。通过省、市（州或区）、县教育主管部门设立以县域为主体的乡风文明示范校（点）网络化建设，形成相对完善的鼓励乡村教师参与乡风文明的网络体系，能够加速推进乡村教师参与乡风文明建设的自觉性。

2. 依托网络体系强化示范校社会文化职能

乡村学校承担着提供优质教育和传承地方文化的双重职能，乡风文明示范校建设可以强化凸显这一职能。一方面，加快构建乡风文明示范校（点）优质教育体系建设，让示范校成为提供优质教育的基础，让乡村儿童少年享受优质乡村教育，使青年父母能安心留在乡村，增强社会对乡村教育的认同感，点网结合提升村镇对人口的吸引力。另一方面，推动乡风文明示范校融入乡村文化振兴进程，让示范学校成为乡村文化保护传承高地，让乡村教师依托学校深度参与乡村文化传承，推动乡村振兴和乡风文明建设。

3. 依托政府构建正式或非正式参与渠道

政府和学校搭建适合教师参与乡村振兴的正式或非正式渠道，如设定名额鼓励教师成为村镇代表、村民自治委员会成员、地方文化传承保护核心成员、道德文明标兵等，让有能力有意愿的乡村教师借助组织力量，能够顺利地参与到乡风文明、乡村治理、乡村产业发展中来，在乡村振兴中做出重要贡献，成为乡村社会认可的新乡贤。

（三）加强乡村教师乡贤培养的建议举措

通过政策分类鼓励有能力、有意愿的乡村教师参与产业、生态和组织等方面的乡村振兴，让乡村教师为地方建设提供智力支持、资源引入、示范展示等方面的贡献。

1. 明确乡村教师乡贤培养的激励措施

欠发达地区各市区县可以依据教育部等八部门印发的《新时代基础教育强师计划》和"优师计划"等相关内容，从职称评聘、岗位晋升、工资待遇、绩效考核、住房问题等政策角度提供激励机制，同时地方政府搭建不同层级的参与平台，打通乡村教师参与村镇治理的渠道，鼓励乡村教师参选人大代表，有侧重地鼓励乡村教师参与乡村文明建设，借此加速推进乡村教师乡贤成长的梯队层次，为乡贤培育储备充足人力资源。

2. 系统提升乡村教师参与的信心意愿

地方教育部门出台相应政策，系统性提升乡村教师参与乡村振兴的信心和能力，乡村教师个体乡贤需要系统性引导和帮助，才能促进其规模性成长。强化扎根基层振兴乡村情怀，强化乡村教师对乡土文化的了解，进一步加强乡村教师对振兴乡村教育的理想信念，开展参与乡村振兴的社会实践活动，强化优秀乡村教师参与乡村振兴的榜样引领，大规模努力推动乡村教师参与文明乡风建设之中，以增强乡村教师参与信心和参与意愿。优先引导乡村教师依托区域人才振兴规划参与乡村振兴，在乡村人才培养、乡村传统文化传承、社会主义核心价值观弘扬、乡风文明树立等方面发挥教师教书育人文化传承的自身优势。

3. 专题培训提升乡村教师参与技能技巧

地方教育局、乡村振兴局等部门联合开展针对乡村教师的专题培训，让其更好地服务乡村振兴。乡村教师是乡村中的精英群体，是乡村中接受新知识新技术最快的群体之一，通过对乡村教师开展分类别、专题性培训，不断提升其相关经验和技能，让乡村教师掌握更专业的技术手段，拥有更娴熟的方法技巧，才能更好地适应乡村振兴发展需求，才能更好地服务于乡村振兴建设。乡村教师参与乡村振兴可以从产业、人才、文化、生态、组织五个方面分类引导、分类培养，如对积极参与乡村产业振兴的教师提供电商技能培训、直播培训、经营技术培训等，让其更好地指导、帮助农民进行相关操作，节省时间和人力成本，比直接培训农民的效果更加显著。

总之，乡贤不是天生的而是后天培养的，乡村教师成长为新乡贤，需要政府政策的鼓励、引导和支持，从层次设计角度进行完善。欠发达地区乡村教师作为群体，可以通过制度性设计强化其群体乡贤作用，依托乡村学校为乡村人才振兴、文化振兴，推动乡风文明建设做出应有贡献。欠发达地区乡村教师个体可依托其素养、能力及意愿分类引导推进，助推部分教师成为新乡贤，成为欠发达地区社会普遍认可的乡贤，成为真正的乡村精英。

第二编

大思政视野下的课程建设与教研教改

结合课程教育教学，挖掘思政教育元素，构建"三全"育人的大思政教育体系，实行"五育并举"，形成协同育人的机制体制与效应，促使课程教育教学与思想政治理论传授与教育同向同行，发挥协同育人的作用，潜移默化地影响学生，落实立德树人的根本任务，注重传道授业解惑，培养中国特色社会主义的可靠接班人与合格建设者，是党和国家的和教育工作的生命线。围绕上述目标要求，中国语言文学学科与汉语言专业，理应在课程建设与课堂教学中有所作为，思考在大思政背景下，推动课程教育教学改革，铸牢中华民族共同体意识，推动构建人类命运共同体。

——题记

大思政背景下长江师范学院中国文学类课程教改实践研究

张玫①

（长江师范学院　文学院　重庆涪陵　408100）

【摘　要】我国党和政府历来高度重视人才的培养工作，要求高等教育推进课程教学改革，提高政治文化素养、专业理论修养和专业技能水平，提升高校思想政治工作的实效性，落实立德树人的育人目标。采取行之有效又润物无声的教学方法，将思政元素有机融入中国文学类课程的教学实践，是当前课程教学改革的关键，但存在问题主要如下：一是教学内容多但课时不足，二是教学方法较为单一，三是课程评价不能完全体现学习效果，采取的改革策略是修订教学大纲，优化教学内容，课程思政目标有机融合进教学大纲，创新教学模式、改进教学方法和改进课程评价模式，引导学生树立爱国奉献、自强不息、明理正直、追求真理的优秀品质，坚定文化自觉和文化自信，成为"下得去、留得住、教得好、有发展"的新时代优秀教师。

【关键词】大思政；长江师范学院；中国文学类课程；教改

我国党和政府历来高度重视人才的培养工作。早在 2004 年，中共中央、国务院就发出《关于进一步加强和改进未成年人思想道德建设的若干意见》和《关于进一步加强和改进大学生思想教育的意见》，要求各地要加强对未成年人和大学生的思想道德建设，把爱国主义、革命传统教育、传统美德教育以及民主法治教育统一于教材当中。2005 年，上海开始探索思想政治教育的课程改革，以德育为核心，要求体现每一门课程的育人功能。2016 年 12 月，习近平总书记在全国高校思想政治工作会议上指出："高校思想政治工作关系高校培养什么样的人、如何培养人以及为谁培养人这个根本问题。要坚持把立德树人作为中心环节，把思想政治工作贯穿教育教学全过程，实现全程育人、全方位育人。"2021 年 3 月，习近平总书记在看望参加全国政协会议的医药卫生界教育界委员时强调："思政课不仅应该在课堂上讲，也应该在社会生活中来讲……'大思政课'我们要善用之，一定要跟现实结合起来"。习近平总书记高屋建瓴的讲话，将课程思政育人提升到新高度，将不同学科、性质的课程以全程，全员、全课程形式与思政课程同向同行，形成协同效应，充分体现了我们党的历史自信、文化自信，为我国高等教育事业

---

① 张玫：博士，长江师范学院文学院教师，主要从事中国现当代文学教学与研究。

的发展指明了方向，也提出了更高的要求。在高等教育教学实践中，我们必须牢固树立立德树人的育人理念，以学生为中心，以产出为导向，不断推进课程教学改革，使学生能够将理论与实践相结合，知识与技能并重，不断提高政治文化素养、专业理论修养和专业技能水平，提升高校思想政治工作的实效性，落实立德树人的育人目标。

作为长江师范学院汉语言文学专业的专业核心课程，中国文学类课程以对中国文学发展脉络及优秀文学作品为主要教学内容，在推进中国文化守正创新、涵养学生崇高理想信念、高尚道德情操、扎实人文素养等方面具有重要作用。如何采取什么样行之有效又润物无声的教学方法将思政元素有机融入中国文学类课程的教学实践，是当前课程教学改革的关键。

一、中国文学类课程存在的问题

（一）教学内容多

中国文学类课程由中国古代文学、中国现代文学、中国当代文学这几门课程组成，其中，中国古代文学的开课时间是从一年级开到三年级，共 6 学期，共 208 课时，其中理论课 176 课时，实践课 32 课时；中国现代文学在一年级开设 2 学期，共 88 课时，其中理论课 72 课时，实践课 16 课时；中国当代文学在二年级开设，共 80 课时，其中理论课 68 课时，实践课 12 课时。教学过程中，教师既要注重文学史和经典作品讲授的深度，也要兼顾基础语文教学实际，还要加强对学生的师范技能训练，这些都需要大量时间来融合。

（二）教学方法较为单一

对中国文学类课程的教学，传统的教学方法多为老师讲、学生听的方式。老师在课堂上往往先进行时代背景和作家生平、创作特色介绍，再进入对经典作品的分析和解读。这类教学方法重视对基本理论知识的讲授，而忽略了作品与时代背景和作家生平并非完全步调一致的关系，忽略了文学作品本身的丰富内涵和独特意义。在这种教学方法中，老师往往进行大量的基础理论知识的输出，学生处于被动的状态，往往导致学生学习主动性降低，逐渐失去对文学作品鲜活而敏锐的感受能力和分析能力，学习效果也不尽如人意，也不利于课程思政目标以春风化雨的方式真正浸润到学生的内心深处。所以，对课程教学方法进行改革势在必行，一方面要让学生掌握相关的文学史和经典文学作品的相关知识，另一方面要让这些知识内化为滋养学生心田、加深学生对中国文学、中国文化的认同与热爱，坚定文化自信，赓续中华文脉的强大动力，真正实现显性教育与隐性教育的统一，构建全员全过程全方位的育人大格局。

（三）课程评价不能完全体现学习效果

中国文学类课程的课程评价由平时过程性成绩和期末考核成绩构成。其中，平时成绩由课堂表现、小组课堂汇报、课后作业等项目构成，旨在训练学生的语言表达、师范技能等。期末考核有客观题和主观题两大类，客观题主要是考查学生对基础知识的掌握情况，主观题意在考察学生对知识的融会贯通，尤其是对文本的分析、解读能力。但在实际的教学过程中，平时成绩多数是由小组化项目式学习方式进行，由小组代表上台进行展示，不乏个别学生蒙混过关的情况。而期末考核中多数题目偏重于考查对知识的识记和掌握，对理解、运用的掌握则显得不足。这也影响了"大思政"课的隐性教育、综合育人的效果。

二、中国文学类课程改革策略

为了让学生真正热爱中国文学类课程、热爱中国文学和中国文化，提升学生的专业技能，培养具有高度文化自信和文化自觉的新时代汉语言文学专业毕业生，长江师范学院文学院以"学生中心，产出导向，持续改进"的认证理念，聚焦核心能力素质培养，明确以教师为主导、学生为主体的教育模式、采用任务导向式、项目启发式等教学方法，通过优化课程教学模式、改进教学模式、完善课程评价等途径推进教学改革，真正做到将习近平新时代中国特色社会主义思想贯穿教学全过程，将课程思政理念融入中国文学类课程，实现立德树人的根本目标。

（一）修订教学大纲，优化教学内容，课程思政目标有机融合进教学大纲

针对教学任务重、原有课时不足的实际，由教务处牵头，文学院立足立德树人这一根本，聚焦核心素养能力培养，组织中国文学类课程的任课教师多次对教学大纲进行修订。修订的教学大纲，明确了中国文学类课程主要对应学科素养、教学情怀、教学能力三个毕业指标，教学内容也打破了原有按年代进行划分的方式，结合中学语文教育实际，整合了教学内容。以中国现代文学课程为例，优化后的教学内容将中国现代散文和戏剧整合为一个专题，不再按照之前的年代顺序讲授，突出了现代散文和戏剧的主要成就。再比如压缩对作家生平介绍，改为对创作主要特点与生平经历关系的讲解，有利于学生迅速进入对作家创作的深层次理解。在课程思政目标上，主要围绕以下三点设立：第一，将文化浸润与经典作家作品学习相结合，增强学生的文化认同感，培养学生对三峡库区基础教育事业作贡献的奉献精神和服务意识；第二，在掌握中国文学类课程知识的基础上，提高学生对国情、世情的认识和理解，树立用马克思主义的观点和方法加以辩证分析，强化中华民族共同体意识，坚定文化自信和文化自觉；第三，在理解中国优秀作家君子人格，中国文学生生不息、常写常新精神的基础上，使学生获得良好的专业自学能力和教师职业道德素养，为终身学习、成长为服务三峡库区基础教育的"下得去、留得住、教得好、有发展"的新时代优秀教师打下坚实的基础。

（二）创新教学模式、改进教学方法

针对传统课程教学以教师讲授为主、现代化教学手段运用不够、学生课堂参与度不

高的情况，中国文学类课程采取了线上线下混合式教学模式，使课前导思、课中导学、课后导练成为有机整体，对提高学习兴趣、督促学习过程、夯实学习效果起到了良好的作用。比如在讲授鲁迅这一章节时，教师在课前布置自主学习任务：作为一般读者，你认为鲁迅是什么样的人、文学史上的鲁迅是什么样的人、为什么出现一般读者与专业评价不尽相同，思考造成这种差距的原因何在。在课堂上，老师围绕学生的自学和思考情况进行点评、剖析，引导学生从中国文学、中国文化发展脉络中看待这一现象，提升学生对鲁迅及其作品的认识。课后，则布置中学语文教材的经典篇目，让学生结合课程讲授的要点和中学语文教学实际进行模拟试讲。

在教学过程中，注重将理论学习、素质养成、能力提升结合，将专业课堂和教师职业能力训练结合、第一课堂和第二课堂相结合，采用讨论式、启发式、情景式、专题式的教学方法，形成大思政育人格局。如在学习中国现代诗歌时，任课教师在讲授中国现代诗歌发展脉络时，突出其中的家国情怀、民族忧患意识、诗歌艺术的继承与创新等内容，还利用特色班团会开展班级诗歌朗诵比赛、国学经典诵读大赛等活动，充分调动了学生的学习积极性和主体性，也让课程思政真正入心入脑，体现了大思政课的育人效果。

（三）改进课程评价模式

第一，细化过程性评价的标准。任课教师利用课前、课间时间，对全班学生经典篇目背诵情况进行检查，确保人人过关；在小组合作试讲环节，明确小组分工，将学习任务细分到每一个人，试讲评价由自评、小组内部评价、其他小组交叉评价几个部分组成，分别对教学设计、试讲表现、团队合作进行反思，给每一个学生发现自己、展示自己的机会。

第二，优化期末考核试题和评分标准。改变以往期末考试多考查死记硬背知识点的情况，将课程考核的知识目标、能力目标、素质目标融合，增加创新题、开放型题目。如在中国现代文学期末考试对沈从文及其作品的考查，学生可以从以下三个题目中自由选择做一题：结合沈从文文化理想，分析《边城》中傩送会不会回来；结合沈从文的小说风格，为《边城》写一个后续；结合中学语文教学实际，为教材中的《边城》选段设计一份教案。这类题考查学生对沈从文文化理想的深层把握，要结合中国传统文化在现代转型的历史困境才能给出较好的解答；考查学生对沈从文小说散文化、诗化特色的理解和运用；考查学生对中学语文教学要求的掌握。三道题目都没有固定答案，却将知识目标、能力目标、思政目标融合，全面考查了学生的学习情况。

三、结　语

中国文学类课程是汉语言文学专业的核心课程，对培养学生对中国文学、中国文化的认同感，增强中华民族共同体意识，引导学生树立爱国奉献、自强不息、明理正直、追求真理的优秀品质，坚定文化自觉和文化自信，成为"下得去、留得住、教得好、有发展"的新时代优秀教师的重要课程。在习近平新时代中国特色社会主义思想的指引下，长江师范学院中国文学类课程教学改革必将迎来新气象、新局面，为大思政课建设增砖添瓦。

思政教育背景下西部普通师范院校中国古代文学课程教学实践研究

高月①

（长江师范学院文学院）

【摘　要】作为中华优秀传统文化的重要组成部分，"中国古代文学"课程在提升学生人文素养、坚定文化自信、传承中华优秀传统文化等方面具有重要的作用和地位。西部普通师范院校中国古代文学课程，存在宏观上课时设置不断缩减和教学知识繁多而恒定的矛盾、学生由于对古代语法和语感的疏离等原因消减了阅读和品味中国古代文学作品的兴趣、学生阅读面非常狭窄及部分学生人格素质有待提高等问题。新的历史时期，在教学实践中，可以通过充分挖掘中国古代文学教材中的思政内涵以培养学生健全人格、教师明确学生学习任务并完善学习监督和考核机制、充分利用网络资源构建线上补充课程以实现学生转益多师、充分利用中国古代文学课程作业以培育好毕业论文选题等手段，达到更好的教学效果。

【关键词】西部；普通师范院校；中国古代文学课程；问题；对策

高等院校肩负着培养 21 世纪合格建设者和应用型人才的重任，高校学生素质的高低直接关系到国家的前途和命运，关系到民族的振兴和发展。"中国古代文学"课程是汉语言文学专业的核心基础课程，不仅是培养卓越中学语文教师的必备课程，是学生学习其他文学类课程的基础；而且作为中华优秀传统文化的重要组成部分，对提升学生人文素养、坚定文化自信、传承中华优秀传统文化等方面具有重要的作用和地位。

一、西部普通师范院校中国古代文学课程设置的问题及学生学习状况

（一）宏观上课程设置与教学困境

经典文学特别是古代经典是历经时间和空间考验而积累起来的思想精髓，蕴含丰富的人文精神，为我们提供了立身处世、齐家、治国的许多原则和方法，具有高度的典范

---

① 高月：长江师范学院文学院副教授，主要从事中国古代文学教学与研究。

性，是我们今天进行文化思考的基础和源泉。然而在新的历史时期，西部普通高校大学教育出于对就业率的追求和自身发展的需要，专业设置都紧紧跟随社会经济的发展，各种实用课程兴起，逐渐挤占了中国古代文学等人文课程的教学课时，中国古代文学教学课时数越来越少。

以长江师范学院文学院汉语言文学专业"中国古代文学一·先秦文学"为例，课程总共开设在大一的第一个学期，因学生军训，实际开设时间为 14 周，2019 年版教学大纲开设总课时为 42 课时，2023 年修订的新版大纲急遽缩减 10 个课时，总课时为 32 个课时。而先秦文学教学内容包括总论、口头文学（原始歌谣和神话）、《诗经》、楚辞、先秦历史散文（《春秋》《左传》《国语》《战国策》等）、先秦诸子散文（《论语》《孟子》《庄子》等）六大板块的教学内容，平均每个板块能分到的教学时间仅 5 个课时左右。几个课时既要讲文学史知识，为学生构建文学脉络的发展概况，又要讲作品，让学生掌握古汉语知识，能读懂作品从而理解文章的主题及内涵。而每个板块中，除了总论外，其他五大板块涉及的作品众多，像楚辞中的《离骚》、历史散文和诸子散文中的作品，篇幅较长，最多仅能讲 1～2 篇作品，很难讲透彻。

所以，中国古代文学教学总课时数少且不断缩减的现状和中国古代文学教学知识单元的恒定和教学知识的繁多的实际情况相矛盾，让中国古代文学教育陷入尴尬的困境，不仅课程本身所包含的文史知识难以讲透，而且其中所蕴含课程思政价值更容易被忽视。

（二）客观上受到时代背景及招生政策等因素影响

一方面，现代信息技术的高度发展，网络等传媒的发达，涌现出大量新奇的信息，交流平台的便捷，没有语言的障碍，容易吸引大学生注意力。另一方面，由于中小学以应试教育为主，西部普通师范院校学生大学之前所阅读的中国古代文学作品的量非常有限，对古代汉语知识的积累仅靠中小学文言知识，古汉语知识融会贯通能力有限。

此外，中国古代文学教材通常为繁体字，西部普通师范院校学生在大学之前基本上从未学习过繁体字，对繁体字识读困难，对古代语法、语感的疏离会产生文字障碍，进而消减了大学生对古典文学的热爱，不读原著，从而失去品味古典文化的兴趣。

（三）学生阅读中国古代文学作品的现状调研

笔者以长江师范学院汉语言文学专业为例，对西部普通师范院校的学生阅读中国古代文学作品的情况进行实践调研，主要呈现以下几个特点：

一是阅读方式较为单一。随着电子时代的到来，学生阅读方式和场所发生变化，不再局限于传统纸质图书，不再局限于图书馆和教室等场所，阅读方式和购买书籍的渠道更便捷，但西部普通师范院校的学生获取书籍的方式主要还是靠在图书馆借阅，愿意花钱购买书籍的甚少。如对长江师范学院汉语言专业某年级大一某班抽样调查中，33 个同学中，仅有 4 人愿意花钱买书。

二是学生阅读作品的面较狭窄。笔者以长江师范学院某年级汉语言师范本科的大三某班 51 名学生为对象,对中国古代文学 29 部作品的阅读情况做了调查。

以四大名著调查结果为例,完整阅读过一部作品的同学皆不到一半,一部分学生甚至从来没有阅读过,还有相当数量的学生对作品的了解只限于电视剧。

三是学生自觉阅读的能力比较差。经常到图书馆阅读中国古代文学作品的学生只占百分之五左右。大四学生因为写毕业论文的需要,阅读情况有所改观,但阅读面基本限于和本人论文相关的书籍。

(四)当代大学生素质教育的重要性

1994 年 8 月,中共中央《关于进一步加强和改进学校德育工作的若干意见》提出素质教育概念,1999 年,中共中央、国务院印发《关于深化教育改革全面推进素质教育的决定》对实施素质教育提出明确要求,党的二十大报告中也特别强调"发展素质教育",足见素质教育对人才培养质量的重要性。大学生思想道德和科学文化素质,直接关系到 21 世纪中国的面貌,关系到我国社会主义现代化建设战略目标能否实现,把大学生培养成能够担当民族复兴大任的时代新人,是新时代赋予高校教育的重大使命。这就要求大学教育,除了教授学生专业知识外,还必须培养学生的健全人格。

二、对西部普通师范院校中国古代文学课程改革的几点建议

教育的目的是让学生学会学习,热爱学习。国家"十一五"文化发展纲要提出要重视中华优秀传统文化教育和传统经典的传承,要加强传统文化教学与研究基地建设。在新的时代背景下,为了让学生热爱经典、热爱人文,加强学生人文精神的培养,中国古代文学课程的教学改革可以从以下几个方面着手。

(一)充分挖掘古代文学教材中的思政内涵,培养学生健全人格

蔡元培说:"教育者,养成人格之事业也。使仅为灌输知识,练习技能之作用,而不贯之以思想,则是机械之教育,非所以施于人类也。"大学教育不仅仅是传授知识,更重要的是要帮助学生树立正确的世界观、人生观和价值观,要培养人格健全和有鲜明个性的人。

杨叔子院士指出现代大学应高度重视的第一件事是对学生的人文教育,他认为:"一个国家,一个民族,没有现代科学,没有先进技术,一打就垮;而一个国家,一个民族,没有优秀传统,没有人文精神,不打自垮。"①从中可见优秀的文化传统和人文精神对一个国家的重要性。中国传统文化对大学生文化素质培养有不可或缺的作用,文学经典特别是中国古代文学经典教育和文学经典研读是人文教育的主要途径和重要方法。根植

---

① 杨叔子:《没有人文的科学是残缺的——追记中国科学院院士、华中科技大学原校长杨叔子》,《中国青年报》,2022-11-07(01)。

于古代传统文化的中国古代文学具备丰富的人文精神与人文价值，课程教学改革应该把专业知识教育和大学生人格教育有效结合起来。

习近平在关于中华文化的系列重要讲话精神中强调："要认真汲取中华优秀传统文化的思想精华和道德精髓，大力弘扬以爱国主义为核心的民族精神和以改革创新为核心的时代精神，深入挖掘和阐发中华优秀传统文化讲仁爱、重民本、守诚信、崇正义、尚和合、求大同的时代价值，使中华优秀传统文化成为涵养社会主义核心价值观的重要源泉。"[1]中国古代文学是中华优秀传统文化的重要组成部分，其中蕴含有丰富的思政元素，这门课程教学不仅可以培养学生的健全人格，对学生传承和弘扬中华优秀传统文化也有着十分重要的意义。中国古代文学典籍是中华优秀传统文化的重要载体，教材中有许多人格教育的典型素材，如屈原、杜甫、岳飞、陆游等人在作品中流露的深切真挚的爱国主义思想；《左传》《国语》《孟子》等书和杜甫、高适等诗歌中体现的民本思想和仁爱精神；历代诗人思乡之作中展现的守望相助的家园意识；以《诗经·东山》为代表的征役诗中流露的对战争的厌倦和向往和平的美好愿望；以范仲淹、欧阳修等为代表的中国传统文人穷且益坚的进取精神等，可以为大学生人文素养、人格培养提供学习的典范。2020 年 5 月，教育部印发《高等学校课程思政建设指导纲要》提出要将课程思政融入课堂教学建设全过程，西部普通师范院校的中国古代文学教学改革应充分实践这一文件精神。教师在中国古代文学教学中应充分挖掘教材中的思政资源，把思政教育融入课程教学之中，把立德树人作为重要教学目标，有意识地引导学生，让学生在学习中体悟家国情怀、民族大义、认同传统美德，陶冶高尚情操，增强奋发向上、成才报国的使命感、责任心和自觉性。在调查中，约有百分之九十五的大学生认为在阅读古代文学作品后会为古人的一些优秀事迹所感动；有百分之九十九的学生认为古代文学作品中所蕴含的中国传统文化精神对自己的人格成长有帮助。在中国传统文化的精神品格中，影响学生最大的主要有古人坚强不屈的意志、刻苦学习的精神、传统孝文化和爱国精神等诸多方面。所以，强调思政内涵的古代文学教学，不仅可以提高学生知识素养，同时也提升了学生道德素质与人文修养，促使他们树立起正确的人生观和价值观，构建积极向上的健全人格，实现润物细无声的"以文化人"。

在实际教学中，可以将古典文学作品中对学生人格成长有帮助的题材分类汇总，开设讲座或者以读书会的形式，让学生感受文学经典的文化精神，陶冶学生的道德情操，增强民族自豪感和文化自信心，促进学生人格的健康发展。笔者在十几年的实践中，有意识让学生分组分类收集相关题材，通过小组讨论、课堂交流心得体会、课后践行等方式，在塑造当代大学生的人文精神和道德情操等方面取得了良好效果。

（二）教师明确学生学习任务，完善学习监督和考核机制

中国古代文学课程，一方面教学内容繁多，教学课时少，有限的课时中能讲授的内

---

[1] 《弘扬中华优秀传统文化的根本指引：深入学习贯彻习近平同志关于中华文化的系列重要讲话精神》，人民日报，2016-12-09.

容有限，很多知识点不能完全展开；另一方面，学生由于语法、文字等障碍造成学习难度大，在学习过程中学习目标不明晰，对知识重难点把握不准，课后主动学习和钻研的兴趣不大，需要教师的及时指引。因此，中国古代文学教学过程中，教师应根据学生情况，把中国古代文学的教学知识单元化或模块化，在每个单元或模块中，制定明确的学习任务，包括课前预习、课堂学习和课后复习任务，而且要实施监督，并把学生学习情况纳入成绩评价体系之中，以确保学生能保质保量完成学习。

以笔者近十几年对学生背诵模块的督查为例。抽样中，百分之百的同学认为背诵古代文学作品对自己有用。在日常生活中，比如写作和与别人谈话中，百分之八十五的学生引用过背诵过的古代文学作品，其中约有百分之十四的同学经常引用。一半以上学生愿意老师布置背诵作业并进行检查。特别认同老师亲自检查，认为老师亲自检查会给自己以压力和动力，而且认为在老师处背诵，一方面老师可以帮助纠正读错的字音字词，会让自己记忆更深刻，另一方面还可以提高自己的胆量，并练习普通话。经过几年的实践，采取方式课间抽背、课堂抽背、默写等方式，学生背诵经典作品的能力大大提高。表现之一：早晚自习中传出的不再是全部读英语的声音，已经有相当一部分学生利用早晚自习背诵古代文学作品。从大三学生抽样看，51人中，有19人在背诵古文作品。从大一初教语文33人抽样看，有31人都会利用早晚自习背诵古文作品，而且33人皆希望老师加大检查力度并采取课堂背诵形式以锻炼自己的能力。表现二：在考试中，古文默写情况和文学作品欣赏等考题完成质量情况相对以前大为改观。

针对不同知识模块，教师可以采用不同的监督机制和评价机制。如诸子散文单元，学生中学学过部分作品，对知识有一定的了解但不够全面，可以采用"学生个人读书笔记＋小组交流＋全班汇报"的方式，并让学生推荐代表参与打分评价，不仅可以培养学生查阅文献资料的能力和阅读文化典籍的能力，深入了解相关知识，还可以充分调动学生学习的积极性与参与度，提高学生小组协作能力。再如针对文学史基础知识，教师可以利用网络制作习题库，一方面让学生方便通过练习来巩固基础知识，另一方面也方便教师统计数据以了解学生掌握知识情况。在考核机制上，可适当提高过程考核在期末考核中的权重。

（三）充分利用网络资源构建线上补充课程，实现学生转益多师

随着等现代科学技术和信息技术的发展，慕课、翻转课堂、名师课堂等各种网络课程盛行。雨课堂、腾讯、超星学习通等各种教学平台逐渐成熟。电子产品的齐全功能和快节奏的生活节奏，让学生的学习方式较传统有了变化，如能更好地利用碎片时间、能充分利用网络和电子产品达到学习目的。

中国古代文学课程应顺应时代发展的潮流，利用"互联网＋"技术，改变传统线下教学的单一模式。在做好线下教学的同时，还要充分利用好网络资源，建构好作为线下课程补充的网络课程。构建网络课程时，除了教师自己录课，还要尽量利用网络现有优秀课程资源，多挑选名校资源，多挑选名师、名家的课程，尽可能多选几家高校或多选

几位专家。这样做，一方面可以提高学生学习的自由度，还可以反复多次观看课程，让学生利用碎片时间随时地进行古代文学的补充和深入学习。另一方面，学生通过课程可享受名校资源、名师资源，让学生转益多师，拓展学术视野，从而增强学习兴趣，增强学识见闻。

（四）充分利用中国古代文学课程作业加强阅读，培育好毕业论文选题

西部普通师范院校中文学生毕业论文选题关于中国古代文学的较多，主题集中于以下几方面内容：对古代某一作家的研究，对古代某部作品的研究，对某类诗词主题的研究，对小说中某个人物或某些人物的研究等。由于古代文学历时性和经典性、学生学术见闻和学术能力的影响，这些选题存在历年重复性高、论文缺乏新意、查重难通过等特点。

改变此现状的方式一是要加强作品阅读。除了通常的自选书目阅读外，还可以分组的方式，共同阅读一本书，共同讨论一个问题，互相启发，对作品深入了解。此外，还可充分利用网络平台，由老师上传电子书籍，制定好每周或每月等规定时间的阅读量，制定好阅读要求或阅读主题，并在评论区制定相关的反馈机制，学生可以根据自己的碎片时间完成阅读，在讨论区完成反馈。教师把阅读综合情况纳入平时成绩考核之中，以此提升学生阅读作品的数量和质量。

二是充分利用好地方文化资源。西部有着丰富的古代文学资源。在文化史上，西部出现过许多大家，如司马相如、扬雄、苏轼等，留下了众多优秀的诗文；在古代，西部地区偏僻荒凉，是流寓之地，中国古代许多大家如唐代李白、杜甫，宋代程颐、黄庭坚、朱熹、王十朋、陆游等，或流寓、或做官、或历经此地，产生了许多歌咏西部奇山秀水的名篇佳作；西部本土涌现过许多民族英雄，如巾帼英雄秦良玉，围绕她产生了许多优秀诗文；土司文化发达，如重庆酉阳冉氏土司、石柱马氏土司、贵州播州杨氏土司等，围绕历代土司，产生了许多土司文学；西部地区是多民族地区，民族文化发达，民俗文化非常有特色，有许多展现民俗文化的诗文词；民间文学发达，有大量传说故事与文化典故。西部普通师范院校的中国古代文学教学，可以将特色鲜明的地方文化融入课程教学，一方面可以扩大课程资源，实现中国古代文学专业教学与地方文化普及的联动工作；另一方面可以促使学生了解地方文化，从而热爱地方文化，宣传地方文化，有效地将所学的专业知识应用到社会实践中，更好地服务于地方经济文化建设。

西部普通师范院校学生，大部分是西部省市特别是本省市的居多。中国古代文学教学过程中，可合理运用历代留下的内涵丰富的地方文化遗产，最便捷的方式是利用课程作业，制定相关专题，充分让学生进行田野调查和文献整理、文献阅读，发掘与地方文化相关的资源，明晰地方文化的传承和特色，一方面可以培养学生社会调查和文献整理能力，另一方面还可以培养学生对家乡文化的热爱以及文化传承能力。同时通过此类专题作业，对有兴趣的学生，有意识拓展学生社会调研和专题研究的深度和广度，以此为基础培育毕业论文选题。

结　语

作为中华优秀传统文化的重要组成部分，"中国古代文学"课程可以引导学生"在教学实践中深化文化认知，增强文化自信，可以使他们在优秀品格中提升人文素养教育，坚定文化自信，可以使他们通过第二课堂活动的参与，充分感悟中华传统文化，彰显文化自信"①。从中可见中国古代文学课程教学的重要性。《教育部关于加快建设高水平本科教育全面提高人才培养能力的意见》指出："把深化高校创新创业教育改革作为推进高等教育综合改革的突破口，面向全体、分类施教、结合专业、强化实践，促进学生全面发展。推动创新创业教育与专业教育、思想政治教育紧密结合，深化创新创业课程体系、教学方法、实践训练、队伍建设等关键领域改革。"西部普通师范院校的中国古代文学教学改革，应努力顺应新的时代要求，充分利用中国古代文学教材中的思政元素，有效利用好网络资源，结合西部学生实际情况和地方文化特色，探索有利于学生发展的教学模式。

---

① 张艳艳：《中华优秀传统文化融入〈中国古代文学〉课程教学改革策略探索》，《齐齐哈尔师范高等专科学校学报》2023 年第 4 期。

铸牢中华民族共同体意识视野下高校中国古代文学课程教学研究

彭福荣①

（长江师范学院 文学院 重庆涪陵 408100）

【摘 要】新时期民族工作的主线是铸牢中华民族共同体意识，对高校中国古代文学课程的教育教学，提出课程思政的育人要求。中国古代文学由各民族共同创造，对铸牢中华民族共同体意识、构建中华民族共有精神家园，具有天然的课程思政元素。针对存在的不足，结合中国古代文学课程的教育教学，铸牢中华民族共同体意识，路径是坚持中国古代文学课程大中小一体化的教育教学理念、高质量建设中国古代文学课程与挖掘课程思政元素，以及数字化视野下集约创新高校中国古代文学课程的教学方法，提高教育教学效能，展现中国古代文学的特色与成就，传承中华优秀传统文化，发挥课程思政教育作用，铸牢中华民族共同体意识，增强大学生"五个认同"，坚定"四个自信"，落实为党育人、为国育才的根本任务，实现中国古代文学课程的思政育人目标。

【关键词】中华民族共同体意识；中国古代文学；教学

历史上中华大地上各民族交往交流交融为多元一体的中华民族，共同创造中国古代文学。历史上，各少数民族文学与汉民族文学共同促成中华民族文化与文学的繁荣发展，都为中国古代文学的辉煌灿烂作出了贡献。因此，中国古代文学集中而凝练体现中华优秀传统文化，承载各民族共有共享中华文化符号与人物形象，是中华民族共同体历史记忆、文化基因和民族意识的生动载体，能够展示中华民族的伟大形象，标志中华民族的不朽成就，凸显中华民族的文化贡献，对铸牢中华民族共同体意识、构建中华民族共有精神家园，具有天然的课程思政元素。中国特色社会主义进入新时代，党和国家将新时期民族工作的主线定位为铸牢中华民族共同体意识，加强建设中华民族共同体，领导全国人民以中国式现代化，全面推进中华民族伟大复兴。作为高校汉语言文学专业的必修主干核心课程之一，或者作为大学生素质培养的选修课之一，中国古代文学在展示中华民族的文学成就与特色、保护中华民族历史文化遗产、传承中华优秀传统文化等方面，

---

① 彭福荣：博士，长江师范学院文学院教授，长期从事马克思主义民族理论、中国少数民族史与中国古代文学的研究与教学。

具有天然优越的条件，能在铸牢中华民族共同体意识、构建各民族共有精神家园方面发挥重要作用。但是，学术界对此关注不够，研究不透，成果较少。因此，在铸牢中华民族共同体视野下，研究高校中国古代文学课程的教育教学改革，实现为党育人、为国育才的目标，就显得必要而急迫。

一、各少数民族共创共有共享中国古代文学

中国古代文学是中华大地上各民族共同创造的文化结晶。各民族在交往交流交融中，不断深化中华民族多元一体的历史进程，不断深化"四个与共""四个共同"，共同创造璀璨夺目的中国古代文学。

远古以来，中华大地上多族群杂处，上古时期的中原人与周围族群频繁往来，开始共创中国古代文学。除上古以来大量少数民族神话民间口耳相传外，华夏民族与狄蛮戎夷交往交流交融，可见《诗经·小雅·采薇》歌唱"不遑启处，玁狁之故"等诗句并传承至今。诸夏列国将吴国视为"蛮夷"，但鲁昭公嫁长女为吴王妻事见载于《左传·哀公十二年》。春秋后期戎人首领"驹支"深谙华夏文化与诗书典籍，能在政治活动中"赋诗言志"。早期楚国是"南蛮"的代表，在西周已使用汉字，创造丰厚独特楚文化，催生中国文学瑰宝楚辞及大文学家屈原与宋玉。吴越与诸夏列国在春秋中后期开始接触交往交融，吴国公子季札出使中原列国，在鲁国遍观周乐和聆听《诗经》，参与文化与文学活动。

秦汉一统，整合中原文化圈、北方文化圈、楚文化圈、吴越文化圈和巴蜀滇文化圈，构建起帝制体系下中国古代文学发展繁荣的时空环境。司马迁编纂《史记》，班固编纂《汉书》，除解释汉帝国出现和发展的历史方位、政治过程和文化脉络，还通过《西南夷列传》《匈奴列传》《朝鲜列传》等形式，完成中华民族"同源共祖"的历史叙事。胡乐《摩诃兜勒》、巴人陵慑殷人的"巴渝舞"、龟兹乐舞等进入汉宫乐府，成为中国乐府诗歌的传统因素。魏晋南北朝时期虽是南北对峙时期，但匈奴、鲜卑、羯、氐、羌等"五胡"入华，建立多个地方政权，接受儒家思想为核心的中原文化传统，儒经成为制定典章制度的依据，促使族群交融与文化交融成为中华民族共同体发展的时代特色。中原文化与胡人文化交融产生北朝文艺，与南朝各族文艺结合产生南朝文艺，出现温子昇、邢邵、魏收这样的"北地三才"，有《木兰辞》《敕勒歌》等民歌被记录传承和共享至今，北魏孝文帝元宏为文章才藻富赡，有南朝庾信、王褒等诗人由南入北，开启南北文学合流的趋势，成为中国古代文学全盛局面的前兆。

隋唐一统，继承发扬传统"天下观"和"大一统"思想。唐太宗李世民更是声称"独爱"中华、夷狄如一，营造各民族深化交融与共创共享文学成就的良好氛围和环境，促成中华文化的鼎盛局面。隋唐时期胡汉文化艺术互鉴互借，唐代诸多大诗人与边疆诸族存在血缘关系，异域风情可见于高适、岑参等人的边塞诗作，巴山楚水凄凉地可见于刘禹锡等人的竹枝词，边远地区涌现出杨泰师、盖嘉运、异牟寻、韦敬办等10余位重要诗人。他们为本民族开辟书面创作先河并将其发展引到汉文学的发展轨道，具有促进民族

交往交流交融与文化汇融、文学共享的功绩。①

辽宋夏金时期，中华大地上政权并立，竞逐中国正统，虽造成人民流离之苦和社会动荡不宁，但有效深化了各民族交往交流交融，也为各民族共创共享文学提供了特殊环境。这时期汉字成为各政权、族群的通用文字，文艺创作各具特色与相互借鉴，融聚"中国"文化，共促中国古代文学繁荣发展。辽人喜爱宋人诗文，用汉文创作诗词，促成《全辽金诗》收录辽代 83 家诗人 142 首诗作。金人文学师法唐宋，金朝治下的汉、渤海和契丹各有名家，如蔡松年、宇文虚中、萧永琪、杨伯仁、王庭筠、王若虚等，最著名者元好问是金末诗文集大成者，有《新编全金诗》收录 600 余诗家 12000 余首诗歌，而柳永"三秋桂子，十里荷花"甚至引得金海陵王发愿立马江南，词愈具中华多民族文学的品质，女真歌曲与音乐为元杂剧的繁荣发展做了贡献。

元王朝重建大一统格局，全面开创中华民族共同体"混一南北，胡汉一家"的发展新格局，为各民族开创中国古代文学新局面奠定基础，散曲与杂居成为一代文学的标志。对此，王士桢《池北偶谈》提到"元名臣文士如移刺楚才"等 13 人，其中色目人萨都刺"诗才清丽，名冠一时"，系"有元一代词人之冠"。明王朝继承前朝大一统格局，族群政策开明，治理方式温和，为各民族交往交流交融和共创共享中国古代文学提供契机。随三教合一、科举教育勃兴和文化多元汇融，明代文学沿着前朝通俗化潮流，创造了戏曲、小说等杰出成就，发展戏曲四大声腔、促进地方戏曲兴起演变，完成《三国演义》等小说并在民族地区与少数民族中传播。清王朝基本奠定中国现代疆域版图，更加深入整合多元文化，在政治一统、经济一体、社会整合和文化交融基础上，各民族亦参与共享中国古代文学，有南方汉人民间戏曲融合京城旗人诉求而形成国粹京剧，共有共享《红楼梦》等小说经典，丰富中华民族诗文宝库，包括乾隆皇帝、纳兰性德等在内，少数民族作家与汉族等文士交游唱和、题咏赠答。再次显示各民族共创、共有和共享中国古代文学的铁律。

二、中国古代文学课程教学工作的不足

尽管目前铸牢中华民族共同体意识研究已经进入理论创新与实践指导并重兼顾的阶段，但铸牢中华民族共同体意识教育应进一步加强、各民族共创中华民族文学的事实与理论未被充分认识，数字中国与数字化教育改革背景下的中国古代文学课程教学研究有待深化，成为统一铸牢中华民族共同体意识与中国古代文学课程教育教学研究的前提和背景。

（一）铸牢中华民族共同体意识教育应进一步加强

历史时期中华大地上各民族在共同开拓祖国疆域、书写悠久历史、创造灿烂文化和培

---

① 祝注先：《唐代边远地区的少数民族诗人和诗作》，《中南民族大学学报（人文社会科学版）》，2007年第 6 期。

育民族精神中，不断交往交流交融成多元一体的中华民族，实现从自在到自觉的转换，日渐深化"四个与共""四个共同"的过程和事实。站在百年未遇之大变局和中国特色社会主义新时代，党和国家将铸牢中华民族共同体意识确定为新时代民族工作的主线，除学术界深入研究理论、政府落实具体工作外，全面而系统地铸牢中华民族共同体意识教育提上议事日程。

（二）各民族共创中国古代文学未被充分重视

五千多年来，中华大地上各民族交往交流交融，共同开拓祖国疆域，共同书写悠久历史，共同创造灿烂文化，共同培育民族精神，共同创造独树一帜、类型丰富、成就卓著、价值极高和影响甚巨的中华民族文学，历代少数民族作家运用汉族语言文字和本民族语言文字创作为数不少的文学作品，涌现出纳兰性德、曹雪芹、老舍、沈从文等名家，是灿烂中华民族文学的重要组成部分。但迄今为止，中国少数民族共同创造中华民族文学仍然未能得到充分重视，学术界关于各民族文学对中华民族文学的共同性与差异性、贡献与地位、特色与影响，以及铸牢中华民族共同体意识视野下的中国古代文学课程的教育教学研究，存在分量不大、专家不多和成果不显等不足。即便有所关涉，也少于关注历代少数民族作家及其文学成就与中华民族文学的相互关系。即专家学者也较多聚焦差异性而疏于共同性发掘，更多关注民族民间文学而少于作家书面文学研究，更加强调中华民族文学的历史文化属性而少于关注艺术审美互鉴。

（三）高校中国古代文学的教学改革须开新局

高等教育是中国教育体系的重要部分，是培养高素质国家公民和社会主义劳动者的重要途径和必然阶段。其中，中国古代文学课程的教育教学，对当代大学生培养中华传统文化素养、文学艺术审美能力，传承中华文化薪火等，具有重要意义。但当前高校中国古代文学课程的教育教学，要么纳作通识公选性质课程如《大学语文》等的教学内容，要么通过专家学者的专题讲座和专业选修课程组织实施，难以保证该课程的整体、系统和充分的教育教学。即便作为汉语言文学专业的基础课、核心课和主干课，中国古代文学课程的教育教学仍然受制于人才培养方案修订与教学时长设置，多大跨度地择要梳理文体、内容、作家、流派、风格等。上述二者容易忽略少数民族作家与文学创作在中华民族文学当中的地位和意义，容易将汉族作家等同于中华民族文学的全部作家、汉族语言文字的文学等同于中华民族的文学、汉族语言文字文学的风格等同于中华民族文学的整体风格、中华民族书面文人文学等同于中华民族文学，既缺乏对各民族共创中华并共创中华民族文学事实的尊重，也没有借助中国古代文学课程的教育教学，落实课程思政要求，缺位于教育引导大学生铸牢中华民族共同体意识的思政教育和价值引领。

三、研究中国古代文学教学的意义

中华民族文学是历史时期各民族共同创造的历史文化遗产，是中华优秀传统文化的凝练体现，是中华民族共同体意识的生动载体。高校中国古代文学课程除通识课、公选课以及专题讲座外，一般是汉语言文学专业的核心主干课程，旨在梳理中华民族文学的发展历程与成就，讲析经典名篇、重要作家与重大重要事件，传授基础知识和理论，训练中国古代文学作品赏析与研究能力，传承中华优秀传统文化，助力大学生成长为德智体美劳全面发展的高素质应用型人才。因此，应在铸牢中华民族共同体意识视野下，研究中国古代文学课程的教育教学，提高课程教育教学效能，发挥课程思政的作用，展现中华民族文学的特色与成就，传承中华优秀传统文化，坚定文化自信，构筑中华民族共有精神家园，增强大学生"五个认同"，落实为党育人为国育才的根本任务，提高人才培养质量。

（一）研究高校中国古代文学课程的教育教学，铸牢中华民族共同体意识

作为汉语言文学专业的核心主干课程，研究和抓好高校中国古代文学课程的教育教学，对铸牢中华民族共同体意识，具有必要价值。"'古代文学'蕴含着丰富的传统文化，是中华民族共同体意识的绝佳载体。将中华民族共同体意识融入'古代文学'课程，不但可以增加课程的深刻性，还可增强学生的民族自信心和文化凝聚力。"[1]

高校中国古代文学课程集中讲析历史时期各民族共同创造的中华民族文学，融会不同地域文化、悠久历史文化、深厚传统文化以及多元民族文化等，梳理中华民族绵延五千多年的文化脉络，展现各民族在"四个与共""四个共同"中"共创中华"的历史记忆，熔铸中华民族崇尚和平、独立自强、奋发有为的民族情感，创造性传承与创新性发展各民族共同创造、认同共享的中华民族珍贵历史文化遗产。

因此，中国古代文学课程将学科专业核心素养、基本技能与思政教育统一起来，根据高素质应用型人才的培养方案与课程教学大纲，开展师生双边互动的教育教学活动，梳理中华民族文学的发展历史，讲析历代经典名篇、重要作家作品与重大重要文学事件，传授学科专业基础知识和基本理论，在查阅与利用古今文献基础上，培养中国古代文学作品的阅读、鉴赏与评论能力，形成中国古代文学事象的研究能力，养成中小学古代诗歌、散文、词、曲、辞赋、戏剧、小说等作品的课程资源开发、课堂教学组织和分析评价能力，实现家国情怀、传统文化、社会道德、个人修养、文艺审美以及民族大义等的思想教育与价值引领，陶冶高尚情操，培养人文精神，增强奋发向上、成才报国的使命感、责任心和自觉性，支撑高素质应用型人才培养，促使大学生成为德智体美劳全面发展的、合格的中国特色社会主义建设者与接班人。

---

[1] 国家一流本科汉语言文学专业建设教学团队"西北民族大学汉语言文学专业"：《汉语言文学专业建设与铸牢中华民族共同体意识路径探索》，中国社会科学网-中国社会科学报，2023-02-15：https://www.cssn.cn/skgz/bwyc/202302/t20230215_5588260.shtml。

（二）研究高校中国古代文学课程的教育教学，构建中华民族共有精神家园

在坚定最深层次的中华文化认同过程中，高校中国古代文学课程的教育教学，突出课程思政的育人作用，充分挖掘中华民族文学的形成历史与艺术源流、事象事件与作家作品、文化内涵与风格特征、文学景观与审美价值等，构建中华民族共有精神家园。

中华民族绵延五千多年，中华文明博大精深，中华文化积淀深厚，中华优秀传统文化成为中华民族的精神标志与"根"和"魂"。上述状况融汇于中华民族文学成就当中，具体融汇于历代传承的诗歌、散文、词、曲、辞赋、戏剧与小说作品，历史底蕴深厚，文化遗产价值突出。因此，应结合中华民族历史文化研究与古籍整理研究，高质量建设高校中国古代文学课程，利用线上线下的课堂教学、学术讲座、课题研究、成果分享等形式，挖掘中华民族文化资源与中华民族文学内涵，推动中华优秀传统文化创造性保护、创新性发展，传承和保护中华文化遗产，与各民族共有共享中华文化符号与人物形象，铸牢中华民族共同体意识，构筑中华民族共有精神家园。

（三）抓好高校中国古代文学课程的教育教学，助力中华民族伟大复兴的中国梦

结合各民族在"四个与共""四个共同"中"共创中华"的历史事实与文化成就，总结高校中国古代文学课程的教育教学规律与改进策略，树立正确的中华民族历史观，铸牢中华民族共同体意识，助力实现中华民族伟大复兴的中国梦。

高校中国古代文学课程通过教育教学活动，呈现各民族共创中华民族文学的过程与事实、成就与影响，梳理传世经典与古籍文献，挖掘诗文辞赋小说戏剧，把握其中的中华民族的历史记忆、思想智慧、知识体系、精神追求和道德精髓，传承仁爱民本、诚信正义、和合大同的价值观，发挥中国古代文学课程思政作用，增强大学生"五个认同"、坚定"四个自信"、促进各民族交往交流交融、助力实现中华民族伟大复兴中国梦。特别需要重视的是，深入探讨中国少数民族文学与中华民族文学的互动关系与过程成果，充分认识历代中国少数民族文学的作家与作品、风格与流派、成就与贡献，正确处理好各民族文学与中华民族文学的共同性与差异性、汉族作家与中华民族文学全部作家、汉族语言文字文学与中华民族文学、汉族语言文字文学风格与中华民族文学整体风格、中华民族书面文人文学与中华民族文学的关系，正视和还原各民族共创中华并共创中华民族文学的事实与成就，发挥课程思政的育人功能，铸牢中华民族共同体意识，构建各民族共有精神家园，增强 "五个认同"，坚定"四个自信"，助力各民族实现中华民族伟大复兴的中国梦。

四、中国古代文学教学的优化策略

围绕铸牢中华民族共同体意识与实现中华民族伟大复兴的中国梦，高校中国古代文学应该突破民族团结进步示范教育与民族工作对象多针对少数民族与民族地区的传统，顺应教育数字化发展趋势，发挥课程思政的作用，树立大中小一体化教育教学理念，改

革创新教育教学方法，铸牢中华民族共同体意识。

（一）坚持中国古代文学课程大中小一体化教育教学理念

历史时期各民族自有其语言文字和历史文化传统，也在交往交流交融中，相互学习语言文字并用于文学创作，共同繁荣发展中华民族文学，奠定高校中国古代文学课程铸牢中华民族共同体意识的前提和条件。考虑到课程的特殊性，中国古代文学课程十分必要树立和坚持大中小一体化的教育教学理念。

其一，民族属于历史范畴，自有其发展消亡的过程。任何国家与民族都是发挥具体语言文字的工具媒介，记录民族历史，表达民族文化，增强民族凝聚力。中华大地上各民族既有其繁荣发展的历史和独特的民族文化，通过民族语言文字记录传承下来；又在"四个与共"的历史时空、"四个共同"的历史进程中交往交流交融，相互学习语言文字，汇融采借他民族文化，形成多元一体的中华民族和灿烂辉煌的中华文化，共同创造中华民族文学。学习和掌握民族共同语尤其是国家通用语言文字，成为解码中华民族文学的关键。中国古代文学课程需要树立和坚持大中小一体化的教育教学理念，贯通基础教育与高等教育，借助不同阶段研学中国古代文学，结合传授中国古代文学的理论知识与学习古代诗文辞赋、戏剧与小说具体作品，循序渐进地养成民族共同语尤其是国家通用语言文字能力，掌握解析的工具，培养研习的兴趣与感情，训练创造性保护、创新性发展的思维能力，为传承中华优秀传统文化、构建中华民族共有精神家园、铸牢中华民族共同体意识提供有力支撑。

其二，文学是语言的艺术，中华民族文学是各民族共同创造的珍贵历史文化遗产，是以汉族语言文字为主、兼有少数民族语言文字创作的文学整体，是中华优秀传统文化的基本内涵和重要组成，凸显历史时期各民族感情心灵相通、语言文化汇融采借、文学艺术互鉴包容的历史事实。因此，需要树立和坚持大中小一体化教育教学理念，贯通基础教育与高等教育，久久为功地借助中国古代文学课程的教育教学活动，研析中华民族文学的事件事象、作家作品、典籍文献、风格特征，突出共同性，兼顾差异性，养成化繁就简、深入浅出的能力，揭示中华民族上下五千年的悠久历史，发掘中华文化灿烂辉煌的深厚底蕴，共有共享中华文化符号与中华民族形象，增强各民族"五个认同"，坚定"四个自信"，传承中华民族的历史记忆，构建中华民族共有精神家园，铸牢中华民族共同体意识。中国古代文学课程树立和坚持大中小一体化教育教学理念，就是贯通基础教育与高等教育来思考教育教学的内容、方式，引导学生掌握各民族共创中华的曲折过程、漫长历史与复杂状况，总结中华民族文学的卓然成就、鲜明特色与突出价值，升华经验，反思教训，实现理论创新、知识更新、观念革新，学习各民族的智慧、经验、要义、哲理和价值，培养欣赏、珍惜、保护中华民族文学的感情，追求智慧充盈、经验丰厚、要义广博、哲理深邃、价值无限的人生，提高人才培养质量，铸牢中华民族共同体意识，成为中国特色社会主义建设者与接班人，实现高校中国古代文学课程思政的育人目标。

（二）高质量建设中国古代文学课程与挖掘课程思政元素

高校中国古代文学课程的教育教学要顺应教育数字化的趋势，吃透中华优秀传统文化的丰富内涵与重要价值，正确认识各民族共创中华民族的事实和成就，挖掘课程思政元素，利用大数据、"互联网+"以及多媒体技术，集约和使用丰富的课程资源，开展教育教学活动。

历史时期各民族在"四个与共"的场域中不断推进"四个共同"，交往交流交融成为多元一体中华民族，共同创造璀璨夺目的中华民族文学。在民族文学与中华民族文学的互动中，历代各民族创作、传播的文学作品形式多样，内容丰富，风格各异，价值突出，生动呈现中华民族"多元一体"的历史过程与发展逻辑，表明中华民族文学是各民族文学的统一体，包含各民族文学的共同性与差异性。其中，诸如家国情怀、仁政爱民、民族和合、天人合一、光明正义、崇德乐善等，是中华民族的独特标志与世代传承的文化基因，是构建中华民族共有精神家园与铸牢中华民族共同体意识的重要凭借。因此，应借助"互联网+"、多媒体与云技术支撑，依托传世文学典籍整理、中华优秀传统文化研究和中华民族文学事件事象探析，把握"各民族共创中华"的历史实践与理论内涵，梳理历史时期各民族交往交融与民族文学汇融采借的互动关系，理解中华优秀传统文化的丰富内涵与突出价值，挖掘中国古代文学事件事象、作家作品、景观风格的德育知识与思政元素，高质量建设高校中国古代文学课程资源。

在此基础上，高校中国古代文学课程应在理论传授、案例研学与实践实训中，强调教育教学的思想性，将理论创新、知识传授与情感培育、价值引领统一起来，分析与研学中国古代文学的事件事象、作家作品、景观风格，促使课程内容与思政元素深度融合，兼顾文化通识教育、生命情感教育、国家通用语言文字审美教育，创新高校培育中华民族共同体意识的形式和方法，通过以情动人、以理服人、以智教人、以德育人的教学互动，阐释经典作家的文学经典，展示中华文化的魅力，感受中华民族的精神，依托知识性传授、趣味性学习与沉浸式体验，结合塑造正确价值观、养成健全人格、拓展思维方式、提升学习能力，培养中华民族共同体意识，实现兼顾协同育人的目标。通过中国古代文学课程的教育教学，大学生理解各民族在"四个与共"的历史场域，通过"四个共同"的历史过程，交流交往交融成"多元一体"的中华民族；理解各民族共同创造中华民族文学，成为宝贵的历史文化遗产，是中华优秀传统文化的组成部分；理解高校中国古代文学课程教育教学，就是展示各民族共创中华民族文学成就与规律、特色与风格、价值与意义，就是传承中华优秀传统文化，努力构建中华民族共有精神家园，铸牢中华民族共同体意识，起到坚定文化自信，增强"五个认同"的作用，落实为党育人、为国育才的根本任务。

（三）数字化视野下集约高校中国古代文学课程教学方法

在数字中国与教育数字化背景下，应运用大数据、"互联网+"和多媒体技术，集约和创新高校中国古代文学课程的教育教学方法，发挥课程思政作用，铸牢中华民族共同体意识，提高人才培养素质，实现为党育人、为国育才的目标。

截至目前，数字中国与教育数字化，和"新文科""新师范"建设相互叠加，对高等教育高质量发展和高素质人才培养提出更高的要求。具体而言，高校中国古代文学课程的教育教学在深化高等教育教学改革背景下，就是加强中国语言文学学科与汉语言文学专业建设，打破人文社会科学与自然科学的边界，融通文学、民族学与人类学、历史学、哲学、法学、社会学、政治学和思想政治教育等学科，及其内部文艺学、语言学、中国古代文学、中国现当代文学、比较文学与世界文学等学科方向的理论与方法，借助云技术、"互联网+"和多媒体技术，挖掘中国古代文学课程的思政元素，统一线上与线下的教学类别、课堂内与外的教学活动、理论传授与实践实训的教学任务，创新和集约运用教育教学方法，发挥讲解、研学和展示、分享的主渠道作用，研析中华民族文学事件事象、作家作品、景观风格，在情景事理相互融合中，提高高校中国古代文学课程教育教学效能，利用课程思政元素，以"润物无声"的教育教学方式，让学生机会更多、体验更真、感受更深地理解"各民族共创中华"理论、铸牢中华民族共同体意识理论，追求最大化的教育教学效果，培养德智体美劳全面发展的人才，实现高校中国古代文学课程思政的育人目标。

结　语

新时代民族工作的主线是铸牢中华民族共同体意识，对高校中国古代文学课程的教育教学，提出思政育人的要求。作为宝贵的历史文化遗产，中华民族文学具有深厚的中华文化内涵，承载各民族共有共享的中华文化符号与人物形象，是中华民族共同体历史记忆、文化基因和民族意识的生动载体，能够展示中华民族的伟大形象、不朽成就和文化贡献，有助于铸牢中华民族共同体意识、构建中华民族共有精神家园，具有丰富的课程思政元素。但迄今为止，中国古代文学课程的教育教学处于铸牢中华民族共同体意识教育方兴未艾、各民族共创中华民族文学未被充分正视、教学改革需开新局的局面。因此，研究和抓好中国古代文学课程的教育教学，能够铸牢中华民族共同体意识、构建中华民族共有精神家园和助力中华民族伟大复兴，可行路径是坚持中国古代文学课程大中小一体化的教育教学理念、高质量建设中国古代文学课程与挖掘课程思政元素，以及数字化视野下集约创新教育教学方法，展现中华民族文学的特色与成就，传承中华优秀传统文化，发挥课程思政教育作用，铸牢中华民族共同体意识，落实为党育人、为国育才的根本任务，培养德智体美劳全面发展的高素质应用型人才，促使大学生增强"五个认同"，坚定"四个自信"，实现中国古代文学课程的育人目标。

课程思政视野下文学概论课程的"文体论"教学探究

郭芳丽①

（长江师范学院　文学院　重庆涪陵　408100）

【摘　要】课程思政要有效地开展，教师应该立足课程，发掘总结课程内在的、独特的思政资源和思政路径。文学概论的课程思政实现路径之一即是将文学理论问题中国化、具体化，在对文学作品的审美分析中加深学生对文学理论的理解。文体论教学将此路径具体化为以下三个方面：一是探索语言文化性，深入体会汉语之美；二是品评形式"意味"，沉浸感受氛围之美；三是分析散文化叙事，总结文体传承与创造。在此过程中，教师总结传播中国文学理论话语，引导学生从感性和理性层面体悟中华美学精神，增强学生的文化自信。

【关键词】文学概论；课程思政；文化自信

　　课程思政与思政课程同向同行，共同实现社会主义教育立德树人的根本任务。课程思政与思政课程又有区别，最大的区别即是其专业性，"重在知识传授中强调价值观的同频共振"②。因此，课程思政要有效地开展，就应该立足课程，发掘总结课程内在的、独特的思政资源和思政路径。习近平总书记在庆祝中国共产党成立 100 周年大会上提出了"把马克思主义基本原理同中国具体实际相结合、同中华优秀传统文化相结合"的时代命题。"两结合"不仅是对中国马克思主义发展的总结，也是对中国马克思主义文论发展的总结。中国当代文学理论是马克思主义文艺思想与中国文艺实践相结合、与中国优秀传统文化相结合的成果。文学概论的课程思政要体现其自身课程特点，实现路径之一即是将文学理论问题中国化、具体化，在对文学作品的审美分析中加深学生对文学理论的理解，提升分析中国文化、文学问题的能力，并在此过程中激发学生的爱国热情，增强学生的文化自信。文学理论研究文学的普遍性和共通性问题。文体是文学理论的核心问题之一，语言、结构、叙事技巧是其主要范畴。为了更好地达成教学目标，教师除了讲清这些基本范畴的基本内涵，还应该将之与中国具体的文学实践相结合，勾连起理

---

① 郭芳丽：文学博士，长江师范学院文学院副教授，主要从事文艺美学研究。

② 高德毅、宗爱东：《从思政课程到课程思政：从战略高度构建高校思想政治教育课程体系》，《中国高等教育》，2017 年第 1 期。

论与创作、现实与传统。文化寻根、理论溯源，讲清理论问题；同时以美化人，进行课程思政。

一、探索语言文化性，深入体会汉语之美

"寻根文学"作为新时期文坛上一次影响深远的文学运动，寻根作家不仅提出了"文学应根植于传统文化"的主张，认为文学书写应该从社会表层转到文化深层，而且还对如何在实际创作中实现这种转化提出了具有可操作性的方法，在技术层面探寻"模仿西方"之外的根植于民族本土的新可能。他们的探索也成为文学概论课堂上当代中国文论发展的鲜活实例。

（一）语言的文化性

语言研究是文体研究的基础，对语言独特性的把握是进行了文体创新的前提。寻根作家注重阐发语言的文化性。"从文化的背景上找语言"是李杭育一篇文章的标题，其"语言"意识可见一斑。作家不仅意识到了语言对于写作的重要性，更意识到了语言的文化性。这样一种强调语言的民族性、本土性的语言观在寻根作家中具有普遍性。

文化意识的觉醒往往由语言开始，韩少功在《文学的根》中直言，他对楚文化的直接感知就是从语言开始。汨罗江边，屈子祠附近的当地人"把'站立'或'栖立'说为'集'，这与《离骚》中的'欲远集而无所止'吻合"[①]。正是通过这样一些穿越历史而依然存活的字、词，韩少功感受到了楚文化的命脉和中国文化的根。阿城《文化制约着人类》中，更是直接宣称，"语言是什么？当然是文化"[②]。阿城指出，虽然人类的欲望、人性具有相似性，但却不能想象用世界语去写人性。因为各个国家的作家都在使用各自的语言，发掘各自语言的妙处，去书写看来相近的人性和欲望。即使是所谓的普遍人性，在文学中，也因表达文字文化积淀的不同而显得不同。

语言承载了文化，文学语言更是一种"文化"的语言。寻根作家大多注重对极富地域文化特色的语言的发掘和使用。在李杭育看来，作家最重要的事情"就在于找到最适合他脾胃，同时也最适宜表现他的具有特定文化背景之韵味的题材的那种语言"[③]。文学语言不仅仅是被动的媒介，不是所有的中国作家都使用一样的汉语。作家的语言需要自己去寻找，语言不仅要和作家的个性相契合，还要与题材的文化背景相契合。语言特色不是空洞的感觉，而是和深广的文化相关联的。语言的文化性中最基础的层次是"民间化"的词汇，即携带有传统文化信息和意味的词语。贾平凹以陕西为例说明了地域对文学的影响，"陕西的地域差别是特别大的，地域的不同必然使文化和人的性格不同，也必然会影响到写作中去么"[④]。在这一类似于丹纳《艺术哲学》的表述中，可以发现

---

① 韩少功：《文学的"根"》，《作家》，1985 年第 4 期。
② 阿城：《文化制约着人类》，《文艺报》，1985-7-6.
③ 李杭育：《从文化背景上找语言》，《文艺报》，1985-8-31.
④ 李遇春、贾平凹：《传统暗影中的现代灵魂——贾平凹访谈录》，《小说评论》，2003 年第 6 期。

贾平凹幽深奇崛文字的文化基因。在对寻根作家语言观的引述中，学生加深了对语言的文化性以及中国文化的丰富性和多样性的理解。

（二）感悟汉语之美

在课程讲授中，教师不仅从理论层面阐释汉语与中国文化的关系，而且结合具体作家的作品让学生进一步在感性层面体悟汉语之美。李杭育的小说语言和吴越文化相关联，特色鲜明，成为授课中的典型例证。如在《最后一个渔佬儿》中，李杭育的语言素朴明快。"船到东溪，福奎因为夜里还要来收滚钓，便把船摇进船棚，上岸步行回家。……但这大贵太可恶了。"[①]对以上这段引文，教师可以引导学生分析品味的有：一是动词主导。几乎每一个短句都至少有一个动词，"到""收""摇""上""行""回""嘱咐"等动词的连续使用使小说如简笔动画一般勾勒出最后一个渔佬儿福奎简单质朴的生活；二是长短句的交错，语言在平实中又富有变化，节奏不疾不徐。简单明丽的语言既和对象的简单生活相契合，又和吴越文化的清新自然相契合。

与李杭育的民间化简洁口语不同，阿城的语言更具书面文化色彩。引入阿城的小说，加深学生对语言文化丰富性的理解。以《棋王》为例，阿城的语言不是"一贯主张的'生活化的语言'，而是从'书本'中来的语言"[②]。李洁非把《棋王》的语言与日常口语作比较，说明小说由于这样一种古典白话的使用而使文章呈现了特殊的情调，比如"只见老者进了大门，立定，往前看去。（而不是：站在那儿。）"。寻根作家们将文学的文化性落实到具体的写作实践中，其作品成为他们文学思想最好的注解和说明。

教师通过对寻根作家文化语言观和具体创作的分享，使同学们进一步明确了：在文学中，语言是有生命的，它的质地、光彩、色泽，决定了整部作品的基调和个性，决定了整部作品的灵魂。作家强调语言就是在强调语言建构起的整个作品的形式世界。如李杭育所言，他希望找到的语言，不是简单地使用方言土语，甚至也不能单纯地从语言风格、修辞效果层面上来理解，他强调的是语言整体呈现出的一种效果。"语言最终就包囊了小说的全部形式和技巧"[③]。寻根作家对语言的理解不再是工具化、媒介化的，而一种整体的语言观。理想的语言如"气"一般，无形无迹却又无所不至，充盈于文章各处，有机灵动。这样一种语言观无疑具有了语言本体的意识。

二、品评形式"意味"，沉浸感受氛围之美

从汉语出发，会形成何种独特的文体形式和技巧？基于汉语独特性形成的形式观是文体论教学中要追问的另一个重要问题。寻根作家们强调语言的文化性，并认为整部作品的所有形式和技巧都应该由此生发，所以，在他们看来，仅仅将西方文学特别是西方现代主义文学的技巧和手法简单移植到中国文学中是行不通的。中国文学技巧的现代化

---

① 李杭育：《最后一个渔佬儿》，《当代》，1983 年第 2 期。
② 李洁非：《寻根文学：更新的开始（1984—1985）》，《当代作家评论》，1995 年第 4 期。
③ 李杭育：《从文化背景上找语言》，《文艺报》，1985-8-31.

必须以中国独特的文化为依托，发掘汉语写作的多种可能。在授课过程中，教师主要结合寻根作家提出的两个核心概念来阐发"形式"的"内容性"。

（一）形式的"意味"

寻根作家在形式层面提出的一个重要概念即是"意味"。何谓"意味"？作家们很少去下定义，往往用描述的语言来解释这一概念。描述性的语言是中国古代文论区别于西方文论的重要话语特点，因此在授课中教师不仅应引导学生理解作家文学思想的内容，也要引起学生对中西文论话语差异性的关注。

李杭育以自己的创作和阅读经验来说明什么是意味。他指出当时寻根文学有过分倚重民间话语、过多地引用民俗民谣的倾向，作家们并不太重视可读性，贾平凹就是如此，读者也一样，读小说的主要兴趣是读味道。可见，以小说为例，"意味"不是内容层面讲了什么故事，不是可读性的问题，而是小说语言本身构成的氛围，传递出来的感觉。比如民俗、民谣，虽然使小说显得枝蔓横生、拖沓繁复，却颇有几分拙稚之气，这种笨拙和稚气就是一种"意味"。"意味"是作品中，尤其是语言、形式层面传达出来的感觉。李杭育在《小说自白》中曾以自己的小说《沙灶遗风》表明了他对意味的看重。因为《沙灶遗风》的开头涉及了大量的历史、地理、风俗，不合已有的小说章法，显得笨重，但他认为这个忌犯得值，甚至应该犯这个忌，因为"写'遗风'，我要的就是这笨重感。笔调把握得好，从结构上的笨重到情绪上的沉重，感觉上可以沟通"[①]。"意味"表明了寻根作家的形式自觉，强调了形式和情感、情绪、韵味的一致性。

（二）体会氛围之美

寻根作家认为文学是整体氛围的营造，是对个人化感受和思绪的传达。文学受制于文化，这是阿城在《文化制约着人类》中提出的核心观点。具体到文学技巧，阿城从中西哲学的差异比较了中西艺术技巧的差异。阿城认为中国哲学重直觉，而西方哲学重实证。东方认同自然，强调天人合一；西方认同人本，认为天人对立。哲学的差异导致了中西艺术的差别也十分明显，"东方艺术是状心之自然流露，所写所画，痕迹而已；西方艺术状物，所写所画，逻辑为本"[②]。阿城认为东方艺术强调的是主观心境的传达，而西方艺术更重客观逻辑。中国艺术强调性情流露，天人合一，人与物的融合，达意最重要；而西方艺术强调忠实于客观对象，所以在技巧上发展出了一系列诸如素描、透视等"科学"方法。在阿城看来，艺术技巧绝不像工业、农业中的技术那样具有客观性，而是与文化整体相关的。中国文化的感觉性、主观性决定了中国艺术的技巧重在达意，而不在写实。

郑万隆在《我的根》中，同样强调了写作中感觉传达的重要性。在文章的开头，郑

---

① 李杭育：《小说自白》，《上海文学》，1985 年第 5 期。
② 阿城：《文化制约着人类》，《文艺报》，1985-7-6.

万隆就用诗一般的语言描述了记忆中的故乡——沟两崖的房子，库尔苏河，黑龙江边，初春的林子，第一场雪。"感觉"是理解郑万隆的关键词。在他的小说创作中，他努力想要保存的就是那种有生命的感觉。郑万隆同样强调这样一种生命感觉的"整体性"。所谓"整体性"强调对对象的总体把握，将其作为一个"有生命的有机整体来进行审美观照"①，并认为审美观照主要依靠个人的直觉。郑万隆强调对象的整体性、有机性和生命感，重视作家的艺术直觉。这几乎和阿城的观点如出一辙，其针对性也如同阿城一般，针对的是西方重逻辑、重科学的艺术观。

在引用作家对"氛围"论述的基础上，教师进一步引导学生分析观点提出的文化背景和现实针对性。提醒学生注意，强调文艺的客观性和科学性，强调文艺对象的认识价值和意义，恰恰是此前模式化现实主义文学的核心观点。模式化现实主义还在此基础上形成了一套重客观、重科学的近乎僵化的艺术技巧，比如"三突出"。因此，学生可以自己找到答案：寻根作家强调的"客观/主观"这样一种所谓的"中/西"差异，其主要指向恰恰不是尚未在中国扎根的西方现代艺术，而是在中国已经模式化了的西方现实主义艺术。在某种程度上可以说，正是西方现代主义艺术的引入，冲击了现实主义一统天下的局面，使当时的中国作家们看到了不同于现实主义写法的存在，在其刺激下，转而寻找本土化的艺术形式。所以，这种寻找不是简单地再去将《红楼梦》或《聊斋志异》再读一遍，总结几条写作技巧，而是学习其中包含的民族文化习惯和审美心理的艺术精神，将之灌注到今天的写作中去，做到现代写作与艺术传统的融合。

如果说在中国现代派那里，形式、技巧还只是传达内容的手段，是一种"技术"存在的话，那么到了寻根派，形式、技巧本身的意义和价值开始得到重视。中国作家对"形式"的认识又向前推进了一大步，开始摆脱"内容/形式"两分的简单化理解。重"意味"和"氛围"的形式观大大丰富了文学理论中形式论的内涵，使同学们从感性和理性两个层面加深了对中华美学特性的认识和理解。

三、分析散文化叙事 总结文体传承与创造

以寻根作家为代表的中国当代作家发掘汉语特性，最终形成了何种独特的文体观，他们在创作和理论层面有何突破和贡献？这些问题是文体论教学的出发点和落脚点，也是需要教师最终引导学生明确的问题。

（一）散文化小说

寻根作家将文化作为文学的依托，注重对"非规范文化"的文学资源的挖掘。"非规范文化"中的文学资源既包括独特的自然风貌、生活方式，也包括独特的思维习惯、用语表达。但上述这些都是一种材料性、碎片化的存在，用什么样的整体形式将之纳入其中并最终形成一种独特的文学存在？寻根作家当年不得不面对的问题成为今天课程讲

---

① 郑万隆：《我的根》，《上海文学》，1985 年第 5 期。

授过程中教师要引导学生突破的问题。

寻根作家对小说写法的自我总结较为明晰，教师将之呈现给学生即可。寻根文学在写法上想要突破的对象是模式化的现实主义文学套路。在《小说自白》中，李杭育提出了"特异身材小说"的概念。"特异身材小说"相对于"匀称小说"而言。匀称小说是感觉的僵化和异化，缺少对艺术而言最重要的东西——个性和创造性。李杭育在此再一次提到了形式的意味，李杭育认为决定写法"特异性"的因素是情感，"是在随意挥洒中向自由境界的情感渗透"①。形式的自由源于情感的自由。从外至内，"特异身材小说"消解掉了"匀称小说"。

"兴之所至，自由随意"的散文化小说是寻根作家的共同追求。李庆西将之总结为"新笔记小说"。这种小说在语言上"不刻意求工"，追求一种自然随意却又生气充盈的效果，在情趣思想的表达上，强调言外之意，味外之旨，"看上去无所寄托，实际上它本身的情理结构即涵括了世态人心，指事类情，不一而足"②。虽然寻根小说各有特色，如韩少功所总结的，贾平凹的"商州"系列小说带有浓郁的秦汉文化色彩，李杭育的"葛川江"系列小说颇有吴越文化的气韵，乌热尔图也用他的小说书写了鄂温克族的文化源流。但这些特色更多地来自"题材"本身，而在写法上，则无论是写北方，还是写南方，无论是写葛川江，还是写大草原，基本都是"散文化"的笔法。

（二）感受文脉传承

授课的难点在于找到散文化小说写法背后的思想动向和文脉传承。"自由"是 20世纪 80 年代中国人的普遍追求，也是"寻根文学"的追求。考虑到这样的语境，也就不难理解寻根作家在寻根时为何会不约而同地往"偏"里寻、往"远"里寻、往"怪"里寻了。因为偏、远、怪的文化是一种更自由的文化，较少束缚和压抑，而较多活力和生命力。回到"写法"。既然寻根作家想要书写的材料——无论是独特的自然风貌、生活方式，还是独特的思维习惯、用语表达，其核心取向都是"破除规范，回归自然"，那么能够找到的最好的写法选择就是"散文"。将之运用于小说创作，即是"散文化叙事"。对于"散文"的作法精髓，苏轼曾云，"常行于所当行，常止于不可不止，如是而已矣！"③这样一种强调天人合一，人文合一，自由随性的写作观念恰与当时寻根作家所渴望的写作状态相契合。中国文学中的所谓"小说"在韩少功看来，即脱胎于散文，讲求"文无定规""文无定法"，偏重顺应自然。小说散文化，古已有之，传统如此，而今又有此需求，因此，散文化小说几乎可称之为"寻根文体"。寻根文学的代表性作品，阿城的《棋王》《遍地风流》、李杭育的《最后一个渔佬儿》、贾平凹的《商州初录》、乌热尔图的《琥珀色的篝火》等小说，都具有明显的散文化特点。

但是，寻根作家的文学观念和创作实践有无局限？教师在此还应该引导学生深入思

---

① 李杭育：《小说自白》，《上海文学》，1985 年第 5 期。
② 李庆西：《新笔记小说：寻根派，也是先锋派》，《上海文学》，1987 年第 1 期。
③ 苏轼：《苏轼文集》，中华书局，1986 年版，第 2069 页。

考，培养学生的批判和反思意识。韩少功曾敏锐地认识到，"美国的'黑色幽默'与美国人的幽默传统和'牛仔'趣味、与卓别林、马克·吐温、欧·亨利等是否有关呢？拉美的'魔幻现实主义'，与拉美光怪陆离的神话、寓言、传说、占卜迷信等文化现象是否有关呢？"①上述引文表明，一方面，独特的写法根植于独特的文化，但另一方面，写法又不等于文化，黑色幽默不只是有美国人的幽默传统和牛仔趣味，还需要作家在此基础上的萃取创造。同样，魔幻现实主义也不是有神话、传说、迷信就够了，它不会自动生成。中国的寻根作家们找到了丰富的文学资源，但由资源到新的写法，还需要作家主动创造和发明。而在当时的创作中，作家的创造性转化还是较为有限的。

结　语

在文体论部分的讲授中，师生通过对寻根作家文学思想和创作的梳理，可以发现寻根作家的语言意识、形式意识、文体意识都已觉醒，并开始创造出独特的、中国的、现代的、文学的写法。而这，也正是中国文体论的当代发展。授课的过程也就成为了重返文学思想生产现场和品味中国文学之美的过程。

胡亚敏在总结中国马克思主义文学批评的特质时，提出了"扎根大地的实践品格""以人民为中心的批评原则""独立自主的世界意识"②的观点。这也可以概括中国文学理论的特质。当代中国文学理论体现了中国作家、学者对马克思主义的坚持、发展和创新。文学概论课程的教学也应该贴近当代中国文学和文论实践，将理论问题中国化、具体化，总结传播中国文学理论话语，引导学生从感性和理性两个层面体悟中华美学精神，增强学生的文化自信。

---

① 韩少功：《文学的"根"》，《作家》，1985 年第 4 期。
② 胡亚敏：《马克思主义文学批评的中国之路》，《文学评论》，2023 年第 2 期。

课程思政背景下中国现当代文学教学改革的探讨

付清泉①

（长江师范学院　文学院　重庆涪陵　408100）

【摘　要】课程思政建设，成为新时代培育和践行社会主义核心价值观、落实立德树人根本任务的战略举措。中国现当代文学是高校汉语言文学专业的必修课和核心课程，蕴含着丰富的思政教育资源，与课程思政"立德树人"的本质目标相契合。结合新的时代语境，中国现当代文学与课程思政教学有机融合，可以从加强教师思想建设以提升课程思政教学能力、深入挖掘中国现当代文学课程的思政元素和从教学目标、教学内容、教学方法、考核方式等多方面改革教育教学方式等，实现对学生的育德与树人，解决"培养什么样的人，如何培养人以及为谁培养人"的问题。

【关键词】课程思政；《中国现当代文学》；教学改革

2016 年 12 月，习近平总书记在全国高校思想政治工作会议上作出指示，要坚持把立德树人作为中心环节，把思想政治工作贯穿教育教学全过程，"各类课程与思想政治理论课同向同行，形成协同效应"。②2020 年教育部印发了《高等学校课程思政建设指导纲要》，也明确提出构建全员全程全方位育人大格局，把课程思政置于国家人才培养与立德树人的战略新高度。自此，全国各大高校积极行动起来，把课程思政与学科建设相结合，探讨课程改革的方式方法，并把课程思政建设工作提高到培育和践行社会主义核心价值观的重要地位，课程思政建设成为新时代培育和践行社会主义核心价值观、落实立德树人根本任务的战略举措。

中国现当代文学是汉语言文学专业的必修课和核心课程，蕴含着丰富的思政教育资源，开端的五四文学革命就与中国社会的变革紧密联系，正如学者指出"政治和文化是相互联系的，所以中国现代文学历史发展的分期也与整个国家的政治运动和改革紧密相连。"③中国现当代文学与课程思政"立德树人"的本质目标紧密契合，实施课程思政具有先天优势。然而，如何结合新的时代语境，将中国现当代文学与课程思政教学有机

---

① 付清泉：博士，长江师范学院文学院副教授。主要从事中国现当代文学课程的教学与研究。
② 习近平：《习近平谈治国理政：第 2 卷》，外文出版社，2017 年版，第 378 页。
③ 周春辉：《中国现代文学的历史和现状》，《作家》，2014 年第 14 期。

具有先天优势。然而，如何结合新的时代语境，将中国现当代文学与课程思政教学有机融合，潜移默化地实现对学生的育德与树人，这是一个值得长期实践与探索的过程。

一、以教师思想建设为基础，提升课程思政教学能力

习近平总书记曾强调："教师是教育工作的中坚力量。有高质量的教师，才会有高质量的教育。"因此，高校现当代文学教师首先要转变观念，从传统的专业教师重在专业知识的讲授，忽略对学生社会主义核心价值观的培育，把思想政治的引领、立德树人当作思政课程的职责的观念中转变过来，把思想政治工作贯穿教育教学全过程，从而实现全过程育人、全方位育人。专业教师要进一步加强思想建设，提高政治能力和政治素质。可以通过强化政治学习来不断深化马克思主义理论学习，加强党史、新中国史、改革开放史、社会主义发展史的学习，了解党的文艺方针政策，认真学习习近平总书记关于教育的重要论述，从而坚定为党育人、为国育才的政治使命。

其次，要提高教师的课程思政能力，学校还应积极行动起来。可以采取邀请专家做报告、观摩教学名师现场教学、参加思政教学能力专题研讨会等多种形式，请进来或者走出去，为教师搭建平台，帮助专业教师不断提升思政教学能力和水平。

二、充分发挥中国现当代文学的思政资源优势，深入挖掘丰富的思政元素

中国现当代文学的课程内容与时代紧密贴合，这种课程特征使它能帮助学生"在中国特色社会主义历史发展和伟大实践中，认识和把握人类社会发展的历史必然性，认识和把握中国特色社会主义的历史必然性，不断树立为共产主义远大理想和中国特色社会主义共同理想而奋斗的信念和信心"。[①]学习中国现当代文学，对于引导学生增强文化自觉和文化自信、坚定党的领导和中国特色社会主义信念等核心价值观教育，有着独特的优势。中国现当代文学课程蕴含着丰富的"思政"元素，如何因地制宜、因势利导地发掘丰富的课程资源进行课程思政是进行课程教学改革的重要一步。

中国现当代文学开端于五四新文化运动，正是在民族救亡图存的历史背景下形成的，自诞生之时就担负着中华民族精神启蒙和国民性格重塑的重要使命。一部中国现当代文学史，与中国社会现代性转型、追寻先进的制度以及社会主义现代化建设是紧密相连的。从五四新文化开路先锋的鲁迅先生弃医从文的道路选择以及《狂人日记》《阿Q正传》等一系列作品中，我们看到的是一代先驱对民族国家命运深沉的关注，是"天下兴亡，匹夫有责"的忧患意识和爱国情怀。自鲁迅之后，郭沫若、茅盾、曹禺、老舍、巴金、沈从文、钱钟书、赵树理，直到当代的莫言、余华、陈忠实、贾平凹，他们无一不立足现实，关注当下，参与时代思考，探索重塑民族品德的途径；他们的作品，也深

① 韩宇：《教育引导大学生认识和把握中国特色社会主义的历史必然性》，人民网，（2016-12-13）[2021-04-20].http://theory.people.com.cn/GB/n1/2016/1213/c4 0537-28946726.html.

深地扎根现实，反映着时代和社会，反映着中国人民在艰难中奋斗前行的历程，处处闪耀着爱国主义的光辉。

习近平总书记指出："从五四时期新文化运动、新中国成立到改革开放的今天，产生了灿若星辰的文艺大师，留下了浩如烟海的文艺精品，不仅为中华民族提供了丰厚滋养，而且为世界文明贡献了华彩篇章。"从 20 世纪 20 年代文学研究会提倡文学为人生关注现实、关注社会的追求，到 30 年左联成立后对革命文艺的推动，到 40 年代抗战文学的兴盛，以及毛泽东《在延安文艺座谈会上的讲话》发表，中国现代文学的发展与伟大的中国人民为民族独立和自由解放的奋斗历程一直是紧密相连。中华人民共和国成立后，17 年文学中以"三红一创，保林青山"为代表的红色小说的大量问世，更是激励时代前进的红色经典，助力着新时代的青年们树立中国特色社会主义文化自信。不仅如此，在中国现当代作家的笔下，沈从文的"湘西世界"、老舍的"北京胡同和市民文化"、贾平凹的商州，莫言的高密故乡……展现着中国地域文化的特色；新月诗派音乐美、绘画美、建筑美"三美"的艺术追求，阿城《棋王》对老庄哲学的推崇……体现着作家们对传统文化的弘扬与创新。因此，通过现当代文学课程教学，这些作品中蕴含着的这些丰富的传统文化、地域文化、民族文化等课程思政教育资源，就可以引导学生在了解和理解的基础上，坚定对优秀的中华文化的热爱，从而达到文化自信。

三、创新教学理念，改革教学方式

（一）打破教材限制，进行中国现当代文学思政专题融合

正如学者所指出，引入课程思政的维度后，要在之前中国现当代文学教学目标和内容的基础上，"增加了解掌握'思想史''社会史'的内容，明确该课程本身也是中国社会史、思想革命史的重要组成部分，体现出鲜明的时代要求，课程要继承和发扬中华民族的优秀传统和革命传统，对中国优秀传统文化和国民文化自信的建构起到重要的推动作用。"①增加"社会史""思想史"的内容，并不是要淡化专业的学习和重构"文学史"的性质，相反，可以增强学生对作家作品的专业解读，使知识传授与立德树人更紧密地结合起来。

譬如解读茅盾的代表作《子夜》，我们就应该不仅仅停留在人物形象、长篇小说的创作特点等艺术层面的分析，而是要回到 20 世纪 30 年代关于中国社会性质的大讨论的时代背景中去，在社会史和思想史中去把握茅盾作为社会剖析小说范式的开创者和杰出代表的价值和意义，以及中国革命在艰难曲折的历程中最终选择了工人阶级的先锋队——中国共产党的历史，从而加深学生的认识，达到对学生思想的教育和引导。

又譬如 20 世纪 80 年代获得茅盾文学奖的长篇小说《芙蓉镇》，关于创作的缘起古华说道："三中全会的路线、方针，使我茅塞大开，给了我一个认识论的高度，给了我

---

① 张敏：《课程思政背景下中国现当代文学课程改革研究》，《河南科技学院学报》，2021 年第 2 期。

重新认识、剖析所熟悉的湘南乡镇生活的勇气和胆魄"。因此，要真正理解这部作品，就必须了解十一届三中全会，明白没有"十一届三中全会"的拨乱反正，使党的工作重心重新转移到以经济建设为中心后所带来的社会生产力的大解放和人们思想的大解放，古华的《芙蓉镇》等相关的文学作品，也许就不会产生。因此，只有在"社会史"的维度下，才能更准确地理解作品的内蕴深意，"寓政治风云于民俗风情图画，借人物命运演乡镇生活变迁"①。所以，对这部作品的研读就不能够仅仅停留在人物、结构、语言等艺术特点的层面，而应该在"社会史"的维度下，从"政治风云""乡镇变迁"去加深对"人物命运""民俗风情"的分析和解读。

根据中国现当代文学的特征，打破教材限制，更新教学目标，设计出思政教育教学环节，将社会主义核心价值观融入课程思政中，给学生提供丰富多彩的教育资源，将与教学目标一致的案例、故事与活动等资源融入课程中，这样不仅可以让学生学到充分的知识与技能，还能加深学生的学习感受。将现当代文学当作具体生动的教学载体，在讲授知识的过程中向学生渗透理想与道德观念的教育，既夯实了课程"培养人的感动能力、艺术感受力以及纯正的文学趣味甚至本真的天性"之目标，又兼顾了"道德感、正义感"的培养②。

（二）改革课堂教学，重构师生关系

中国现代文学教学以往通常以单向授课的形式传递信息，教师忽视与学生之间思想以及话语叙述方式的差异，这种缺乏互动交流的教学方式不能充分发挥文学本身所具有的培养人的艺术感受力和对人精神重塑的功能。因此，要打破传统以教师为主体的教学模式，积极探索师生共为主体的双创方法，形成师生同创，教学相长。

正所谓"教学有法，教无定法，贵在得法"，打破传统的教师主体地位，重构师生关系后，研讨式教学、启发式教学、互动式教学、翻转课堂、线上线下混合式教学等应运而生。根据具体情况，只要能够实现教学目标，都可以为我所用。而学生也在激发起主动学习和探究的热情基础上，从"要我学"变为了"我要学"，从被动的知识接收者，变为主动学习者，最终实现"会学"与"好学"。从传统课堂"以教师为中心"向"以学生自主学习为中心"的教学模式转变，无疑大大提升了中国现当代文学课程思政的亲和力，从而提高了教学效果。

（三）整合网络教学资源，利用信息技术实现课堂智能化

随着现代信息技术的不断革新，局限于线下教学的传统课堂教学有了很大的改观。借助于"慕课""超星""雨课程"等学习平台，教师可以对丰富的教学资源进行整合，从而实现"互联网+"模式的教学资源大融合。从线下教学到线上教学以及线上线下相

---

① 张帆：《"经济人"的生成与限度：〈芙蓉镇〉与新时期人性论的起源》，《福建论坛》，2013年第5期。
② 吴晓东：《我们需要怎样的文学教育》，《北京大学学报（哲学社会科学版）》，2003年第5期。

结合，课堂教学方式越来越灵活和丰富。不仅如此，教师还可利用 QQ、微信、腾讯会议等社交平台加强课后的课程资源分享，与学生的交流和辅导，从而大大拓展了课堂教学的广度和深度。正如学者所指出"现代信息技术的发展以及日常生活的多元多样性，决定了现代大学课堂的开拓延展性。"①

"中国现当代文学"课程有着丰富的网络视听资源。首先是大量的名家名作被改编搬上了银幕，如鲁迅的《阿 Q 正传》《伤逝》《祝福》，巴金的《家》《寒夜》，老舍的《骆驼祥子》《四世同堂》《茶馆》，沈从文的《边城》，曹禺的《雷雨》《日出》《原野》，茅盾的《子夜》，钱钟书的《围城》……另外大量的纪录片如《文学的故乡》《跟着书本去旅行》等，可以帮助学生们了解作家生平和命运，读万卷书的同时行万里路，去触摸历史和当下，身临其境地受到教育。还有反映着 20 世纪的社会、历史和现实的影视作品，如《觉醒年代》等。合理利用这些网络视听资源，可以使枯燥、单调和抽象的课堂教学更具生动性、吸引力和感染力，更好地激发学生阅读文本、参与课堂思政的主动性。

（四）革新考核模式，使课程评价更合理

课程考核是实现教学目标、育人目标的重要手段，考核方式的科学合理可以有效推进教育教学改革。中国现当代文学传统课程考核方式比较单一，大多采取期末闭卷考试结合平时成绩的办法。闭卷考试多突出文学史的知识性和审美性的考核，而平时成绩也仅仅停留在课堂考勤和平时作业上，既不能对学生的学习情况作出比较全面和合理的评价，更忽略了学生思想状况的考核。因此，应革新考核模式，既重视专业能力的考核又兼顾学生思想道德状况的评价，把教师为主的考试、作业与学生主体的学生自评、学生他评等多种考核形式相结合，从而使考核体系更完善更全面。

结　语

总之，中国现当代文学课程思政建设是课程教学改革的主要目标和方向，它使得这门课程从传统的知识传授、审美鉴赏能力的培养到"以文化人""以文育人"，达到知识传授与价值观引领的合一。我们专业教师要从教学目标、教学内容、教学方法、考核方式等多方面深入挖掘思政元素，使学生在教学中增强政治思想建设，提升道德修养境界，最终将"培养什么样的人，如何培养人以及为谁培养人"的问题落实。

---

① 石岩、王学俭：《新时代课程思政建设的核心问题及实现路径》，《教学与研究》，2021 年第 9 期。

第三编

新文科建设与中国语言文学课程教学应对

新文科建设的本质要求是突破传统文科的思维模式，借助继承与创新、交叉与融合、协同与共享等途径，变学科导向为需求导向，促进多学科交叉与深度融合，形成文理交叉，通过跨学科综合性学习，扩展知识，培养创新思维，赋能高等教育发展。结合中国语言文学学科与汉语言文学专业建设实际，思考统一数字中国与教育强国建设，思考数字化赋能专业课程教材建设、课堂教学效益，成为新文科建设的必由之路。

——题记

诵读能力训练课程数字化教材建设的研究与探索

方玲玲①

（长江师范学院　文学院　重庆涪陵　408100）

【摘　要】传统诵读教学是依托纸质诵读教材内容开展的课堂教学实践，在一段时期内对教学起到了重要作用，但随着科技的不断发展、信息化时代的飞速发展，这样的教学方式的弊端也逐渐显露出来，课程教学的数字化变革势在必行。运用数字化手段将教材制作成"可视听"立体化教材，在进行《诵读能力训练》教学过程中进行学习和训练，对培养高素质应用型人才具有十分重要的理论和现实意义。

【关键词】诵读能力；数字化；立体化

诵读在提升语文素养方面的作用正愈来愈受到人们的认可与重视，2018 年 9 月，教育部、国家语委启动了旨在传承中华优秀传统文化的"中华经典诵读工程"，又将诵读提升到了一个新高度。国家颁布的《义务教育语文课程标准（2022 版）》要求学生热爱国家通用语言文字，诵读脍炙人口的千古名篇。因此，诵读能力就成为中小学语文教师必备的基本能力。汉语言文学师范生大多数都将进入中小学校，诵读能力训练课程是一门针对性很强的实践训练课程，旨在提高学生的诵读能力，良好的诵读能力将为他们成为优秀语文教师打下坚实的基础。但在实际教学过程中，诵读能力训练课程的教学效果却并不理想，一方面，诵读能力训练课程纸质教材的使用在当前教学过程中出现了一些滞后性；另一方面数字化技术的发展以及软件市场的发展壮大，使教材数字化成为可能并且发展迅速。

一、使用传统纸质教材的教学现状

课程教学所使用的纸质教材在相当一段时间内对课堂教学起到了重要作用，但随着科技信息化的不断发展，人们愈加重视信息化手段，传统纸质教材的弊端也逐渐显露出来，已经不能满足现时代的教育信息化需求。

---

① 方玲玲：长江师范学院文学院教师，主要从事文艺学教学与研究。原文发表在《电脑知识与技术》2021年第 5 期，近期略有修改。

（一）传统教材滞后于时代发展，学生学习积极性不高

在课程学习中，教师一般按照纸质教材内容安排教学，学生通过阅读教材完成学习，传统教材的知识结构逐渐老化，写作、出版和使用间隔时间长，前沿理论没有得到及时更新补充，而且出现问题也不容易及时修改更新。正如《全媒体数字教材建设思考》中所述："高校的教材在与现实结合上存在明显的不足，一些在实践运用中明显体现出弊端且已经被淘汰的理论和方法，在当前的教材中仍然被采用，部分已经走在时代前沿的理论方法在当前的教材中却找不到相关内容"。[①]同时，纸质教材是以文字或图表等较为单调静态的方式呈现的，内容往往也是以抽象的方式表述的，单一的语言文字表述形态无法满足当代大学生信息化时代电子化、网络化的学习需求，传统的纸质学习内容和资源不能有效地激发学生的学习兴趣。加之课堂教学过程的动态灵活性，学生水平能力的差异性导致的教学计划和侧重点不同，对传统教材的改革刻不容缓。

（二）纸质教材"纸上谈兵"，学生课下练习缺乏参照与对比

诵读能力训练是具有操作性的实践类课程，传统纸质教材的训练方法是平面化"纸上谈兵"式的，缺乏形象感性立体的呈现，如诵读内容的停连安排、语气强弱、节奏变化等更需要直观的展示才易于体会把握。教师在教学过程中往往根据教材内容要求可以给予动态形象的示范演示，但演示过程具有易逝性，学生在课后自主练习时只能凭记忆回顾演示形态，与真实的过程有一定出入和差距，无法更有效地对比参照练习，诵读技巧要领难以掌握，学生学习效果大打折扣。

（三）纸质教材学习不便，学习效果反馈不及时

诵读能力的提升需要系统全面的知识，包括基本的语音、科学的发声、节律技巧和不同体裁的诵读知识等，这些知识如果都呈现在传统纸质教材中，教材厚重，定价很高，会增加学生的负担，有的学校甚至不给学生订教材，学生学习连基本的训练材料都没有，学习效果可想而知。而且，在信息化普及时代，学生更喜欢移动的、交互的便捷学习方式，纸质教材已然无法满足信息化时代学生的学习要求。同时，学生的练习情况也不能及时反馈给教师，教学效果受到影响。

二、数字化教材的运用优势

教材在课程教学中居于举足轻重的地位，基于上述以纸质教材为媒介的教学方式已经不能适应当前信息化时代教学的需要，教材的数字化变革势在必行。"数字化教材，则是以数字化方式集成网络时代学习内容与服务的数字化、多媒体教材"[②]，"是以计

---

① 汪继红：《全媒体数字教材建设思考》，《电脑知识与技术》，2017年第11期。
② 单丽雯：《基于移动端的高校教材出版创新：数字化、微课化——以大学英语教材为例》，《中国出版》，2017年第18期。

算机及相关设备为媒体，传播文字、声音、图像等知识信息，用以表达教学内容、提高教学效益、实现教学目的的数字化多媒体教学材料"①。数字化教材的建成，一方面可以汲取传统纸质教材的优势，保持完备的知识结构和体系，呈现完整的知识链条，同时也可以弥补传统教材的不足，改变教师课堂单一性的教学方式和学生课后练习的无参照模式，更大程度地调动学生的学习兴趣、练习的主动性，从而更好地加强教学和学习效果，并且可以随着知识的发展快速更新。具体思路如图 1 所示。

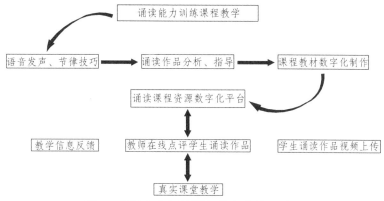

图 1　诵读能力训练课程数字化教学过程

如上图所示，在诵读能力训练课程教学实施过程当中，先将课程进行分解，通过语音发声、节律技巧的训练，再到诵读作品的分析与指导，对学生进行诵读能力的基本训练。在此期间，积极积累优秀学生作品，完善教学过程材料，进行课程教材的数字化制作。最后将制作完成的数字化教材上传至网络平台，学生可以通过手机 App、电脑、平板等终端进行在线学习，同时也可以上传学生个人诵读作品视频；教师可以通过数字化教学平台对学生的作业进行反馈，对学生作品进行点评。最后，再返回真实课堂进行教学，实现现实与虚拟的有效结合，相互促进。这种方式还具备以下特点：

（一）内容资料可以实时动态更新

在当前数字化媒体设备普及的背景下，数字化软件的不断更新及硬件设备的优化，为提高诵读能力训练课程教学效果提供了一个有效的"数字化"平台。运用数字技术手段，可以将诵读能力训练课程教学中使用的纸质文字资料、诵读文本制作成可看、可听的数字化图片、音频、视频等。数字化教材可以根据学科发展要求、学生学习训练反馈情况，及时进行知识的补充、材料的优化和完善，弥补传统的诵读能力训练课程教材单一、枯燥、内容滞后的缺陷，实现教材内容的适时调整、动态更新。

（二）课程的学习有效性提升

随着信息化手段的日益提升，数字化的学习已经成为学生的日常学习方式之一，学

---

① 岳庚吉：《MOOC 背景下数字化教材建设研究》，《武警学院学报》，2014 年第 7 期。

生可以依托网络电脑、智能手机、平板电脑等工具进行第二课堂的学习与训练。丰富的教学资源链接，立体生动教材的音频、视频为学生提供了学习示范，他们可以反复对比练习，有效地发挥数字资源的示范引领作用，改变传统的依靠回忆老师课堂教学的训练方式，更大程度上激发学生的学习兴趣和热情，从而提高学生的学习效率。

（三）课程的学习便捷、低成本

使用数字化教材，学生无须购买纸质教材，减少经济负担。学生学习也不单纯依赖于课堂教学，可以依托数字化平台进行交互式学习，无论是学生的学习还是教师的教学都更加便捷。学生训练不必携带厚重的教材资料，可以随时随地开展，化整为零，学生能够根据自身情况及时改进训练方法，培养自主学习能力。教师的指导也不受时空限制，利用碎片化的时间进行意见反馈，化零为整，可以及时把握学生的学习情况，调整教学内容，助力教学目标的有效且保质实现。

三、诵读能力训练课程数字化教材的特点

诵读能力训练课程数字化教材的建设，对诵读能力训练课程中的语音发声技巧、诵读的节律技巧、诵读的态势语言技巧、不同文体的诵读技巧等方面基本元素进行复合式、数字化呈现与传播，可以实现学生手中的教材从纸质平面的文字到朗诵语音实时视听的立体化效果转变；在教学过程中，将学生在课程过程中录制的诵读视频作品进行搜集整理，丰富课程资源，建立课程数字化平台和资源库，以便在以后的教学过程当中进行对比，不断提高课程教学质量。

（一）"现实"与"虚拟"的综合性

学生利用数字化教材学习是在虚拟化环境中进行的，但这样一个虚拟性环境更具有操作的现实性，学生可以真切地根据教材呈现的类真实环境完成文字理论的有声转化，立体化贯穿整个学习和训练过程中，这样的教学与训练模式打破了传统理论课程单一、枯燥的教学现状。

（二）由"无声"到"有声"的实践性

传统的教材涉及的诵读发声技巧，节律技巧是理论化的，无法直观地呈现出来，做成电子教材后都可以通过声音的方式进行立体而声情并茂的展示，使传统的无声化理论与操作变得可听可感，将传统的无声教材与数字化有声教材有机结合在一起，克服了传统理论课程教学内容彼此之间相互封闭，不能有效渗透、融合的局面，创建了一个崭新的教学模式。

（三）由"静止"到"动态"的创新性

单一的、"平面化"的纸质教材、诵读作品，由数字化手段制作成多样的、"立体"可视听的数字化教材后，学生学习由之前面对纸质教材的静止被动式变成互动性的，交互式学习更大程度上激发学生的学习主动性，而且学习的时间和空间不受限制，具有极大的自由性，从而可以提升教学质量。

结　语

数字化技术与诵读能力训练课的有机融合，让更具时代性的信息化手段融入诵读课程教材数字化建设当中，对改变传统教材在课程教学中存在的不足，导致的当下诵读能力训练课程开展效果不理想的事实，无疑是必要而且可行的。

中国语言文学课程教学实践与探索

转型期美学教材编撰与课程教学的困境与出路

张良丛[①]

（长江师范学院　文学院　重庆　408100）

【摘　要】当前的美学理论研究处于从现代美学体系转向新形态美学的转型期。而当前的美学教材仍然处于现代美学体系中，其本身存在着与现代美学同样的问题，给教学活动带来诸多困境。对此，美学教学活动必须清晰地意识到这些问题，结合美学研究的新成果，并采取相应的教学方法才能达到好的教学效果。

【关键词】现代美学；美学教学；转型期

美学是汉语言文学专业的一门必修课，承担着培养学生理论素养，提高人文素质的重要使命。近些年来，美育成为许多院校的公选课，更增加了美学课程的重要性。作为与现实的审美活动和艺术联系紧密的美学，随着日常生活发展的日新月异，呈现出许多新的状态。当前的美学研究呈现出从现代美学转向新形态的转型期。而作为基本教学活动载体的美学教材，往往对新的形态缺乏直接的关注。由此，转型期的美学在实际的教学活动中呈现出特定的困境，需要对此加以诊断，从而寻找到合适的解决方法。

一、现代美学的困境

美学最初是作为哲学的一个分支，在古希腊兴起的，其后也是在哲学学科内部延伸和发展的。"在传统的人文科学中，美学始终是作为哲学的附庸出现的。"[②]随着哲学体系的转变，美学也经历了同样的发展过程。从古希腊的本体论哲学体系中诞生本体论美学开始，美学成为本体论哲学的一个有机构成部分，其提问方式随着哲学的提问而延续，由"世界是什么？"变成了"美是什么？"柏拉图天才式的追问"美是什么？"构成了美学的开端。此后许多年，美学一直作为哲学的分支而存在，并没有获得独立的地位。鲍姆加登提出建立独立的美学学科后，也仍然在哲学的框架内阐释美学问题。以康德为代表的德国古典美学亦是如此。康德讲述美学的《判断力批判》不过是沟通《纯粹理性批判》和《实践理性批判》的桥梁。其后的认识哲学体系中的认识论美学，语言论

---

① [基金项目]黑龙江省社科规划项目"审美资本主义批判"（批准号：16ZWD04）阶段性成果。张良丛：文学博士，长江师范学院文学院教授，马克思主义美学与批评理论中心主任，主要从事马克思主义美学与审美人类学研究。原文发表在《继续教育研究》2018年第7期，近期略有修改。

② 王杰：《美学》，高等教育出版社，2008年版，第11页。

转向的语言论美学都与哲学思想息息相关，成为哲学思想延展的一个重要场域。

美学与哲学的交集在现代美学领域逐渐开始淡化。到了现代美学领域，参与美学建构的知识体系开始丰富起来。心理学、语言学、教育学、人类学等的介入，使得现代美学发生了形态的转换。心理学的介入使得美学发生了主体审美心理的研究转向，从而审美心理学成为美学必不可少的一个部分。教育学的介入，使得审美教育成为一个重要问题，进入美学教学的基本环节。人类学、考古学的介入使得审美的发生问题和审美的文化性得到系统阐释。可以说，经过现代多学科知识的参与，美学从以哲学为主的古典形态发展到多学科交叉的现代形态。

现代美学的主导形态以康德美学为代表。康德美学的一个卓越的贡献是将审美作为一个单独的领域从人类知识中独立出来，审美自律成为美学的基本原则。审美与自然王国和道德王国没有什么联系，而享有独立的裁判权。无疑，这种独立对于美学自身的发展具有重要价值，促进了美学的大发展。但是同时，也产生了另一种困境。"无论这种理性秩序多么整饬，也无论把科学与工业从任何审美约束中解放出来能够带来多少方便，其经验都是虚幻的，而于实践则是有害的。"①这种把审美法则独立的趋向，本身脱离了现实生活经验，导致与生活分离。美学往往执着于自身理论的言说，在自我营构的世界中自说自话，而对现实的审美文化缺乏基本的解释能力，其理论往往显得苍白无力。这种现象导致了美学理论自身的困境。在当前日常生活审美化如此兴盛的时刻，现代美学的理论阐释自身的困境更加明显。在当代美学的研究中，许多美学形态纷纷跨越现代美学的图围，呈现出与现实世界经验的关联性。

如何与现实世界关联？从现有的美学建构来说，突破审美自律性的现代美学，承认审美价值的普遍性，并且让其与鲜活的审美经验关联，是美学走向现实生活的必由之路。承认审美价值和道德价值、社会价值的关系，认为其伴随着一切价值的行进路程，才能将美学与各种各样的生活领域联系起来，从而突破专门领域的限制，体现出普遍性的价值。而审美主体在现实生活中体验到的感性经验是直接的、鲜活的，美学理论必须与这些经验联系起来，从而能够更好地显现在场性。现代美学的这些困境在当代美学研究中得到了针对性的反思，很多新的美学理论都是在对现代美学的反思中完成建构的，如环境美学、生态美学等。这些研究的新趋向在美学研究中已经如火如荼地展开了，但是并没有很快进入美学教材和教学活动中。美学教材编写和教学活动很多时候偏安一隅，过着旧日子，还在原有的理论框架中徘徊，呈现出很多问题。

二、美学教材编撰的问题

当前美学教学使用的教材的编撰，都是以现代美学体系为蓝本的。一般的美学教材经常分为：美的本质论、审美活动论、审美经验论、审美形态论、艺术审美论、审美教育论等模块。美的本质论、审美活动论、审美形态论等章节都是从哲学的角度对美学作

---

① [美]阿诺德·柏林特：《美学再思考》，肖双荣译，武汉大学出版社，2010年版，第2页。

了理论的演绎。审美经验论则从心理学的角度对审美活动中主体的心理变化、心理过程进行了多重描述;艺术审美论则综合了哲学和艺术学的知识,从一般意义到特殊形态等方面论述了艺术的一般知识和审美特性。从现有美学教材的知识体系看,哲学的成分仍然占有很大的比重,理论阐释的部分是主导。应该指出的是,美学教材作为基本理论传授的载体,能够让学生迅速掌握美学的基本概念和理论体系,有利于美学的普及。但是这种美学基本理论本身因其诞生于现代美学体系中,带有现代美学的基本特点,在实际的教学活动中也相应产生了一些问题。

其一,美学教材内容陈旧,在已有的理论体系中徘徊,很难表述与现实相关的内容。国内美学教材编写大部分都是先建构一个理论体系,然后按照这个体系,阐述美学问题。比如在国内影响非常大的朱立元教授主编的美学教材就是如此。这本美学教材以实践存在论美学为基础,理论体系设计严密、层次清晰,能让学生全面了解美学的基本知识。但是,这些美学理论内容似乎与日常生活的关联非常少,不能解释常见的审美现象。有的学者指出,"经典美学在今天甚至不能说明最普通而又简单的流行艺术现象"。[①]这种只关心自身理论建构和逻辑展演,而忽视知识的根源在于现实世界,只不过是源于哲学内部的一种逻辑。脱离了现实生活,再多自圆其说的理论建构,也并不能解决教学中的难题。美学教材编撰背后的逻辑,与现代美学理论建构是一致的。要获得一种新的局面,就需要重新打破这种限制,将之与最新的研究成果结合起来,并最终回归对现实的关注。

其二,文化转型引起的审美文化兴盛也是美学教材编写应该关注的重要问题。目前的美学教材对日常生活审美文化的关注过低,缺乏美学理论的普遍性。当前的社会生活中到处充斥着充满美学价值的事物。审美文化已经成为人们普遍接受的文化形态。审美文化的凸显并不是过去审美性文化的重新浮现,而是根植于当前新的社会语境。当前文化发展的基本格局是精英文化衰落,大众文化兴起。大众文化在现代媒体的辅助下加速起跑,成为生活中最为重要的文化现象。电影、电视、网络和各种文化商业机构等载体成为传播大众文化最基本的形式。大众文化之所以能够广泛流行,其根源在于物质财富的丰富,与审美泛化有着直接联系。在大众文化流行的社会中出现了新的审美现象和观念,甚至改变了人们的审美习性。对此,英国社会学家费瑟斯通在《消费主义与后现代文化》一书将这种现象总结为"日常生活审美化"。他指出,日常生活审美化包括三个方面:一是那些"消解艺术与日常生活之间界限"的"艺术的亚文化";二"指的是将生活转化为艺术作品的谋划";三"是指充斥于当代社会日常生活之经纬的迅捷的符号与影像之流。"[②]日常生活审美化导致审美接受方式发生了迅速的变化,感性愉悦、平面化、缺乏意义成为常态。对于这种现象,理论自身不能漠视,应该正视当下的审美文化,并将其引入我们美学教材编写和教学中,对其投入解释和分析,引导接受主体去理解它们,并且建立起清晰的判断标准。

① 王德胜,转引自《美学的根本转型》,《文学评论》,1997年第5期。
② [英]迈克·费瑟斯通:《消费文化与后现代主义》,刘精明译,译林出版社,2000年版,第95-97页。

其三，对于接受主体的忽视，也是当前美学教材编撰的常态。虽然教材的编写者都是一线教师，但是对接受主体学生的忽视是教材编撰的常见问题。这种现象的背后仍然是现代美学自我言说的逻辑在起作用。有些教材编写得面面俱到，体系完整，但是在实际的教学活动中，与以往的美学理论教材一样，令学生看不懂，不明白怎么回事。其根本原因应该是只注重理论自身的建构和演绎，而忽视了接受对象自身理论素养，以及现实生活中鲜活的经验材料。美学教材的编写只是在已有的理论框架中反反复复，缺乏对新的研究成果的关注，更缺乏对现实生活的回应。正如前面所说，现实生活已经审美化，学生们生活的方方面面都涉及美学，对此理论应该关涉他们的现实生活。忽视接受主体的生活，也就是忽视了美学理论的实用性。因此，美学教材的编写必须重新考虑接受主体面临的当代社会，而不是理论自身的言说。关注当代社会是不是就是完全靠拢生活？当然不是这样，对日常生活审美化的关注，只是让美学走出象牙塔，分析总结和反思新审美现象，改革或创造出新的美学理论，让学生掌握一种理论的工具，而不是一味地迎合。

三、美学教学的困境与出路

与之相对应，处于现代学科体制下的美学教学本身也存在着教学的困境。这些困境本身反映了美学教学自身应该进行变革，以适应日新月异的学术研究成果和日益丰富多彩的现实生活。美学教学的出路也在于适应变化的理论和世界，与接受主体联系起来，让理论之树常青。

首先，如何处理经典理论与新理论的关系问题。以康德为代表的现代美学理论创立了以审美自律为核心，以想象为载体，以非功利为特征的理论体系，在学术界乃至日常生活中仍然影响很大。审美的无功利成为流行的话语。可以说，康德美学体系已经成为一种经典美学理论，影响着美学的基本言说。随着后现代文化的流行，现代性的知识体系被充分反思。新的美学理论不断衍生。这给美学教学带来了新的选择余地。如何处理经典美学与新的美学成果就成为考验教学活动的重要指标。因为现有的教材所使用的理论体系是以经典理论为主导的，在教学活动中是无法回避的。在教学中，教师首先要讲解经典理论的来源和有效性，让学生明白这些理论本身都是有历史语境的，并不是普遍有效的。同时也要讲清楚现代美学适应的语境，将之与古典艺术等文化形态联系起来。同时，对于新的理论，美学教学应该加强吸收和转换。如环境美学、生态美学、审美人类学等美学形态本身就是适应时代问题而产生的，在教学中结合当代问题就会让学生产生一种亲近感，从而会结合自身的了解去思考美学问题。

其次，如何处理精英文化与大众文化的关系，贴近学生的现实经验。精英文化与大众文化的关系是每个人文学科都必须处理的问题。精英文化原先对比的对象是通俗文化，历史上的雅俗问题一直是并存的。精英文化与俗文化二者各有接受群体，阳春白雪与下里巴人是并行不悖的，不是相互冲突的。而大众文化与精英文化的关系并不是传统的雅俗问题。大众文化与通俗文化并不是完全对等或承接的，而是以强大的消费力量和现代媒体为载体的新文化。它的出现直接冲击了传统的雅俗文化格局，以一种囊括一切的气势占领了市场。生活在当代社会中的个体，不管你愿不愿意都深受大众文化的影响。大众文化接受的主体主要是青年学生，美学教学所面临的主体也是青年学生，对此我们的理论不可忽视。美学教学应该充分尊重青年人的文化形态，并且赋予其理论工具去分析和研究自身的文化状态。那么，对于经典艺术如何处理？经典艺术的价值经过了历史检验，也是教学活动不可或缺的。在美学教学活动中，我们可以利用一些大众文化对经典艺术的借用或化用，引导学生去关注经典艺术，而不是生搬硬套地灌注给学生。因此美学教学应该充分关注到主导文化形态的变化，在注意经典艺术和文化教学的同时，也应该将新的文化引入进来，从而与学生的生活发生共鸣。

最后，如何激发学生主体性的问题，向研究型学习转变。现代教育理论认为，教学是双向的活动。教师是一个维度，学生是一个维度。传统的教学模式强调教师的主导性，学生只是被动的接受主体。在这种教学模式中，就是教师教什么学生学什么。这本身忽视了学生的主体性。作为学习的主体，如果没有学习的主动性，是很难学好的。由此，激发学生的主体性，发挥其学习的主动性就成为教学活动重要的维度。在美学教学活动中，发挥学生的主动性也是学好美学的关键。如何激发其主体性？不同的老师有不同的办法。但是基本的前提就是要将美学作为与其相关的体验才行。对此，现代美学体系很少关注到。"美学这一学科很少关注感觉与知觉，而且主要关注艺术，并且给予了艺术的概念部分，而不是感受性部分。"[①]让学生将美学作为与其相关的体验，必须处理好美学知识点和学生切身经验的关联，让学生觉得美学与其自身经验契合，能够解决其本身的问题，他就会主动学习并将其用于自身审美经验的阐释中。如让学生结合自身经验去阐释自己所熟悉的某一种地方性艺术，将其审美类型、审美心理和审美形式加以总结，并分享给同班同学。另外，这种学习的主动性还应该转变为研究型学习，这就需要在教学活动中，教师结合自己所长教给学生适当的研究方法，让其去发现问题，解决问题。在这种训练中，学生就会对美学更加感兴趣，从而主动地学习，更进一步地研究。

总之，随着文化语境的变迁和理论的日新月异，以现代美学为主导的美学教材编写和教学活动面临着特定的困境。在美学教材的编写和教学中，教师都应该主动适应新的文化语境和接受主体，改变原有的陈旧的教学内容和使用新的教学方法，化解困境，从而将美学教学引向一种新的教学模式，达到更好的教学效果。

---

① [德]沃尔夫冈·维尔施：《重构美学》，陆杨译，上海译文出版社，2002年版，第104页。

新媒体背景下的古代小说教学现状及其策略
——基于普通本科汉语言文学师范专业教学实践

李荣①

（长江师范学院　文学院　重庆涪陵　408100）

【摘　要】新媒体的使用对高校汉语言文学师范专业的教学产生了冲击。在该专业的中国古代文学课程的古代小说教学中可以发现，从正面角度而言，新媒体使用与传播在一定程度上提高了学生对古代小说作品的熟悉度和学习兴趣；而从负面角度来看，新媒体的使用与传播则在一定程度上造成了学生对小说作品解读的碎片化、浅层化。基于此现状，当前古代小说教学活动，一方面应正确认识新媒体对教学活动的辅助性作用，努力从正向角度引导学生使用新媒体，提升教学互动的有效性，另一方面，应考虑通过新媒体的参与，凸显教学活动中的学生主体地位，从而提高教学效率。

【关键词】新媒体；古代小说教学；教学实践

"新媒体是指在 20 世纪后期科学技术取得进步的基础下，社会信息传播领域出现的建立在数字技术基础上的能扩展传播信息、加快传播速度、丰富传播方式的新兴媒体"②，其主要表现特征是，以互联网为媒介，进行信息的交流与传播。当前，手机的普遍使用使得个体有了充分的机会参与新媒体传播过程，同时，个体的信息接收传递又深受新媒体使用的影响，大学生群体自然也不例外。作为汉语言文学师范专业教师，笔者就频繁感受到新媒体的使用对当前大学生学习行为的影响。本文拟结合本人在普通高校汉语言文学师范教学活动中的观察与思考，从该专业古代小说相关内容的教学出发，探究新媒体背景下的高校古代小说的教学现状及教学活动策略。

一、新媒体对古代小说教学活动的影响

汉语言文学师范专业的首要教学目标是培养合格的中小学语文教师，因此，课堂教学内容必须在一定程度上考虑到当前中小学语文教学的实际需求。在当前中小学阶段的

---

① 李荣：长江师范学院文学院教师，主要从事中国古代文学教学与研究。
② 蒋宏、徐剑：《新媒体导论》，上海交通大学出版社，2006 年版，第 14 页。

语文教材中，中国古代小说相关内容占据了相当重要的地位。仅以人教版高中语文教材为例，其中就涉及《三国演义》《水浒传》《西游记》《红楼梦》《儒林外史》《聊斋志异》《镜花缘》等多部中国小说名作，具体教学内容则与培养学生谋篇布局、人物描写、阅读能力等多方面的语文素养都存在关联。在这种情况下，高校汉语言文学师范专业本科中国古代文学课程教学内容中，明清阶段的中国古典小说自然成为较为重要的部分。从教学实践活动可以发现，无处不在的新媒体的使用与传播对此课程教学活动产生了极大影响。

（一）新媒体的使用一定程度上提高学生对作品的熟悉度和学习兴趣

由于中国古代小说长期以通俗文学的形式传播流传，本身就在民众中具有着广泛的号召力，再加之其以叙事为主要特征，更容易在现代技术条件下影视化，因此，包括大学生在内的中国民众对于中国古代小说主要代表作往往有影视化立体印象。而在新媒体传播手段下，这种印象因当前短视频平台的普遍化更为加深，从而使得学生在学习之初对相关作品的了解就已经较为细致具体。

古代小说的学习，需要基于对相关作品特别是占据重要地位的长篇小说作品的阅读。毋庸讳言，由于当前普通高校本科学生的课程任务普遍较多，许多学生实质上缺乏足够的时间来充分阅读和感知这些作品，特别是古今语言及文化的隔膜，使相当多的学生对这些作品缺乏阅读兴趣。在这种情况下，新媒体的使用对学生的阅读行为起到了一定的正面促进作用。

在教学活动中，笔者发现了一种现象：最近五六年以来，在古代小说的课堂教学过程中，当提及如《镜花缘》这种在民众中知名度不是特别高的作品或者《聊斋志异》中某些不太出名的篇章时，有相当多的学生居然能够迅速对此作出反应，且能够对相关作品内容有所探讨和回应。而细究其相关作品知识的获得渠道，正与新媒体传播手段中的短视频有关。多位学生表示，他们在网络上接触到了上述作品的视频剪辑，从而产生了兴趣，愿意在课下花费时间去阅读这些作品。所谓的作品视频剪辑，正基于电视文化最为兴盛期的相关影视作品，但那些影视作品因为时间及各种生活的限制，在新媒体使用前并未能被学生群体广泛熟悉和接受。也就是说，实际上借助新媒体的传播行为，学生才有了熟悉这些作品并对之产生学习兴趣的机会。

也正是因此，在笔者的教学实践活动中，当涉及某些古代小说中的特定情节时，出现了学生的兴趣更为高涨、课堂参与意愿更强的现象。

以《三国演义》教学为例。《三国演义》小说文本的再创作比如影视化、动画化等形式作品存在时间已久，但在新媒体传播之下，借助短视频剪辑的兴起，这些作品在事实上进入了一个再传播的过程。由于该小说被称为中国战争文学的开山鼻祖，在探究其创作特征，包括人物形象塑造、情节安排、语言表达等时，自然不可避免地会涉及小说中与战争描述相关部分的解析。就笔者观察而言，近几年学生在课堂相关内容教学时的参与兴奋度和主动性有了明显的提高。如《三国演义》教学中常会涉及的赤壁之战，当前教学中每每谈及这些内容，部分学生会显得很兴奋，参与热情极高，据笔者与学生交流，这种状况的出现正与"三国"视频剪辑类内容在网络传播的热度极高有密切关系。虽然这些视频不与小说学习直接相关，但客观上提高了学生对《三国演义》部分内容的熟悉，使其对小说相关人物、情节等有了亲近之感，因而愿意加强对相关作品的阅读和探究。

（二）新媒体的使用一定程度上造成学生解读作品的碎片化、浅层化

古代小说教学期望学生通过对多义性文字符号的解读来提升文化素养、提高语文能力。但新媒体在提高学生对作品阅读兴趣的同时，其自身视频化、直观化的特征又阻碍了学生对相关作品文字内涵的深层阅读行为。

对于信息接受群体来说，从古代小说的角度，由于视频是将作为纸面文字的小说立体化，自然能直接刺激观众感官，引起其关注，但同时，这种立体感官的刺激强化又实际上使得文字本身解读的多重性被打破，客观上造成学生对小说作品理解往往局限于表层，缺乏深度。而同时，由于新媒体传播的一大特征就是信息传播的集中化，即通过短视频剪辑，传播者将符合自己观点立场的片段进行集中传播，很容易使接受者在新媒体影响下形成对事物的某些固态化印象。古代小说教学活动中，对相关作品的认知和解读即出现此类情况，即剪辑传播使得小说中某些片段在学生脑海中的印象得到突出和加强，而这反过来又弱化了学生对小说文本其他部分的印象，从而影响到对作品的深度解读。

以《红楼梦》为例。在进行人物分析教学时，笔者就曾在学生课堂表述和作业中屡次见到类似"林黛玉小心眼、心胸狭窄""爱哭"等表达，且其论据多半围绕着重点展示过的"与宝玉吵架""和宝钗闹别扭""送宫花生气"等几个影视中的片段，对于黛玉形象的深层分析、对文本的详细阅读基础上的深入解读较少。究其原因，正与当下新媒体剪辑传播盛行的状况之下，相关影视化片段大肆流行影响了学生的认知，使得他们先入为主形成了对人物的固定看法有关。这种大批量且集中的信息传播使得在古代小说教学活动进行之前，许多学生脑海中已经形成了对人物的某种刻板印象，虽然在教学活动中教师屡次提醒学生应注意这种前置性信息对其小说解读的不利影响，但似乎收效并不大。

二、新媒体的使用背景下的古代小说教学策略思考

如上所述，新媒体已经全方位参与并影响了汉语言文学师范专业古代小说教学活动的进行，在这种情况下，正视新媒体的影响并认真探讨新媒体传播之下的教学活动策略就成为必须面对的重要问题。

（一）正确认识新媒体的教学辅助作用，提升教学互动的有效性

据 2023 年第 52 次《中国互联网络发展状况统计报告》的数据统计，截至 2023 年 6

月，我国网络视频（含短视频）用户规模达 10.47 亿，占网民整体的 96.8%，其中，短视频用户规模达 10.26 亿，占网民整体的 95.2%。可见此类新媒体传播范围之广。大学生作为青年群体的核心成员，自然难以避免新媒体传播带来的影响。面向大学生的高校教学活动自然也需要正视此点。如上所言，以手机为载体构成的对新媒体传播行为的参与已经成为大学生生活的重要部分，且因其生动活泼的内容能够在一定程度上提升学生对部分古代小说作品的兴趣，因此，教师教学应该考虑如何从正向角度引导学生利用新媒体提升对相关教学内容的兴趣、提高教学活动的有效性。

新媒体数字叙事传播的一大特性是"交互性"，即"数字叙事体验涉及心理互动和身体互动。心理互动体现在对文本意义的建构方面，身体互动则隐含受众参与叙事文本的建构"①。短视频有时让学生在教学活动之前就已经与相关作品产生了情感链接，从而在一定程度上增强了学生阅读文本深入了解相关内容的愿望，教师可以考虑从此处着手加深这种感情链接，进一步增强学生的深层解读愿望。

在教学实践中，笔者就曾试验过，在 2014 级某班《水浒传》安排学习任务时，要求学生将小说文本与其影视化作品的剪辑进行对比，分析人物塑造细节的异同，以促进学生对文本相关描写的解读兴趣。从此教学行为的反馈来看，应该说是喜忧参半。49 位同学中，有约 23 位同学在作业中对自己感兴趣的人物或情节进行了细致的对比并做了分析，约十几位同学虽明显表现出对完成学习任务的热情，但具体表述则流于表层，其他同学则依然未能充分展示出对相关内容的学习热情。

也就是说，新媒体的传播确实在特定条件下能够对学生的学习产生促进作用，但如何平衡新媒体与教学活动的关系，如何更好地使用新媒体还需要教师在教学实践中继续进行探讨。

如上述教学案例，四十九位学生中，有一位学生在课下按照要求进行了基本的文本阅读，但在该生脑海中印象最深刻的其实是影视作品《武松传》的相关剪辑内容，这导致了他在进行文本分析时不知不觉以之为根据而进行。这一事例虽为个例，却也从侧面显示了新媒体对大学生群体负面的影响。因此，将新媒体引入古代小说教学，必须认识到其与学生认知之间存在的这种复杂互动现象，如何从正向角度引导学生需要教师慎重考虑。

（二）通过新媒体凸显学生主体地位，提高教学效率

在新媒体使用的大背景下，"让新技术延展了时空的不仅是课堂，还有课堂前后的教研环节"②。当前本科教学总体安排中，由于需要给予学生更为充分的课下学习时间，包括中国古代文学在内的课程课时一再缩减，许多内容无法在课堂完成。而古代小说的教学重点内容中，除《聊斋志异》、"三言二拍"之外，主要对象又是如《三国演义》《红楼梦》这类长篇小说。这些小说篇幅长，语言形式又与现代文存在一定差异，天然会使一部分学生产生畏难情绪。因此，如何促进学生的课下小说阅读行为、如何提升学生

---

① 黄鑫：《艺术传播的数字叙事策略研究—以抖音账号"意公子"为例》，《新媒体》，2023 年第 5 期。
② 周世祥：《教师如何用好课堂上的信息化"神器"》，《光明日报》，2021-01-12.

的课堂学习参与热情从而提高教学效率就成为古代小说教学必须思考的问题。通过教学实践，笔者发现，利用新媒体的传播特性可以在一定程度上更好地实现教学目标。

古代小说教学长期以来以教师的课堂讲授为主要形式，由于大学的教学管理特征，师生之间的交流机会不多，教师对于学生的小说阅读和认知实际情况掌握不足，从而导致教学内容往往较为固定，学生很容易因互动较少产生对课堂教学活动的疏远情绪。借助新媒体进行师生之间便捷的互动，教学之前可以让教师更好地掌握学生当下对特定作品的熟悉程度，从而在有限的教学课时中将重点集中在小说作品的某些典型性、代表性话题，通过围绕相关话题进行探讨，从而达到节省时间，又使教学重点突出的目的，也能够集中学生注意力，提升学生的课堂参与度。同时，在课下，教师也能够迅速通过新媒体手段获得课堂教学反馈，及时修正教学安排，这样能在一定程度上提高学生的学习兴趣，提升教学效率。

当然，笔者在教学实践中也发现，由于新媒体要求教师对相关技术有熟练的掌握，而这对包括笔者在内的许多教师来说是一项严峻考验，因而，为了进一步增强师生交流，利用新媒体交互性强的特征促进课堂教学效率的提升，教师还需要提高自身的信息技术能力，这又需要在教学过程中进一步探索。

文学通识课的审美化教学及其课堂操作
——以《边城》的审美化教学设计为例

肖太云[①]

（长江师范学院 文学院 重庆涪陵 408100）

【摘　要】审美教育是素质教育不可或缺的组成部分，文学通识课的审美化教学应成为大学通识课教育的有机构成之一。本文以《边城》审美化教学的课堂设计为例，从巧妙导课美、精彩授课美、教学高潮美、结课艺术美四个文学传输美的环节来揭示高校文学审美化教学的美感及其课堂操作的可行性与实践性。

【关键词】文学通识课；审美化教学；课堂操作

　　目前，通识教育作为一种教育理念已被我国教育界普遍接受和认同，并成为我国高等教育改革和发展的重要方向之一，成为培养具有博雅精神和完善人格双重特质的高素质人才的重要手段。而文学通识课程[②]通过文学的熏陶与濡染，旨在培养出具备人文精神和一定文学素养的新时代大学生。

　　审美教育是素质教育不可或缺的组成部分，把美育融入通识教育，实施通识教育课程的审美化教学是目前通识教育发展的趋势之一。何谓审美化教学？它指将所有的教学因素（诸如教学目标、内容、方法、手段、过程、环境等）转化为审美对象，使整个教学进程转化为美的欣赏、美的表现和美的创造活动，使整个教学成为静态和动态和谐统一、内在逻辑美和外在形式美高度和谐统一的整体，从而大幅度提高教学质量，减轻学习负担，使师生都充分获得身心愉悦的一种教学思想理论、操作模式和方法[③]。审美化教学具有以美育美、以美启真、以美怡情的显著功能。实施文学通识课程的审美化教学，能启迪学生文学审美心智，促成文学美育目标更好更高地实现。下文将以《边城》审美化教学的课堂设计为例，从巧妙导课美、精彩授课美、教学高潮美、结课艺术美四个文学传输美的环节[④]来揭示高校文学审美化教学的美感及其课堂操作的可行性与实践性。

---

① 肖太云：博士，长江师范学院文学院教授，主要从事中国现当代文学教学与研究。原文发表在《济南职业学院学报》2011年第4期，近期略有修改。
② 此文定义的文学通识课包括目前大学教育普遍开设的大学语文课程及原典导读、名作欣赏、名家名著导读等与文学相关的选修课程。
③ 赵伶俐：《审美化教学论》，《西南师范大学学报》（人文社科版），2000年第5期。
④ 邱德雄：《英语教学审美模式初探》，《西南师民族大学学报》（人文社科版），2004年第6期。

一、导课巧妙美：小说为什么要这样结尾？

导课精彩生动，引人入胜，往往瞬间即可激发学生的热情，引起心灵的共鸣。导课的设计可以千姿百态、形式多样，如悬念法、音乐法、问答法、故事法、情景法、游戏法、表演法等，都不失为美的导课方法。教学中可采用悬念法和问答法相结合的方式引入对《边城》的赏析、解读。

《边城》被誉为"一颗千古不磨的珠玉"，为沈从文的扛鼎之作。小说有一个令人无限遐想的结尾，"这个人也许永远不回来了，也许'明天'回来！"相对于《边城》近10万字的主体篇幅来说，这简简单单17个字的结尾使小说就如同正在急速奔跑中的骏马被突然勒住了缰绳，戛然而止又令人回味无穷。历来读者对《边城》这个带"煞尾"性质的"度尾"称赞不止。可用心分析小说文本，会发现这个结尾远不止一个"度尾"那么简单，它还蕴含着无限的意味与值得再三体味的阐释空间。

结尾的"这个人"指的是小说的男主人公——傩送（学生答），作者在结尾处赋予了他和女主人公翠翠之间的爱情以不可预设的未来，为此有了一个可能"回来"与"不回来"的模糊性结尾（学生答），从而抛出本堂课的两个中心问题：傩送到底会不会回来与翠翠团聚？作者为什么要设置这样一个模棱两可的结尾？他的用意何在？①

二、授课精彩美：教师引导，学生主体参与，讨论、探究作品内蕴

文学审美化教学的授课过程应不只是狭隘的文学知识的介绍灌输，不只是事先规定的由他人驾驭的"跑马道"，而应成为跑的过程和自身，成为一个生活化、情境化、社会性的师生交往过程，成为师生共同建构、创生的体验性进程。文学文本不是教师按部就班地宣讲，而应成为一个具有精神生命气息的"准主体"，成为师生亲和的"知心朋友"①。整个授课过程应沉浸在师生积极合作和创造性对话交流的氛围中，对学生具有万"诱"引力，使学生如醉如痴、欲罢不能。因此，作为语文教师，应准确把握师生美感思维合流共振的契机，以精彩的教学内容、新颖的教学手段、恰当的教学方法来激扬教学过程。具体到《边城》的教学来说，在巧妙导课后，教师应层层诱导、推波助澜、化阻为畅，以环环相扣、节节相生的新异刺激，促使学生的思维奔突驰骋，从而完成对作品的解读。可分为两个相扣的环节进行：

（一）傩送会不会回来与翠翠团聚？

对"傩送到底会不会回来与翠翠团聚"这个问题，学生的参与会很积极、热烈，持肯定观点和否定观点的同学可能都有。此时，教师可适时采用课堂辩论的形式，让持两种不同观点的同学进行课堂互辩，鼓励他们大胆表达出各自的理由与见解，从而拓展课堂思路，活跃课堂气氛。

① 李业才：《论审美化教学特征与功能》，《中国成人教育》，2003年第2期。

在总结、肯定互辩双方的基础上，教师可表达见解：傩送是船总顺顺的二儿子，一表人才，聪明能干，是众人心中公认的好青年。他与哥哥天保一样爱上了渡船女翠翠，哥哥在走"车路"和"马路"都无望时，选择了成全弟弟，自己外出遇难。傩送在得知哥哥天保出事后，出于对老船夫的误会，翠翠的不理会，加之当时想和翠翠在一起的想法没有得到父亲顺顺的支持，自己就赌气坐船下桃源了。于是小说结尾处告诉读者，傩送"也许永远不回来了，也许'明天'回来"。因此，从小说情节发展的整个趋势、走向来看，傩送应该会回来与翠翠团聚。

然后，引导学生从肯定的一面即"傩送应该会回来与翠翠团聚"这个角度进入此次课堂讨论（对否定一面的展开讨论可设为课后作业）。

（二）傩送为什么应该归来与翠翠团聚？

此处，教师可引导学生从"正""反"两方面进行思考。"正"即小说中的当事人双方傩送与翠翠有无真感情，"反"即小说中有无出现阻碍他们自由结合的反对力量。

对第一个问题，学生认为傩送与翠翠是有真感情的（引导学生从文本中找根据）。首先，在小说中，傩送和翠翠是确确实实彼此深爱着对方的。他们在初次相识的端午节就一见钟情。而且，双方都经受住了严峻的考验。傩送面对着父亲（船总顺顺）的逼婚、哥哥天保的争婚、媒人中寨人的劝婚、团总女儿以碾坊为条件的诱婚，毫不退缩，始终不渝地只爱着翠翠一人。同样，翠翠也经历了爷爷（老船夫）的劝婚、大老天保的争婚，但她始终也只将爱情之门向傩送敞开，只是出于一个少女的羞涩没让傩送明确知晓。

师生共同小结：从以上这些可以看出，傩送和翠翠确实是喜欢对方的。因此，傩送没什么理由会舍弃翠翠，永远在外漂泊，他的归来应是题中应有之义。

对第二个问题，教师可引导学生从杨马兵、团总女儿和天保、船总顺顺、老船夫这几个人物形象上去探究、思考。马兵看似大老天保的同盟者（他是天保的保媒人），但在潜意识里，杨马兵却是翠翠的同盟者（他曾经热烈追求过翠翠的母亲），他处处在维护着翠翠的幸福和利益。因此，在老船夫死后，杨马兵义不容辞地辞去在磨坊的工作来陪伴翠翠，主动充当翠翠的监护人。团总女儿和天保参与了情爱竞争，可他们完全得不到傩送或翠翠的喜爱（团总女儿完全是被动的，她仅有的两次出场都是通过翠翠的视角来呈现的）。所以，团总女儿和天保也构不成反对力量。表面上反对最为激烈的是傩送的父亲——船总顺顺。顺顺从利益出发，一心一意想促成傩送和团总女儿的婚事。可《边城》展现给读者的是一个有着自由婚恋氛围的社会，在这个小天地里，父母之命、媒妁之言完全没有强迫力量。而且顺顺还应算是比较开明的，在天保及老船夫死后，他还有意成全傩送和翠翠的婚事。因此，船总顺顺也不是真正的反对力量。真正的阻碍还应来自翠翠的爷爷——老船夫。老船夫从自己女儿即翠翠母亲的爱情悲剧中看到了自由恋爱的风险。因此，他本着经验原则，对自己唯一的亲人、自己极度关爱的孙女儿翠翠的未来幸福非常在意，他正是从幸福的角度考虑，愿使翠翠嫁给大老天保。可也正是老船夫的态度导致了一系列阴差阳错的"误会"，使天保赌气出船被淹死，顺顺、傩送对老船夫做事的"弯弯曲曲"感到怨恨并导致傩送的出走。但老船夫在明白了翠翠的真正心意后,也是转而毫不犹豫地坚定支持翠翠嫁给傩送的。

师生共同小结:从以上分析可以看出,小说中傩送和翠翠是彼此相爱的,而且没有真正的阻碍力量,他们应该是可以有情人终成眷属的。也就是说,依情节的内在逻辑发展来看,傩送会"回来"的可能性极大,"永远不回来"的可能性很小。

此时,教师引导学生思考:沈从文的学生汪曾祺受《边城》影响所写的《大淖记事》有一个乐观结尾:"十一子的伤会好么?会。一定会!"《边城》的结尾为什么不是这样的呢?进而顺理成章地进入第二个课堂中心问题:作者为什么要设置这样一个模棱两可的结尾?他的用意何在?

三、教学高潮美:探寻作者这样结尾的可能性原因

教学高潮是指教师的教学给学生留下最深刻鲜明的印象并得到最富于感情反应的时刻,这时师生双方的积极性达到最佳配合状态①。教学高潮的到来,以学生思维的大跨步为标志。只有当学生"跳起来摘桃子"的时候,才能在如痴如醉、心灵震颤的美感享受中迎来教学高潮。对语文教师来说,应在高潮美中培养学生的文学审美感知力。途径之一是引导学生透过文本的表象,深入作家内心的主观世界,感受生命的律动,即培养学生直观生命的能力。敏锐的审美感知力最容易在对宇宙中最活跃、最复杂和最有秩序性和多样统一性的生命活动的观察中获得②。文学作品反映的对象无论是人还是物,都是作家对生命关注和思索后心血的凝结。因此,有意识地引导学生亲身体验客观世界和感受主观世界,使自己的感知活动逐渐适应对象世界中的对称、和谐或矛盾、纠结等活动模式,让学生亲自从宇宙万物中观察生命的特有形式,并逐渐将其特有的活动模式内化为自己的感性认识,再上升为理性认识,是增强他们敏锐审美感知力的关键所在。

教学高潮的到来,要靠至为巧妙的引导启发式教学方式或至为精彩的艺术化教学手段。对《边城》来说,要实现教学高潮美,应紧扣住"作者这样结尾的可能性原因"这个探究点,采用抽茧式的层层诱发教学方式,直达作家深层的心灵世界。具体课堂操作可如下:

首先以问题抓住学生:沈从文为什么要设置这样一个模糊的、带点悲剧性的结尾呢?在学生课外了解《边城》的写作背景及作家生平的基础上,教师再启发式讲授:这可能得与小说的写作背景和沈从文当时的写作心态联系起来考察。

《边城》创作有一个不可忽视的间歇点,即1934年春沈从文因母病第一次回乡。此次返乡的所见所闻使他痛苦地感到落后的观念、世俗的心理、都市的文明,还有许多可知与不可知的东西正在改变着湘西人民的生活。曾经美好、恬静的"湘西世界"已被现代文明冲击得荡然无存。作家在《长河》的《题记》中说"去乡已经十八年,一入辰河流域,什么都不同了","最明显的事,即农村社会所保有的那点正直朴素的人情美,

---

① 李如密:《教学艺术论》,山东教育出版社,1998年版。
② 朱彦:《论高职文学审美化教学的可行性与实践性》,《江苏经贸职业技术学院学报》,2009年第4期。

几乎快要消失无余，代替而来的却是近二十年来实际社会培养成功的一种唯实唯利庸俗人生观"。沈从文在《边城》前期文本中着力要表现的那种"优美，健康，自然，而又不悖乎人性的人生形式"已经呈现出堕落趋势，这使他的思想受到了极大的冲击和影响。返京后的《边城》后期创作应如何表现，作家一直处于矛盾、纠结之中。

在简单讲述后，教师适时引导学生推测作者当时的创作心境（师生共同解析归纳）：回京后，沈从文对湘西的现实再也乐观不起来，他对湘西的未来感到忧心、不确定。他很想在《边城》后半部分的创作中对自己的这种担忧情绪有所表现，并确实也有所表现。但涉及《边城》该如何结尾时，作者犹豫了，表达的欲望促使他将《边城》结尾处理成"这个人也许永远不回来了"，以之坦露他内心对湘西明天的担忧？但理性的考量在不停地告诫他，应当有所顾忌，不要将《边城》的结尾收束得如许决绝，得给自己钟爱的湘西保留一份未来的希望。作者徘徊在痛苦矛盾之中，心灵在经受着残酷的煎熬，最后，两者在沈从文的内心深处达成了某种妥协：作者没有让傩送和翠翠的爱情陷入绝望，而是留下了一条生还的绳索；当然，作者也无法给他们的爱情铺设一条光明大道，他只能给小说画上未知的问号。沈从文把最后一点信心托付给了"时间"，让"时间"来证明一切。于是就有了这样一个模棱两可、前途不明的结尾。而这正是当时处于表现/不表现两难处境中的沈从文心态的真实表征。借此，作家也算给自己一点信心，给翠翠一点活下去的勇气和希望，也给读者们留下一种深深的回味。

当然，这可能只是一个臆断性的假设。但不容置疑的事实却是，在随后创作的《湘行散记》及《长河》《小砦》等篇章中，沈从文就将他内心这种对湘西现状、未来的担忧情绪进行了毫无顾忌的表达及彻底释放。

通过此番推测解读，师生与作家的历史视角在这里"融合"，认知、评价和审美在这里"打通"。师生与作家相互创造着对方的"生命表现"，师生相互享受着彼此的"生命感受"，将审美境界从"悦耳悦目"提升到"悦心悦意"和"悦志悦神"，从而使生存得以确证，生活得以丰富，生命得以充盈。真知的传递、美情的感染融会成绝妙的交响，师生与作家、与小说融为一体，心灵成长新新不已，教育变得如此美丽！

四、结课艺术美：培养文学欣赏的求异思维和发散的思维方式

良好的课堂组织教学，应有耐人寻味的结课方式。恰到好处的结课是在课终还能"赏花摘果"，令人回味无穷、受益匪浅。自然式、悬念式、回味式、激励式、延伸式、游戏式、幽默式、探索式、音乐式等都不失为富有审美特色的语文课堂教学结课形式与方法。《边城》的赏析教学可采用回味式和延伸式相结合的结课策略。

教师可主动引发。此次课堂教学对《边城》结尾"撕开一条裂缝"式的探讨赏析并不意在解答连作者自己也未知的悬念，其实故事的结局应该由故事的主人公来安排。因此，课程回归到小说文本当中来谈看法、观点，即对傩送能否回来和翠翠团聚的可能性探析，以期丰富和扩大小说结尾句的内涵，引领读者去更深地体会作者的"别有用心"，从而启发同学们从更多的角度去解读、思考《边城》；同时提供给大家一个文学欣赏的

途径、一种名作解读的方法，并锻炼大家的文学审美能力，培养大家的文学求异思维，进而具备一种发散的思维方式。

也许，小说的这个结尾就是想给读者们留下一种深深的回味，而这种回味可能并不在于故事本身，作者可能更希望引起人们对这个几乎与外界隔离的"边城"的人事代谢、人情世故及"边城"命运的理解与思考。因为作者说过，这个故事给人的就是"一种淡淡的忧愁"。

最后，教师还可适当发散一下：著名教授王乾坤在其代表性学术著作《鲁迅的生命哲学》中评论鲁迅作品《过客》"还是走好"的结尾时，说了这么一段话，"不少人认为这个结尾太灰色。这才真是'未闻大道'。如果结尾如读者所愿出现一个光明的尾巴，过客也便不成其为过客，而《过客》也就不是一篇生命哲学，而充其量只是一篇优秀的社会性习作了。"对《边城》的结尾来说，如果作者也真的将其设计成一个"光明的尾巴"，也许它的意味、境界也要大打折扣了。

第四编

新师范建设与中国语言文学课程教学

"新师范"建设，本质上是面向卓越教师培育的专业化师范教育，属于高质量发展的创新型师范教育，具有"中华师范精神"的人文底蕴，具有高尚的师德与教育家精神，注重教书育人的专业知识能力培养，运用持续发展、终身学习、反思创新来形塑专业功底更深厚、教书育人能力更强大的教师自我，形成综合育人与自我发展能力，造就追求卓越的"人师"、能够创新发展的"经师"与可以自我升华的"自师"，是适合、擅长和精通教学的良师。围绕多学科交叉融合，提高中国语言文学学科与汉语言文学专业课程教育教学效能，是迫在眉睫、亟须推进的重要工作。

——题记

OBE 理念下中国古代文学混合教学实践探索

逯宏①

（长江师范学院　文学院　重庆涪陵　408100）

【摘　要】传统的中国古代文学教学往往不能满足学生和社会的需求。而基于 OBE 理念的中国古代文学混合教学则以社会需要、毕业要求和学生发展为导向，以学生为中心，通过优化教学内容、采用多元化教学方法和综合评价方式，来丰富学习资源、创新教学模式、量化学习过程，从而推动学生的全面发展，培养出符合社会需要的人才。

【关键词】OBE 理念；中国古代文学；混合教学

　　OBE（Outcome Based Education）是成果导向教育的简称，是一种以学生为中心、以产出为导向、以持续改进为驱动力的国际先进教育理念。OBE 是一种以最终成果或学习结果为导向的教育方式，也被称为目标导向教育。它的核心思想是以学生为中心，以培养目标和相关联的课程目标为引导，反向进行教学活动的设计和展开。OBE 强调在最大程度上保证培养目标与学习结果的一致性，因此，它要求教师在制定教学计划、选择教学内容、设计教学模式和评价方式时，都要紧密围绕着这个目标进行。泰勒在《课程与教学的基本原理》一书中开宗明义地指出了课程与教学的 4 个基本问题：（1）学校应该达到哪些教育目标；（2）提供哪些教育经验才能实现这些目标；（3）怎样才能有效组织这些教育经验；（4）我们怎样才能确定这些目标正在得到实现。②

　　中国古代文学是高校汉语言文学专业的一门核心课程，对于学生的知识结构和专业素养的培养具有至关重要的作用。该课程所涉及的时间跨度从先秦到明清，涵盖了漫长的历史长河。在这个过程中，文学流派、文学现象层出不穷，知识点繁多且复杂，涉及的文化历史背景广泛而深入。此外，中国古代文学的内涵丰富，作品数量庞大，语言风格古老且深奥，这也增加了学生掌握和理解课程的难度。近年来，随着高校培养方案的调整，中国古代文学课程的课时量有所减少。这使得教师在有限的时间内完成教学任务的压力增大，不得不加快授课节奏或对部分内容进行压缩。然而，这种传统单一的教学方式难以保证学生在有限的时间内充分掌握课程内容，实现既定的课程目标。面对这种现实矛盾，我们考虑将 OBE 理念引入中国古代文学课程的教学中。OBE 理念下的中国古代文学混合教学的关键在于明确学习目标、设计合适的教学策略、强调以学生为中心、

---

① 逯宏：博士，长江师范学院文学院副教授，主要从事中国古代文学教学与研究。
② [美]拉尔夫·泰勒：《课程与教学的基本原理》，人民教育出版社，1994 年版，第 17 页。

注重对学生的考核与评价，并进行持续改进。通过设定具体、清晰、可操作的学习目标，结合线上和线下的教学资源，采用混合式教学策略，关注学生的应用能力、实践技能和综合素质，能够提高教学质量和学生的学习效果。其实施过程包括以下几大环节。

一、明确课程目标与毕业要求

毕业要求（指标点）是课程教学目标设计的基础。这意味着课程教学目标应该与毕业要求相一致，确保学生通过课程的学习能够满足毕业要求。因此，课程教学目标的设计必须考虑如何支撑毕业要求（指标点）的达成。这意味着教师需要仔细制定课程教学目标，确保它们能够帮助学生达到毕业要求，同时在教学过程中评估学生的进展，并根据需要进行调整。

基于学校的人才培养目标和汉语言专业的人才培养方案，我们开展了关于社会发展对人才需求的调查。通过访谈和问卷调查，我们了解了汉语言文学专业的毕业生和在校生在考研和就业两个方面对中国古代文学课程的需求。基于 OBE 理念，我们对现有中国古代文学教学模式进行了诊断，并明确了中国古代文学课程的培养目标，如表 1 所示。

表 1 "中国古代文学"课程教学目标与专业毕业要求指标点的关联关系

目标序号	课程教学目标	权重	支撑毕业要求指标点
目标 1 知识目标	需要熟练掌握基本常识、中国古代文学的叙述方式和艺术特点，并能够运用相关知识分析古代文学的作家、作品、事件、现象和流派，掌握中国古代文学史的发展线索。记忆和背诵古代文学作品中的经典篇目	0.3	掌握中国古代文学的叙述方式和艺术特点；具备分析古代文学的能力；了解中国古代文学史的发展线索；记忆并理解中国古代文学经典篇目；具备独立思考和研究能力，提出自己的见解和观点，具备初步的学术研究能力
目标 2 能力目标	能够设计并实施教学计划，管理课堂。能够评估学生学习情况，提供反馈和指导，帮助学生提高成绩和学习能力。能够开发课程资源和整合教学资源，创新教学方法和手段，提高教学质量	0.5	掌握语文学科知识和教学理论，具备中学语文教育基础知识、基本理论，掌握教学评价能力。具备课程资源开发与知识整合、运用与创新能力
目标 3 素质目标	坚守高尚品德，严格自我要求，以身作则；崇尚科学精神，专注于深入研究教学业务，终身学习，不断拓宽知识视野，提高专业素养和教育教学水平；热爱本职工作，乐于奉献，尊重每一个学生，关心他们的成长	0.2	坚守品德，以身作则，具备职业操守；崇尚科学精神，掌握教学业务，具备教学能力和研究素养；终身学习，更新知识和技能，适应教育发展；热爱工作，具有责任心和敬业精神；尊重学生，关心他们的成长，具备良好师生关系和沟通能力

二、设计合适的教学策略——混合式教学

混合教学是一种富有创新性的综合性教学方式,它将在线学习和传统课堂教学有机结合,为学生提供了更加丰富、灵活和多样化的学习体验,旨在推动学生从表面学习到深度学习,培养他们自主学习、团队协作和交流互动的能力。中国古代文学课程利用学习通平台、QQ 群、微信群等线上工具,将学生的在线学习和传统的面授教学相结合,构建了一种混合式的数字课堂,以推动学生对中国传统文化进行深入的学习和理解。

(一)课前充分准备,提升学习效果

在中国古代文学课程中,混合式课堂被广泛应用于教学实践中。在课前,教师会根据中国古代文学课程的特点和学生的学习需求,设定相应的学习目标,例如掌握某位古代文学家的生平经历、理解某部古代文学经典的作品内涵等。为了帮助学生达成这些目标,教师会准备丰富的学习资源,包括相关的文献资料、多媒体视频、文学练习题等。同时,教师会通过学习通平台或其他在线工具,布置预习任务,引导学生提前阅读古代文学经典,发现自己的问题和疑惑,以便在课堂上更好地与教师和同学进行讨论和交流。此外,教师还会根据课程内容和学生的学习情况,安排适当的课堂活动,如:小组讨论、互动问答、文学创作等,以促进学生的参与和交流,加深学生对古代文学的理解和体验。

(二)课中多样化教学,加深学生的理解和体验

以《红楼梦》为例,说明混合课堂的线下教学。教师可以在课堂上对《红楼梦》的背景、人物关系、情节发展、艺术特色等方面进行讲解,引导学生理解作品的深层含义和艺术价值。例如,教师通过图表,分析不同角色之间的关系和性格特点,探讨作者如何通过人物形象的塑造表现出封建社会的矛盾和衰败。此外,教师组织小组讨论,让学生在小组内分享自己的阅读感受和问题,通过交流和互动深入探讨《红楼梦》中的人物形象、情节发展、文化内涵等方面。例如,教师可以安排小组讨论"《红楼梦》中的人物性格特点及其在现代社会的意义",引导学生从不同角度探讨作品中的人物形象,发掘其现代价值和社会意义。同时,教师可以安排文学创作活动,让学生通过自己的创作深入理解和运用《红楼梦》中的表现手法和艺术技巧。例如,教师可以安排学生写一篇短篇小说或者诗歌,要求其借鉴《红楼梦》中的某些文学手法或者人物形象,通过自己的创作实践,加深对古代文学的理解和运用能力。最后,教师安排互动问答环节,鼓励学生提出自己的问题和疑惑,与教师和同学进行交流和探讨。例如,教师可以提出一些问题,如"《红楼梦》中的人物形象对现代社会有哪些启示?""《红楼梦》在古代文学中的地位和影响是什么?"等,让学生进行思考和回答,通过互动问答的方式,提高学生的批判思维和问题解决能力。

（三）课后强化训练，实现知识内化迁移

课后强化训练是促进古代文学知识内化迁移的关键环节。在教师的指导下，学生可以通过一系列方法来巩固课堂上学到的古代文学知识。首先，教师可以布置相关的阅读任务，并引导学生深入理解古代文学经典。在阅读过程中，教师可以提出一些启发性的问题，激发学生思考。其次，教师可以布置针对性的写作练习，引导学生将课堂上学到的知识应用于实际情境中。教师可以给予学生必要的写作指导和反馈，帮助学生改进自己的作品，提高写作水平。最后，教师可以通过及时反馈和评估，帮助学生发现问题并进行针对性指导。

三、以学生为中心，设计教学内容

2018 年 9 月发布的《教育部关于加快建设高水平本科教育全面提高人才培养能力的意见》指出："推动课堂教学革命，以学生发展为中心，通过教学改革促进学习革命，积极推广小班化教学、混合式教学、翻转课堂，大力推进智慧教室建设，构建线上线下相结合的教学模式。"之后"以学生为中心"的混合式教学不断发展。混合式教学不仅要实现线下与线上教学形式的结合，更要注重以学生学习为中心，以促进学生的发展、提高学生的学习效果为目标进行实践与变革。

（一）以产出为导向，以学生学习为中心，设计教学内容

产出导向法（production-oriented approach）是我国学者提出的提高课堂教学效率的教学理论。该理论强调学习中心，学用一体，全人教育，并且涉及教学流程的各个环节，强调教师的主导作用。[①]中国古代文学教学应明确目标：学生能够鉴赏古代文学作品，分析其文学特色、思想内涵和历史背景，并展示研究成果。在教学过程中，应了解学生的学习需求和兴趣，掌握他们的学习难点和期望的学习方式，并结合学习过程和产出目标，设计适合学生的学习活动和任务，例如阅读古代小说。同时，注重批判性思维的培养，引导学生深入分析和评价文学作品。另外，强化学生的文化素养和道德观念。通过古代文学作品的学习，帮助学生理解古代文化的内涵和价值，培养他们的文化自信和道德素养。

（二）混合式教学，以学生发展为中心，设计教学活动

混合式教学有效地将线下的传统教学方式和线上的数字化教学方式融合在一起，两种方式扬长避短，有机结合，增强了学习活动的自主性与教学活动的灵活性，提升了形成性教学评价的效率与质量。[②]在中国古代文学混合式教学中，教师可以利用线上资源

---

① 胡竞：《基于产出导向法的大学英语混合教学策略研究》，《中外企业家》，2019 年第 22 期。
② 贺甜甜，李丹：《以学生为中心的混合式教学模式构建与实践》，《高教论坛》，2022 年第 11 期。

引导学生自主学习基本概念和知识点，提供灵活的学习方式；组织课堂小组讨论、案例分析、文学创作等活动，促进合作学习和探究学习，面对面交流解答疑问，深入探究文学作品内涵和艺术特色；组织古代文学实践活动，如戏剧表演、诗词朗诵、文学创作等，通过实践体验情感和意境，培养表演和创作能力；根据学生个性特点和兴趣提供个性化指导，如写作指导、作品评估、古代文化研究等；通过多种方式评价学生学习进度和效果，提供反馈和建议，为后续教学调整提供依据，更好地满足学生学习需求。

（三）线上线下，以学习效果为中心，采用多种教学方法

首先，学生可以利用线上资源自主学习基本概念和知识点，比如阅读电子书籍、观看视频讲座等。同时，教师可以提供线上测试和作业，检验学生的自学效果。其次，在课堂内，教师可以组织学生进行小组讨论、案例分析、文学创作等活动，促进合作学习和探究学习。此外，教师可以组织实践活动，让学生通过实践体验古代文学的情感和意境，培养表演和创作能力。同时，教师还可以根据学生的个性特点和兴趣爱好提供个性化指导。最后，教师可以通过线上测试、作业提交、课堂表现等多种方式及时评价学生的学习进度和效果，提供反馈和建议。

四、注重考核与评价，进行持续改进

基于课程考核与评价体系的"持续改进"，主要通过对平时考核的规范与定性定量分析，来促进教学内容、教学方法、考核方法与学习方法的改进。在课程设计的过程中，老师始终应该记住，对学生进行课程层面的评价，不仅提供了各个学生的成绩数据以供等级评价，同时也提供了有关教学整体效果的数据，以确定课程的有待改进之处和帮助学生评价自己的进展。[1]因此，中国古代文学课程的改进应该关注两个方面：一是实现全过程评价，以促进教与学的进步。在整个学期中，通过观察和评估学生在各种古代文学任务和作业中的表现，形成贯穿始终的形成性评价。同时，将这种评价结果作为最终成绩的一部分，以便及时发现学生在中国古代文学学习上的问题，并针对这些问题调整教学方法和策略。二是通过课程结束后的深度分析与反思，对教师教学进行改进。为了克服传统中国古代文学课程考核分析的局限性，可以采用数据挖掘和内容分析的方法进行深度评价。首先，通过收集和分析学生在课程中的成绩数据，对各项成绩的平均分、优秀率、及格率、标准差，以及中国古代文学课程目标与毕业要求的达成度进行全面评估，生成详细的统计报告。其次，在此基础上，教师结合中国古代文学的实际教学情况，对期末考试、平时成绩、目标达成度等进行深入反思，提出有针对性的改进措施。这种以古代文学为核心的知识点和技能为导向的深度评价与分析，有助于教师更加准确地评估学生的学习成果，进一步优化教学方法和策略。同时，也能帮助学生认识到自身在中

---

① [美]罗伯特·戴尔蒙德：《课程与课程体系的设计和评价实用指南》，浙江师范大学出版社，2006年版，第117页。

国古代文学学习中的不足之处，激励他们在后续学习中取得更好的成绩。这种紧密结合中国古代文学的改进方案，不仅符合中国古代文学课程的特点，而且能够切实提升教与学的效果，推动学生在文学领域取得更大的突破与成就。

结　语

在 OBE 理念的指导下，中国古代文学课程采用混合式教学模式，使教师从传统的主要知识传授者转变为学习目标的引领者。这种转变充分发挥了教师的主导作用，教师积极引导学生进行主动探究和学习，从而实现了从单纯的知识传输向多方位互动交流的转变。通过混合式教学模式，教师能够激发学生的求知欲和学习热情，推动个性化学习，提高学生的自主学习能力，培养他们的问题意识和创新习惯。这些举措更好地展现了中国古代文学课程的魅力，强化了它在知识、素养、能力方面的培育功能，关注学生的全面发展，从而确保人才培养的质量。

高校训诂学课程教学改革新探

赵久湘①

（长江师范学院　文学院　重庆涪陵　408100）

【摘　要】"训诂学"课程是汉语言文学专业的一门主干课程，旨在传授训诂学的
　　　　　基础理论、基础知识、基本方法与原理，指导学生综合运用所学知识提
　　　　　高阅读古籍、从事语文教学以及其他各种语文工作的能力。长期以来，
　　　　　许多高校"训诂学"课程的教学，多偏重课堂讲授，忽视了学生的实践
　　　　　创新。针对这些问题，我们采取了一系列相应的教学改革：指导学生以
　　　　　读书报告会为路径，提高分析解决问题的能力；指导学生调查方言与民
　　　　　间文化，从而以方言证古语、以方言与古语相互发证；引导学生运用所
　　　　　学训诂学理论知识指导中学语文教学工作等，取得了扎实有效的成果。
【关键词】训诂学；教学改革；读书报告会；方言调查；中学语文教学

一、训诂学课程定位

训诂是对文献中的语义做出正确解释的一项专门性学术工作，是以帮助人们准确阅读和理解古籍为目的的一种具体、实用的语文工作。训诂包含丰富的内容，如释词、解句、指明章旨、注音、解释文物典章等，但核心工作是释词，就是"以今语释古语，以雅言证方言"（刘师培《中国文学教科书》第三十二课《周代训诂学释例》）。

训诂学是研究训诂规律的科学，是对训诂知识的理性认识，是对训诂实践的条理化、系统化、科学化。训诂学全面研究前人注疏，考察历代训诂之方法及其规律，掌握其系统条贯，进一步探求语言的发展规律，从而促进语言的丰富和发展。

早在秦汉时代，我国就开始了系统的语文研究，这种研究被称为"小学"。小学研究以汉字为核心，以书面文献为基础。包括：以研究语义为主的训诂学；以研究语音为主的音韵学；以研究文字为主的文字学。可见，训诂学是我国传统语文学即"小学"的一个分支。

训诂学课程是汉语言文学专业的一门主干课程，是古代汉语的后续课，旨在传授训诂学的基础理论、基础知识、基本方法与原理，指导学生综合运用所学语言学、文学、

---

① 赵久湘：博士，长江师范学院文学院副教授，主要从事古代汉语教学与研究。原文发表在《兰州教育学院学报》2019 年第 5 期，收录时略有修改。

史学、哲学、民俗学、社会学、人类学等知识，提高阅读古籍、从事语文教学以及其他各种语文工作的实践创新能力，培养学生学习、研究中国传统学术的兴趣，增进其传承祖国文化遗产、弘扬民族精神的责任意识。可以说，训诂学是对古代汉语学习的进一步深入，尤其是对一些有志于在古籍阅读及研究、传承祖国传统文化方面继续深造，打算考研的同学来说，会有很大的帮助。对于师范专业的学生来说，即便没有继续深造的打算，有志于从事中学语文教学，也需要学习训诂学。"中学语文教材中，选有相当数量的文言文作品，要读懂、讲好这些古代的名篇，自然也离不开训诂。"①

二、训诂学课程传统教学方式存在的弊端

长期以来，许多高校训诂学课程的教学，多偏重课堂讲授，偏重传授训诂学的基础理论、基础知识、基本方法和原理。当然，对于这种教学方法的优劣也不能一概而论。"教学有法，教无定法。"这是我们多年从事教学的工作者常挂在嘴边的一句话。"训诂学课要取得良好的效果，必须注意联系实际。……要联系古代文献——古代语言的纪录——这一实际。……其次要联系本校的实际。"②

部分学生对纯理论知识的接受有一定难度，更偏向于学习的趣味性。由于训诂学课程的理论性强，从而导致了学生学习这门课感到索然无味，认为与《古代汉语》区别不大，学习的热情和积极性不高。这种情况迫使我们必须对传统的教学方式进行反思，进行改革，积极探索能够提高教学效果的新思路、新模式。法国大思想家卢梭曾说过："教育的艺术是使学生喜欢你所教的东西。"（卢梭《爱弥儿》）这就要求我们更新观念，创新思维，打破条条框框，将传统的课堂教学变为课堂和课外相结合、教师的教与学生的练相结合，即加强实践教学。

训诂学的传统教学中虽然也进行实践教学研究，然而力度不大，不能指导学生运用所学理论阅读古籍、促进语文工作能力的实践创新，并且忽视了方言与民间文化调查研究，从而忽视了以方言证古语、方言与古语相互发证；注重教师的教，从理论到理论，忽略了学生的练，致使知识不能及时向实践能力转化，未将课堂教学延伸到课外，以至于社会。因此，我们对于《训诂学》课程的教学改革，旨在改变以上诸方面的缺失，着重提高学生的实践能力。

三、训诂学课程教学改革的方法措施

针对以往训诂学教学的缺失现象，我们采取了一系列相应的教学改革：指导学生以读书报告会为路径，实施实践教学；指导学生调查方言与民间文化，从而以方言证古语、方言与古语相互发证；引导学生运用所学训诂学理论知识指导中学语文教学工作，等等。在此过程中提高学生对专业知识体系的认知水平和课程学习的效果，在身体力行的实践

---

① 郭芹纳：《训诂学》，高等教育出版社，2017年版，第6页。
② 陆宗达，许嘉璐：《关于训诂学教学的几个问题》，《北京师范大学学报（社会科学版）》，1982年第5期。

操作中培养其学习、研究中国传统文化的兴趣和能力，增进其传承祖国文化遗产、弘扬民族精神的责任意识。

（一）以读书报告会为路径，发挥学生主体作用

"教师为主导，学生为主体"，这已是教育界长期以来形成的共识。如何充分发挥学生在教学过程中的主体地位，提高他们对学习的积极性和主动性，也是需要我们长期努力思考的问题。在实施训诂学教学改革的过程中，我们首先创造性地设置了读书报告会的新模式。在第一章导言部分结束时，即向学生布置任务：阅读一部训诂学著作或一篇训诂学论文，完成一篇读书笔记。要求写出自己的心得体会，要有个人见解，篇幅不少于800字，并于第10周左右上交，每人都要写，作为计入平时成绩的一次重要作业。这种做法，一方面调动了学生学用结合的积极性，边学习理论，边用于指导实践，解决实际问题，激发了学生学习理论知识的兴趣和热情；另一方面，也给了学生充足的准备时间，使他们觉得有信心有能力完成任务，克服了畏难情绪，增强了自信心，也产生了学习的动力。然后，将全班学生分成5～6个学习小组，各小组制作PPT课件，在第15或16周课程即将结束时，在课堂举办以"读书·思考·切磋·交流"为主题的训诂学读书报告会，事先将主题大字书写在黑板上。各小组推选一名代表，在班上讲解交流，师生对各小组的汇报演示进行评点，加以评比，分析优点及不足。

学生们汇报的内容可谓丰富多彩，颇多创新，比如有探索梳理训诂源流关系的，有讲李商隐的《骄儿诗》里"或谑张飞胡"一句中"胡"字辨义的，有讲白居易的《琵琶行》中的"青衫"不是黑衫的，也有结合中学语文教科书里的用例谈训诂在中学文言文中的运用的，还有结合自己家乡的方言词语来印证古语的，等等，不一而足，异彩纷呈，且多能有理有据，自圆其说，令人信服。

教师对汇报讲解及点评发言的同学，实行奖励加分：前者根据讲解的各个方面（包括ppt制作是否精美、内容是否精彩、教态是否自然大方、情绪是否饱满、普通话是否标准等）进行综合评价，酌情在平时成绩里加6～8分；后者根据点评是否恰当、切中要害等，酌情加2分左右。同时，为防止同一名同学为多获加分而反复点评，我们规定：同一人点评加分到6分封顶，也就是说，超过3次的，超过部分不再加分。这种课堂形式，打破了传统的以教师讲授为主、学生被动接受的模式，大大调动了学生学习的积极性和主动性，学生参与的热情高涨，踊跃发言，课堂气氛活跃，呈现出热烈的局面，也受到课堂教学督导专家的充分认可和赞许。苏联著名教育家、心理学家赞可夫曾说过："教学方法一旦触及学生的情绪和意志领域，触及学生的精神需要，这种教学就会变得高度有效。"（赞可夫《教学与发展》）这对我们的训诂学教学也是很有启发意义的。

（二）以方言与民间文化调查为路径，实施实践教学

方言及其承载的民间文化作为一种"民间的""口传的""地域性的""不可复制

的""非物质的"文化遗产，是民族精神文化的重要组成部分；方言的语音、词汇、语法及其历史变迁之细节都深刻记载了民族的历史，是历史的活化石。

方言与训诂学的关系也十分密切，古代汉语中的很多语言现象还或多或少地保存在各地方言中。齐佩瑢先生曾说："训释古语固然得靠着训诂的法术，就是探讨现代方言也得借重于训诂的技巧，因为语言不是孤立的东西，古今音转语变常是有迹可寻的。……故欲考音问字，探源溯流，搜罗方言，证以古籍，舍训诂学之外，是没有旁的捷径的。"①所以，引导学生将训诂学理论知识的学习与家乡方言的调查相结合，也是提高学生学习兴趣的一条好的思路。

教师在放寒暑假之前对学生进行方言与民间文化田野调查的集中培训和个别指导，回校后在教师指导下整理、分析、研究田野调查所获资料，以班级或所在地区分组撰写调查报告，完成发言稿，推举发言人，制作课件，举办"方言调查研讨会"，进行广泛深入的交流，特别是将各自搜集到的方言词语与所学训诂学知识相印证，用训诂原理加以解释。

比如，根据陕西关中一带所做的调查，在关中东部大荔、合阳等地，称"责备、训斥、数说"之义曰"让"。如奶奶想要孙儿听话，常说："快甭乱跑咧，小心你爸让你！"其实"让"的"斥责"之义，其源甚古。《说文·言部》："让，相责让也。"《左传》中也有不少这样的用例，如《僖公二十四年》："寺人披请见，公使让之，且辞焉。"该句中"让"即是"责备、训斥"之义。《史记》一书中，"让"的这种意义和用法也很多，如《齐太公世家》："（鲁）桓公下车则死矣。鲁人以为让，而齐襄公杀彭生以谢鲁。"司马贞索隐："让，犹责也。"②

再如，在河北、山东等地方言中，"夜来"一词表示"昨天"的意思，其实这个意义存在于古代作品中。如《水浒传》第六十一回："卢俊义夜来算了一命。"《中国戏曲》中梁辰鱼的《浣纱记》："臣启主公，适领命观夜来之粪，正是越王夫妻进宫问疾，见锦桶贮粪，越王跪而尝之。"有许多读者在读到这些文献的时候都将"夜来"当作"夜里"或"夜里来的"来理解，跟孟浩然的《春晓》诗里"夜来风雨声，花落知多少"的"夜来"一词相混同。其实这种理解是错误的，这些宋元作品里的"夜来"一词，其意义就是今天还保留在河北、山东等地方言中"昨天"的意思。由于宋元的这些作品往往没有旧注，读者一不留神可能就误解了原意。而如果借助这些方言材料，问题就可以迎刃而解了。③

又如，在潮汕方言中，"大家"一词指丈夫的母亲，即婆母。这实际也是古语词意义的保留。南朝梁沈约编的《宋书·孙棘传》："棘妻许又寄语属棘：'君当门户，岂有委罪小郎？且大家临亡，以小郎属君……'"以"大家"称婆婆，当是一种尊称，汉时称妇女出色、有地位者为"大家"，如帮助其兄班固续完《汉书》的女才子班昭便被尊

① 齐佩瑢：《训诂学概论》，中华书局，2004年版，第34-35页。
② 郭芹纳：《训诂学》，高等教育出版社，2017年版，第138页。
③ 白建华：《小议方言词汇在训诂中的作用》，《大众文艺》，2011年第3期。

称为"曹大家"。后来，个别人移用作一般的尊称，指婆婆一义，此后便流传下来了。①与训诂学相关的方言例证还有很多，此不赘举。

总之，结合各地方言调查，拓展课堂外广阔的实践教学空间，指导学生运用所学知识在"亲自动手"的社会调查中获取语言学习的第一手资料，从"身体力行"的文化考察中培养实践创新能力，为训诂学课程学习寻找取之不尽、鲜活生动的口语材料；寻找方言与古汉语书面语之间千丝万缕的血脉联系，成功链接"古"与"今"，可以提高训诂学课程的学习效果。

（三）以训诂学理论知识为指导，提高学生中学语文教学能力

训诂学是一门理论性很强的专业课，同时也有很强的实用性。训诂学"是一门应用的、综合的、总结式的学科"。②为使学生做到"学以致用"，就要让他们把学习的理论知识与中学语文教学的实际联系起来，从而更好地理解和讲授中学语文教材中的文言文作品，提高中学语文教学能力，为其毕业后从事中学语文教学提前做好准备。

1. 训诂与中学语文教科书中的偏义复合词

古人行文往往因两字义类相关而牵连使用，这就是今人所谓的"偏义复词"，或称"偏义复合词"。"偏义复合词"的意义一般都偏在其中一个语素上，另一个语素无意义，只起陪衬作用。现代汉语中也还有这样的词，比如"国家"一词，意义偏在"国"上；"窗户"一词，意义偏在"窗"上；"动静"一词，意义偏在"动"上，等等。对于这样的词的意义，我们必须留心辨别，特别是在阅读古籍的时候，稍不留神，就可能对文章原意产生误解。

中学语文教材中也存在这种情况，比如《孔雀东南飞》："便可白公姥，及时相遣归。"余冠英先生指出：细看全诗，仲卿实在没有父亲，这里因"姥"而连言"公"。"公姥"为偏义复词。又："我有亲父兄，性行暴如雷。"余冠英："'父兄'是偏义复词，因兄而连带提到父，刘氏有兄无父。"（余冠英《汉魏诗里的偏义复词》）只有弄清楚"公姥""父兄"都是偏义复合词，才能准确理解原文，否则就会产生疑惑：因为自始至终，整首诗里就没有看出刘兰芝有公公和父亲！这种情况是必须要向学生讲明的。

2. 训诂与中学语文教科书中的互文见义

互文见义是古人常用的修辞手法。唐朝贾公彦在《仪礼注疏》中说："凡言互文者，是两物各举一边而省文，故云互文。"运用互文，可使语句精炼简洁，意思委婉含蓄，气势畅达连贯，收到音韵和谐、"文省而意存"的修辞效果。但由于语句中有省略，不完整，因而也常常容易使后世读者产生误解。在学习中，如能准确了解互文的特点，就能减少阅读古文的障碍，正确理解和翻译古文。

为避免后世读者误解原意，历来训诂学家也多对这种现象加以注明。例如：《礼

---

① 林伦伦：《潮汕方言的古语词及其训诂学意义》，《语文研究》，1997 年第 1 期。
② 许嘉璐：《训诂学的性质及其它》，华中工学院出版社，1985 年版，第 20 页。

记·月令》："可以粪田畴，可以美土疆。"郑玄注："粪、美互文耳。"《诗经·大序》："动天地，感鬼神。"孔颖达疏："天地云动，鬼神曰感，互言耳。"①

中学语文教材中也常见互文见义的例子。如《木兰诗》："将军百战死，壮士十年归。""将军"与"壮士"分置，前后互相交错补充，意思是：将军和壮士经过十年千百次的战斗，有的战死沙场，有的幸存归来了。又："东市买骏马，西市买鞍鞯，南市买辔头，北市买长鞭"。"东市""西市""南市""北市"组成互文，意思是跑遍了许多集市，购齐了出征所需之物，而不是在某一个集市上只买某一样东西。这样写更能勾画出木兰从军前细心准备，四处奔波，到各个集市购买出征用品的紧张忙碌的身影。再如王昌龄《从军行》"秦时明月汉时关，万里长征人未还"一句，"秦"和"汉"互相补充，意思是秦汉时的明月、秦汉时的关。又如白居易《琵琶行》"主人下马客在船"一句，"主人"和"客"互文，意思是：主人和客人一同下了马，一同来到船上。这种语言现象，只有向中学生讲明白，才能使他们不至于产生误解。而要向学生讲明白，教师首先自己要明白。

3. 训诂与中学语文教科书中的宾语前置句式

古代汉语中，有一些词序与后世的词序不同，因而也成为理解句意的障碍，训诂学家也往往对这些"特殊词序"予以说明。比如：《诗经·邶风·谷风》："不我能慉，反以我为雠。"孔颖达疏："不我能慉，当倒之，云'不能慉我'。"《诗经·周南·汝坟》："遵彼汝坟，伐其条肄。既见君子，不我遐弃。"孔颖达疏："'不我遐弃'，犹云'不遐弃我'。古之人语多倒，《诗》之此类众矣。"②

由于现代汉语中宾语都在动词谓语之后，不存在这种特殊词序，所以我们称古代汉语的这种语法现象为"宾语前置"，即在古汉语的否定句中，代词做宾语时，一般要放在动词谓语前面。这里要同时具备两个条件：一是否定句，二是代词做宾语。

中学语文教材中也有这种句式，例如《诗经·魏风·硕鼠》："硕鼠硕鼠，无食我黍！三岁贯女，莫我肯顾。"其中的"莫我肯顾"一句即属宾语前置，正常语序应为"莫肯顾我"。同理，后面的"莫我肯德""莫我肯劳"两句也属这种情形。再如贾谊的《论积贮疏》："残贼公行，莫之或止；大命将泛，莫之振救。"一段中的"莫之或止""莫之振救"两句也属宾语前置，正常语序应为"莫或止之""莫振救之"。

总之，学习训诂学对中学语文教学的指导作用是显而易见的，中学语文教材中的文言文作品，与训诂学关系密切的语言现象还有很多，都迫切需要训诂学理论的指导，而这些作品中的语言实例，又为训诂学的学习提供了鲜活的材料。将理论知识的学习与教学实践相结合，使二者相互促进，也为训诂学的学习提供了用武之地，大大提高了学生学习的积极性，收到了意想不到的效果。

---

① 郭芹纳：《训诂学》，高等教育出版社，2017年版，第25页。
② 郭芹纳：《训诂学》，高等教育出版社，2017年版，第18页。

四、取得的成效

通过上述种种做法，我们训诂学课程的教学取得了切实可行的成效：第一，围绕丰富多彩的实践活动，构建了实践教学的新模式。以"训诂学读书报告会"为载体，指导学生阅读一部古籍，指导学生开展方言与民间文化调查，指导学生撰写语言学毕业论文，指导学生将训诂学知识应用于中学语文教学等，实现"教"与"学""学"与"用"的链接，师生共同构建实践教学的新模式。第二，提高了团队科研、教学水平和教研教改能力。教师结合课程教学改革和实践教学开展学术研究，改变以往只注重课堂不理课外、只注重知识理论的传授忽视实践练习的局面。通过指导学生的实践练习，教师的业务水平和教学能力也得到了很大的提升。第三，提高了学生的专业水平和实践能力。通过近几年的教学改革，学生普遍参与，热情高涨，学习积极性提高，逐渐喜欢上训诂学这门课程，课外广泛阅读训诂学理论著作和以训诂学理论为指导的古典文献，由此更加热爱祖国传统文化，由衷地产生出一种民族自豪感和自信心，激发起深沉的爱国情感。总之，这种教学改革的效果是显而易见、有目共睹的，改革的预期目标已达成。

应用型大学古代汉语课程文选教学改革的探索与实践

王盛婷①

（重庆 长江师范学院文学院 408100）

【摘　要】古代汉语课程是高校本科院校汉语言文学专业的必修课程，也是其他相关文科专业的基础课程之一，具有十分重要的地位和作用。但学生对这门课表现出不同程度的畏难情绪和排斥心理，成为教师亟待思索和实践的重要课题。应用型大学背景下，古汉语教师必须革新教学观念并将其贯彻到文选教学的整个过程，摈弃教师为主、枯燥乏味的独角戏模式，重视师生双向交流，在教学内容选择、教学环节设计、教学方法采用、教学手段更新、考核方式改革各方面充分考虑学生的主体要素，研究其求知心理，让"死"的语言"活"起来，把"死课"活讲，营造快乐、生动、有效的学习氛围，培养学生乐于学习、善于探究、积极参与的自主学习能力。

【关键词】应用型大学；古代汉语；文选；教改

古代汉语课程是高校本科院校汉语言文学专业的必修课程，也是其他相关文科专业的基础课程之一，在学科建设和人才培养中具有十分重要的地位和作用。由于课程内容时代久远，远离现实，讲授的对象文言文与现代汉语存在不小的差异，学生表现出不同程度的畏难情绪和排斥心理，这在很大程度上影响了学生进一步的学习与研究。当前，国家加大素质教育力度，大力提倡培养"知识、能力、素质"全面协调发展的应用型人才，应用型大学建设成为未来高校发展的必然趋势，这无疑对"古代汉语"这一传统学科的发展构成了严峻挑战。如何打破传统教学模式，培养和提高学生的学习兴趣，进而实现知识、能力、素质的全面协调发展，成为教师亟待思索和实践的重要课题。

文选是"古代汉语"重要的教学内容，也是学生进入课程学习最直接的一个途径。文选的教学目标是培养学生阅读中国古书的能力，以便批判地继承我国古代的文化遗产。②应用型大学建设背景下，古汉语教师必须革新教学观念并将其贯彻到文选教学的整个过程，摈弃教师为主、枯燥乏味的独角戏模式，重视师生双向交流，在教学内容选择、教学环节设计、教学方法采用、教学手段更新、考核方式改革各方面充分考虑学生

---

① 王盛婷：博士，长江师范学院文学院副教授，主要从事古代汉语教学与研究。
② 王力：《古代汉语》，中华书局，1999年版。

主体要素，研究其求知心理，让"死"的语言"活"起来，把"死课"活讲，营造快乐、生动、有效的学习氛围，培养学生乐于学习、善于探究、积极参与的自主学习能力。

一、更新教学理念，实现教书又育人

教育理念关乎教育的全过程。古代汉语课程要转变教学理念，牢牢将语言能力培养与人文素质教育作为课程教学的重要内容和基本理念，彰显人文精神。

（一）坚持语言教学与文化传承相结合

罗常培先生说："在各国语言里有许多语词现在通行的涵义和它们最初的语源迥不相同。如果不明了它们的过去文化背景，我们简直推究不出彼此有什么关系来。可是，你若知道它们的历史，那就不单可以发现很有趣的语义演变，而且对于文化进展的阶段也可以反映出一个很清晰的片影来。"[①]古汉语文选传统教学偏重字词句的语言学讲解，对相关文化内涵关注不够。我国古代社会拥有诸如姓氏、名号、天文、历法、车马、服饰、宫室、饮食、婚姻、丧葬等丰富的文化内容、诸子百家哲学思想及道德伦理体系，它们构成了国家和民族的宝贵财富。古汉语课程在传授语言知识的同时，必须承担起传承文化、加强人文素质的重任。如果文选讲解单以疏通字词和翻译课文为主，教学会显得枯燥干瘪。教师应将语言知识的学习和相关文化内容的介绍相结合，带领学生超越时空，置身古代真实的文化情境，开阔眼界，实现文化传承。

比如《左传》"郑伯克段于鄢"中郑伯即郑庄公。伯是诸侯国分封时的爵位，分公侯伯子男五等。"庄"是谥号，是古代帝王、诸侯、卿大夫、高官大臣死后，朝廷根据其生平行为给予的一种称号，以褒贬善恶。分表扬、批评和同情三类。可结合大家比较熟悉的齐桓公、宋襄公、秦穆公、晋灵公、鲁哀公和隋炀帝等进行介绍。

又如"郑武公娶于申"涉及古代的姓氏及婚姻制度。上古姓、氏有别：氏所以别贵贱，姓所以别婚姻。上古贵族提倡同姓不婚，既可以保证后代质量，还能建立友好的对外关系，巩固和扩大政治势力。"秦晋之好"说的就是春秋时期秦晋两国统治者多次通婚联姻，秦晋可以联姻在于他们是异姓封国：秦国姓嬴，晋国姓姬。"郑武公娶于申"中的郑国姓姬，申国姓姜，可通婚。

与姓氏相关的史实是古代贵族妇女的姓、氏比名更重要，也反映在谥号上，比如"郑武公娶于申，曰武姜"，"武姜"就是妇女死后在自己母国姓前被冠以配偶的谥号的例子。

又如古代战争分正式和非正式两种。正式战争用"征、伐"："征"用于天子进攻诸侯，有道进攻无道；"伐"用于诸侯国之间，如《左传》"齐桓公伐楚"："五侯九伯，女实征之。"二者都需要出战理由，同时要设钟鼓，表示行动是公开的。非正式战争用"侵、袭"，不需理由，也不用设钟鼓，是不宣而战，"袭"是出其不意地发动战争，需要精心策划和准备，如"郑伯克段于鄢"："欲袭郑。"

---

① 罗常培：《语言与文化》，北京出版社，2004年版。

再如"五月辛丑，大叔出奔共"涉及古代干支计时法。古人将十天干（甲乙丙丁戊己庚辛壬癸）和十二地支（子丑寅卯辰巳午未申酉戌亥）相配来纪年、月、日，六十为一循环，如：甲子、乙丑……甲戌……讲解的同时，向学生提问当年是什么年，加深学生对相关知识的理解。

又如《左传》"晋灵公不君"中"会请先"表明古人名和字称呼的不同。古人有名有字，称呼别人要称呼其字，表示尊敬，称呼自己则用己之名，表示谦虚。

作为高校教育者，我们应该走在弘扬祖国传统文化的最前列，将古代汉语课堂作为传承和弘扬祖国优秀文化的主阵地，为文化育人贡献自己的力量。

（二）坚持教书与育人相结合

教育的最终目的在于育人。古代汉语课程蕴涵丰富的语言能力教育和人文素养教育资源，课程教学在系统传授古代语言和文化知识的同时，要挖掘课程知识体系的精神内涵，尤其是经典文献中包含的对现代社会和生活具有借鉴和指导意义的观念，加强对学生道德情感和价值取向的积极引导，树立其对祖国语言、历史、文化的信心和热爱，肩负起培养大学生人文素养的责任。

古人作品中有关思想品德、道德修养和行为文明的论述比比皆是，这也是民族文化中值得研究和传承的内容。比如《左传》"晋灵公不君"中灵辄"食之，舍其半"体现了孝顺父母的家风家貌；而灵辄知恩图报，"倒戟以御公徒，而免之"更值得人们学习和效仿。《论语·泰伯》"士不可以不弘毅，任重而道远"饱含实现理想的坚定信念。《学而》"（曾子）吾日三省吾身：为人谋而不忠乎？与朋友交而不信乎？传不习乎？"表明古人重视个人修养。《述而》"不义而富且贵，于我如浮云"表达了权势和财富要取之有道的观点。"饭疏食，饮水，曲肱而枕之，乐亦在其中矣。""其为人也，发愤忘食，乐以忘忧，不知老之将至云尔。"反映了安贫乐道，专心为学，乐在其中的乐观主义精神。《子罕》"岁寒，然后知松柏之后凋也。"歌颂了仁人志士经历严峻考验屹立不倒的高尚气节。《礼记·大同》中"老吾老以及人之老，幼吾幼以及人之幼"包含敬老爱幼的思想。《孟子》"齐桓晋文之事"体现出爱护环境，遵循自然规律的循环观。其他诸如热爱祖国、热爱民族的家国观念、诚实守信的诚信观、勤劳勇敢、家庭和睦等传统美德在不同经典文献中都有所体现，极富思想性，是对学生加强情感教育的文化遗产。

（三）坚持教师讲授和学生训练相结合

以往的文选教学侧重教师对语言知识点的讲解和对语句的翻译，学生学习以记忆和背诵为主，一旦面对新的学习对象，学生往往茫然无措，无从下手，反映出学生相关训练的缺失和学习能力的薄弱。授人以鱼，不如授人以渔。新的课程体系要以保证基础扎实，注重能力培养为宗旨，适当安排诵读、研读、文言文翻译和注释及相关研究方法的训练，引导学生利用相关理论解决文言文阅读中遇到的实际问题如古文断句和翻译，进行创新性思维训练。

首先，加强诵读训练。通过教师领读、音频范读和学生诵读，感受语言、品味语言、领悟语言和积累语言，深刻领会古代汉语的节奏美和韵律美的同时，还有助于走进作品，体会作品蕴含的情感。在此过程中，教师的指导显得尤为重要，不仅要读对每一个字，字音准确，句读无误，还要掌握语气、停顿、重音等诵读技巧，读出每一句的情感和语气，读出人物的性格和心理，读出文章的文化底蕴。

其次，改变以往课堂教学与现实和实际情况过分脱节的局面，在充分调研中小学语文课堂教学的基础上，精心筛选相关篇目尤其是中小学语文教材中出现的篇目如《左传》"烛之武退秦师"、《战国策》"冯谖客孟尝君"、《荀子·劝学》等，通过学生小组合作，人人参与课堂，人人当回老师，在丰富和深化教学内容的同时，减轻学生的畏难心理，消除"课程无用论"的消极思想，培养学生有效教学的思维和习惯，提高在校师范生的语文教学能力。

最后，教师要充分利用课堂内外的学习阵地如课前古文朗诵分享、古文诵读大赛、古文字摹写比赛、古文知识竞猜、古诗朗诵比赛、中学语文教学大赛、教案设计大赛、古文故事会、学术沙龙、地方非物质文化整理与研究、方言整理与研究等，开展丰富多彩的活动，引导学生大量自主阅读经典文献典籍，做到字字落实，句句落实，求得甚解。如讲授《诗经》文选时，让学生在反复诵读中感受古代诗歌的语言美、韵律美和内涵美。还可以指导学生将对《诗经》韵例的分析运用到对非物质文化遗产如民歌、民谣等韵文资料的分析中，做到学以致用。

要引导学生关注口语，积极开展方言和文化的调查与研究，加强对地方非物质文化遗产如民歌、戏曲、舞蹈、歌谣、民间故事等的调查研究，加强古代语言文化和现代语言文化的沟通，通过道德情感的渗透和学生深入其中的实践体验，提高学生的语言素质和人文素养，培养传承中华优秀传统文化的责任意识，唤起文化自觉与民族自信。

（四）坚持夯实基础知识与开阔学术视野相结合

古代汉语课程不能因教学内容的久远而故步自封，相反要时刻关注学科发展前沿，教学中及时添加最新学术研究成果和教师自己的研究心得，为课程注入新鲜血液，扩大学生学术视野，提升学生学习兴趣。

比如《左传》"郑伯克段于鄢"讲到"夫人将启之"时，引入汉语常用词研究的相关成果，说明"启"和"开"的历史渊源。"启"是上古表示开门的专用词，古字作 ，指以手开门（单扇门）。后加"口"，变为 ，又变为 。汉景帝姓刘名启，为避圣讳，改"启"为"开"。从此，"启"退"开"兴。最终"开门"义位上，"启"被"开"取代。

讲授《战国策》"冯谖客孟尝君"中"食以草具"时，结合"具"的甲骨文、金文和小篆的字形变迁，还"具"以"从鼎，从廾"的古文字字形（ ）及"双手端着锅"的本义，进而得出"食具"和"食物"的引申义。学生在知其然又知其所以然中锻炼了词语考证的能力，培养了初步的学术研究能力。

讲解"载券契而行"时，引入简牍文献研究的图片和成果，形象生动地展示古代合同的形式。教师要鼓励学生敢于质疑，提出新见解，培养学生发现问题、思考问题和解决问题的习惯和能力，并能用所学知识理论分析各种语言现象，解决文献和教学中的疑难问题，指导学生把古汉语的理论知识合理运用到中小学文言文教学中，全面提高学生语言知识的实践和教学能力。与此同时，综合其他学科如中国古代文学、历史学、考古学、文字学、文化学、修辞学，培养学生发散性思维。指导学生开展相关调查与研究，积极申报各类各级科研项目和比赛，撰写相关论文，帮助学生完善思维方式，培养创新意识和创新能力，使其具备一定的科研能力，为语言类毕业论文的撰写打下基础。

二、改革教学目标，全方位培养学生综合素养

教学目标是构建一门课程体系的重要指标。结合学校的办学定位、人才培养目标和生源情况，古汉语课程教学目标也需要进行改革和创新，突出工具性和人文性两大特点，让学生系统掌握古代汉语的基础知识和系统理论，具备对一般文言作品的解读分析能力和教学能力，具备初步的古汉语研究能力，同时提高其文化素养，具备文化传承和创新的能力。具体如下：

目标 1：学生具备学科素养。通过《左传》《战国策》《论语》等典范文言作品的学习，了解作品的文学背景与文化常识，理解古代汉语的书面语言，能够分析作品中语音、词汇、语法等方面的语言现象，系统掌握古代汉语的基本理论及相关前沿动态，并将理论知识用于指导阅读文言作品，解决作品语句中的疑难问题。

目标 2：学生具备教学能力和科研潜力。培养学生阅读文言作品的能力，提高对汉语的理解和运用能力，能胜任中学文言文（主要是语言方面）教学；拓宽学生对古代汉语及其所负载的中国古代文化的知识面，具备研究古代汉语和古代文化的基本能力。

目标 3：学生具备反思能力和创新意识。在教学实践中运用所学理论分析文言作品，具有一定的独立获取知识信息、提出问题、分析问题、解决问题的能力，不断进行自我完善，优化课堂教学；能够运用批判性思维方法对文言文教学进行反思和研究，不断优化知识结构，提高文化素养和教学能力。

目标 4：学生具有教育情怀。使学生产生对本民族语言与文化的向往、热爱与学习的兴趣，继承民族文化精华，培育民族精神；使学生树立"古为今用"的语言文字观，增强传承祖国优秀文化遗产的责任意识；使学生获得传统文化和情感态度价值观的教育培养，传承和弘扬中华优秀传统文化，坚定文化自信。

三、调整教学内容和方式，突出学生主体地位

（一）更新教学内容

与课程目标相对应的是教学内容，教学内容是课程目标的直接体现。在课时数量大

大压缩的情况下，古代汉语文选的课程内容势必需要进行调整。

1. 精心选择文选篇目

对数量巨大的文选篇目进行整合，调整和充实传统的教学内容，删除那些篇幅过长、生僻字词过多、故事情节性弱、可读性差的文选，选择语言面貌上具有代表性、涉及语言文字知识和文化精神内容丰富、篇幅适中、可读性强的篇章，提高学生学习兴趣。

2. 设置不同的教学方式

根据文选篇目内容、知识点多寡及重难点，选择不同的教学方式，比如极具代表性的篇目以教师讲解为主，篇幅稍长者教师可选讲，部分中学语文教材涉及的篇目，可提前布置，让学生分组讲解，在实操中培养和提升学生的教学能力。这样区别设置，一方面可以重点突出，解决古汉语课时有限但内容庞大的矛盾，另一方面也可以检验学生知识掌握的程度及学以致用的能力，对其未来从事中学文言文教学具有很好的示范作用。

（二）创新教学模式

现代教学中如果沿用传统老式和陈旧的古代汉语教学模式，学生会味同嚼蜡，教师也会了然无趣。教学模式的改革和创新势在必行。

1. 课堂实施师生互动式教学

传统课堂教学中，教师始终处于教学的中心，占据主导地位，课上讲什么，怎么讲，哪些详讲，哪些略讲，什么时候讲等，都由教师掌控，学生成为课堂教学的被动接受者，而非主动参与者。加上受古今时代差异的影响，古代汉语课程内容比较深奥，甚至晦涩难懂，因此，往往教师在台上滔滔不绝，学生在台下听得云里雾里，教学效果堪忧。著名教育家布鲁纳说："知识的获得是一个主动的过程，学习者不应是信息的被动接收者，而应是知识获取的主动参与者。"学生始终是学习的主体，教师要时刻以学生为中心，还主体地位给学生，让教和学真正成为有机互动的整体。教师应针对学生的学习规律和接受心理，积极尝试灵活多样的教学方式，精心组织教学，营造一种开放式、探究式教学模式，让学生在与老师的互动中学习古代语言知识，培养独立思考问题的能力。

比如教师针对古汉语课程内容晦涩难懂的特点，积极营造轻松愉悦的课堂氛围，通过设计引人入胜的导课和列举浅显生动的例子，让学习变得兴趣盎然。导课指在教学内容开始时，教师引导学生进入学习行为。作为课堂教学的先导和重要环节，目的是让学生在最短时间内进入最佳学习状态。根据教学内容的不同，分实践导入、故事导入、设疑导入、背景知识导入等类型。无论哪种类型，导课都要做到直观贴切、短小精悍，富于思想性、启发性和趣味性，避免离题万里，拖沓冗长。好的课堂导入，可以起到吸引注意力、引人入胜的效果，使学生产生浓厚的学习兴趣，进而积极和主动地学习。

以《左传》"郑伯克段于鄢"为例，该文讲述的是春秋时期郑国统治者内部骨肉相残的历史事件。教师可用孔融让梨的故事作为课堂导入，从正面说明手足之情、尊长爱幼的道理。引导学生回忆历史上的反面教材，如魏文帝曹丕挤压迫害弟弟曹植，曹植伤心难耐，写下《七步诗》："煮豆持作羹，漉豉以为汁。萁在釜下燃，豆在釜中泣。本自同根生，相煎何太急！"时光倒流，师生一起回归历史，还原鲁隐公元年发生的这一事件。这样的导课设计，从排除学生对古汉语的畏惧和排斥心理出发，本着教书又育人的宗旨，有意识地强化尊长爱幼的社会准则，同时水到渠成地导入课文，是后继学习的一个良好开端。

　　教学过程是信息传递的过程，更是师生互动的过程。传统教学方式重在讲和教，学生这个主体显然被忽视了，教学显得干瘪无味。除了精心设计问题让学生回答外，教师还可以放下姿态，身体力行，表演古代的一些基本礼仪，如坐姿、跪拜礼等，情景再现，让课堂活跃起来，生动起来，轻松起来。

　　此外，教师对相关内容尤其是古诗文作品进行声情并茂的诵读，激发学生的共情，便于学生轻松地进入课程，收获较高的教学效果。可以通过教师范读、学生齐声诵读、分角色朗读，还原历史，再现场景，让学生在兴味盎然中学习课文。如《左传》"郑伯克段于鄢"一文，让学生分叙述者、庄公、祭仲、公子吕、姜氏、颍考叔六角色进行现场朗读或情景表演，既熟悉了课文，了解了古汉语多省略的现象，找对角色，演好角色，又便于通过人物对话把握人物鲜明的性格特征，感受人物形象的独特魅力。诵读还在语速、发音、情感等方面提出了要求，教师应对此做出及时、合适和正确的纠正和引导，有利于学生运用语言的实践能力和普通话水平的整体提高。

　　教师放下架子，提升课堂活力，学生自然也需要积极融入课堂，参与课堂，在领悟和切身感受中接受知识的洗礼。比如讲授《左传》"齐晋鞌之战"后布置小组饰演任务，学生通过准备一些简单的道具、分角色饰演文中相关人物，在参与表演中既厘清了不同人物的身份、职责、位置及性格特点，也充分调动了学习兴趣和热情，收获良好的教学效果。讲授《诗经》文选时，让学生在反复诵读中感受古代诗歌的语言美、韵律美和内涵美。同时，针对不同学生，制定阶段性学习任务，督促和检查学生完成各自的学习任务，最终让学习成为一种自觉行为。

　　2. 古今系联，对比掌握

　　语言是一个历史范畴，具有继承性。古代汉语和现代汉语相隔久远，差异较大，但二者是同一体系的语言，是源和流的关系。古代汉语是现代汉语的源头，现代汉语是在古代汉语的基础上形成和发展起来的，总会有这样那样的相似之点。教师讲授古汉语中某个词语的含义时，可以将词语的本义、引申义及引申脉络和现代汉语中的用法联系起来，古今系联，让古词古义从此不再陌生，也让学生明白词语和词义的历史渊源。比如古代汉语中"颈"特指脖子的前部，"项"指脖子的后面，"领"泛指脖子，有"刎颈之交"和"望其项背"的说法，二者不能混用，而现代汉语中作为统称用词的"脖子"则出现较晚。《左传》"郑伯克段于鄢"中"公闻其期"的"闻"，从"门、耳"，本义与耳朵、听觉有关，后来词义发生转移，转而表示嗅觉。现代汉语中，表示听的动作，已不再单说"闻"，但该义仍在一些词语尤其是成语、谚语中有所保留，如"闻鸡起舞、闻所未闻"。"齐桓公伐楚"中"不虞君之涉吾地也"的"涉"甲骨文作 ，本义为"蹚水过河"，引申为"进入"，这个本义在成语"跋山涉水"中保留了下来。《论语·公冶长》"于予与何诛"中"诛"指"口头责备"，用的是本义，该义保留在成语"口诛笔伐"中。《礼记·大同》"大道之行也，与三代之英"的"英"指精英，是从本义"花"引申而来的，而这个本义在成语"落英缤纷"中得以保留。

在古今系联，关注古今相同点的同时，还需要进行古今对比，关注古今用法和含义的不同。比如《孟子》"齐桓晋文之事"中"不推恩无以保妻子"的"妻子"指的是妻子和子女，"朝秦楚，莅中国"的"中国"是中原的意思，《左传》"郑伯克段于鄢"中的"都城"是短语，指都邑的城墙，"齐桓公伐楚"中"至于"表示的是到……这些词义有别于现代汉语，尤其需要注意区分。

除了词语和词义，教师要引导学生在对比中体会古今语法的不同。比如《左传》"郑伯克段于鄢"中"娶于申"和现代汉语表达不同：现代汉语一般把介词结构放在动词前面，充当状语，如：从哪个地方娶了个妻子；古代汉语中，介词结构要放在动词后，充当补语。"生于斯、长于斯"就是古代语序的保留。

宾语的位置，古今也不同：现代汉语中，宾语放在谓语动词后面，如"听你的"，但在古代汉语中，有些情况下宾语要前提到动词前面，这就是宾语前置现象。《左传》"郑伯克段于鄢"的"佗邑唯命"的"唯命"就是"唯命是听"的省略，这是为强调宾语"命"，将其前提，放在动词"听"的前面，然后用代词"是"复指前提的宾语。现代汉语"唯利是图"就是古代汉语宾语前置现象的保留。

3. 普方系联，联系实际

方言是语言变化的活化石。汉语史上的语言变化从来都不是均衡的，有的地方快一些，有的地方慢一些。因此，语言的历时变化在各个地方留下了深浅不一的痕迹。在涉及古代汉语中的一些难以理解的词汇、词义和语音现象时，可密切联系师生尤其是学生的方言实际，以此来激发学生的兴趣。比如在讲授《诗经》文选及押韵时，会涉及一些现代读音读来并不押韵的情况，有些涉及入声字，有些则是古今鼻音韵尾的不同。这些后来消失的入声字在粤语、吴语和其他方言中还有保留和体现，古代的双唇鼻音韵尾[m]则在闽语中仍有保留，闽语歌曲"爱拼才会赢"的"拼"和"赢"的读音便是证明。具有相关方言背景的学生朗读这些韵文很可能郎朗上口，嘤嘤成韵。

又如讲到《左传》"晋灵公不君"中"见灵辄饿"时，明确上古时"饥"和"饿"轻重程度不一，前者指肚子空需要进食，而后者指快要饿死了，而教师自身方言"我（肚）饥了了"就是对古代汉语用法的保留。

文选教学还应密切联系语言实际，增强学生对相关知识理解的同时，活跃课堂气氛，让课堂教学告别单调乏味，变得生动活泼。《论语·泰伯》"士不可以不弘毅，任重而道远"饱含实现理想的坚定信念，学校体育馆"弘毅楼"正得名于此。教师及时布置课下任务，让学生思考学校其他楼栋如致远楼、正心楼、诚意楼、钩深楼等命名的由来，在实践中学以致用。

通过古今系连，普方系联，贯通古今，联系实际，可以在融会贯通之中让"死"的语言"活"起来，让学生摈弃抗拒心理，从此爱上古代汉语。

4. 化静为动，引入"史"的教学角度

语言的发展是一个漫长的历史过程，不同阶段，语言面貌各不相同，但语言具有继承性。以往的古汉语文选教学侧重对语言知识做静态的平面分析，即：说明"是什么"而不是"为什么"。学生被灌输各种语言理论的同时，被动地接受了这些定论，对知识总是一知半解，极大地限制了独立思考、求得甚解的能力。因此，从史的角度梳理语言现象，古今结合，比其同，较其异，在文选教学涉及词汇尤其是常用词和语法时显得尤为必要。

常用词，"主要是指那些自古以来在人们的日常生活中都经常会用到的、跟人类活动关系密切的词，其核心就是基本词"。①了解常用词的意义及其更替过程，可以帮助学生扫除文字障碍，还可以让其对现代汉语尤其是常用词知其所以然，在动态观察与对比系联中了解古今词汇的联系。教师可以发挥专业特长，吸收汉语常用词演变的最新权威研究成果和教师自己的研究成果，增加教学的新鲜血液和亮点，从而实现科研促教学的良性循环。

如《孟子》"寡人之于国也"中"弃甲曳兵而走"的"走"不是走路，而是跑的意思。"走"和"跑"具有历时替换关系。"走"表示跑的古义保留在成语"走马观花""飞檐走壁"中。

又如"为肥甘不足于口与"中"口"是上古表示嘴的常用词，"口"和"嘴"具有历时替换关系。"口"表示嘴的古义保留在成语"口是心非""口舌生花""百口莫辩"中。

"抑为采色不足视于目与"中"目"是古代表示眼睛的常用词，"目"和"眼睛"具有历时替换关系。"目"表示眼睛的古义保留在成语"一目十行""目中无人""目不识丁"中。

"黎民不饥不寒"中"寒"是古代表示冷的常用词，"寒"和"冷"具有历时替换关系。"寒"表示冷的古义保留在成语"天寒地冻""一暴十寒"中。

5. 深入浅出，总结联想

文选教学中不可避免地要涉及古书用字、词序及词类活用等通论知识，这些知识内容庞杂，古今差异较大，如按通论部分术语总结、条分缕析、始终灌输的方式教学，势必增加学生的记忆负担，造成学习疲劳。把握学生由浅入深的心理需求，教师需要结合具体语境，深入浅出地解释这些现象，化晦涩为生动，帮助学生更有效地理解知识要点，并能学以致用，解决阅读中出现的实际问题。比如《左传》"郑伯克段于鄢"中"庄公寤生"的"寤"涉及通假字这一文字现象。可以举例：现在大家想不起来一个字怎么写时，会用一个同音的字来代替，古人也如此，这就是通假字。"寤"通"牾"，"牾"是本字，"寤"是借字。"牾"有"逆、倒"义，"寤生"就是难产。

---

① 汪维辉：《东汉—隋常用词演变研究》，南京大学出版社，2000年版。

此外，教师要注重学生学习能力的锻炼和培养，善于引导学生归纳总结，在联想和系联中掌握古代汉语的知识体系，做到举一反三。比如《左传》"郑伯克段于鄢"中"命西鄙北鄙二于己"中的"鄙"不是卑鄙，而是城邑，可从偏旁猜出此义。耳朵旁在右为"邑"，从"邑"的字多与城邑有关，如：郭（齐地）、都（大城市）、郎（地名）。耳朵旁在左为"阜"，从"阜"的字与阶梯、山有关，如：陟（登）、除（台阶）。又如《战国策》"冯谖客孟尝君"中"孟尝君顾谓冯谖"中的"顾"用的是本义"回头看"，这从意符"页"也可以看出。字形从"页"（xié）的字和头有关，如：颠（头顶）、题（额头）、项（脖子）、颜（两目之间）。又如《孟子》"齐桓晋文之事"中"故君子远庖厨也"的"庖"是厨师的意思，也可用作厨房。字形从"广"（yǎn）的字和房子有关，如：府（政府藏文书的地方）、库（政府藏物质的地方）、庠、序（学校）、废（房子倒塌）。

6. 完善课程体系，丰富选修课程

课程教学都不是孤立的，相关课程之间无论在教学内容上还是教学方法上都紧密相连。因此，建立和完善语言类课程群尤为必要。在课程课时一再压缩的情况下，要充分保证主干课程主体教学内容的完成，同时增加《文字学》《训诂学》《文献学》《汉语史》《方言调查与实践》《语言与文化》《中国传统文化概论》《文献检索与利用》《石刻文献专题》等相关选修课程供学生选择，在实现课程体系化和尊重学生兴趣爱好方面达到较好的统一，同时，有助于提升学生的创新意识和科研能力，为其日后从事语言文字研究工作奠定坚实的基础。

（三）革新教学方法

古汉语传统教学手段比较单一，缺乏直观性、丰富性，经常是教师一支粉笔，一张嘴，滔滔不绝讲个不停，学生成为听觉上单向的输入者。加上时间相距甚远，古代的语言、文化、习俗很难通过讲解准确直观地介绍给学生，学生听得云里雾里，甚至酣然入睡，严重影响了教学效果。

在认知世界的过程中，人们获取信息的途径以视觉和听觉为主，教学中让学生同时接受视觉和听觉上的双重刺激，能明显提高学习兴趣、效率，增强记忆力。电媒技术日新月异，古汉语教师应与时俱进，充分利用现代化的先进手段，包括与教学内容相关的视频、音频、动画、网络、图片、背景音乐等，化静为动，化抽象为具体，化刻板为生动，引导学生进入宽松愉悦的学习环境，营造浓厚的学习氛围，充分调动学习兴趣，激发学生的创新意识。如通过展示古代城墙图片，说明《左传》"郑伯克段于鄢"中"雉"的含义及不同城市城墙规格的不同。讲授"齐桓公伐楚"时借助春秋时期诸侯国形势图及伐楚路线图让学生对相关国名地名有直观的方位体验，便于更好地理解文中语句含义。

汉字具有形义相一性的特点，这在古汉字阶段尤其是甲骨文、金文和小篆上体现得最为明显，一个个古字，仿佛一幅幅图画。抓住这一特点，教师可以书写或通过多媒体展示甲骨文、金文和小篆字体，让学生通过形象生动的图片了解汉字形体及其与词义之间的关系，既增加了教学的趣味性，也培养了学生求得甚解的学习习惯和研究方法，便于更好实现教学重难点。比如在讲授重点字词如《左传》"郑伯克段于鄢"中"及庄公即位"的"即"、"齐晋鞌之战"中"故不能推车而及"的"及"和《论语·先进》中"莫春者，春服既成"的"莫"时，利用古文字图片，让学生在直观感受中了解字形的变迁和词义的变化："即"古字作𝕼，本义为"就食"，引申出"到"；"及"古字作𝕽，作为会意字表示一个人在前面跑，后面一个人在追赶并抓住了他的衣襟，有"追上赶上"义；"莫"是"暮"的古字，古字作𝕾，从茻从日，表示太阳落到草丛当中，指日暮、傍晚，引申出时间靠后的意思。当然也可以教师书写或让学生摹写古文字，切身体验古文字形义相一的特点。

讲授"齐晋鞌之战"中"邴夏御齐侯，郑丘缓为右"等涉及古代车战文化的内容时，利用影视作品和图片，形象生动地展示古代兵车上人员的构成、位置和职责所在。学生还可以亲自饰演角色，做回古人，重现古代场景，让学生真正爱上古代，爱上汉语，爱上文化。

讲授"晋灵公不君"中"稽首而对曰"时，通过影视片段和陶艺作品的展示让学生感受古人跪拜礼的不同。教师本人或学生也可以身体力行，现场表演，加深对古代跪拜礼的理解。

实践证明，计算机和网络辅助教学实现了在大大缩短课堂教学时数的同时，突破教学重难点，大大增强了学生学习的兴趣，收到了与众不同的教学效果。

四、改革课程评价体系，激发学生学习动力

课程评价是评估教育活动价值和效果的过程。以往古代汉语考核方式多以一张试卷为主，就考核内容而言，多是识记和背诵的内容，缺少对语言能力的考察，关注考试结果的结论性评价，忽视学习课程的过程性评价，由此也带来了学生恐惧考试、复习无从下手的结果。对原有课程评价和考核体系进行改革尤为必要。

首先，调整课程成绩构成及分布，在肯定期末成绩的同时，参考过程性评价成绩，将古代汉语的学习作为一个有始有终的长期任务来进行，促使学生真正爱上课程。著名教育家布鲁纳强调，学生不是被动的、消极的知识接受者，而是主动的、积极的知识探究者。我们教一门学科，不是要建造一个活着的小型藏书室，而是要让学生自己去思考，参与知识获得的过程。因此，课程评价要充分考虑学生学习的过程性评价，并将其作为课程考核的重要组成部分。

过程性评价由三部分构成：第一，课堂考勤与表现：课堂考勤采取不定期、随机抽查的方式，主要考查学生的到课情况和学习态度；课堂表现考查学生课堂发言和活动参与情况，旨在提高学生学习的主动性、积极性与能动性。第二，平时作业：包括课文背诵、默写经典篇目；对文选中的语言文字现象的解释、分析和翻译；利用所学古代汉语文字、词汇、语法、音韵、修辞等理论知识分析文言作品；阅读典籍完成读书笔记与读

书报告。第三，实践教学：通过课堂教案设计、课堂片段展示与汇报，训练学生的课堂实践能力。同时，鼓励学生走出课堂，深入田野、图书馆、科研机构、自然名胜、博物馆，积极申报各级各类科研项目、创新创业计划等，用学到的语言文化知识分析语言现象，撰写各类学术报告和学术论文，在学以致用中加深对古代汉语的认识和理解。

其次，结合教学重难点，加强每一单元和每一篇文选相关知识点的考查和训练，以便及时发现问题，做出教学过程的相应调整。每节课后，教师要适时对教学内容进行形式多样的考核，通过设计有针对性的问题和习题，考查学生对相关知识的掌握程度，检验教学效果。比如让学生分析文选中出现的宾语前置现象，分析《诗经》韵文的韵例等。

最后，加强古代汉语试题库的建设工作，实施教考分离，在促进教学质量提升的同时，让课程及考试成绩更具客观性和规范性。

总之，古代汉语课程文选教学应转变教育理念，改革教学目标，调整教育模式，更新教学内容，革新教学方法，改革课程评价体系，实现知识、能力、素质的全面协调发展。

深入认识汉字部首，促进对外汉语汉字教学

张立娟　张慧强①

（长江师范学院　国际学院　重庆涪陵　408100；长江师范学院 文学院
重庆涪陵　408100）

【摘　要】留学生在学习汉语时认为汉字是最难学的，他们认为一个汉字代表一个
意义，数量多，没有什么规律可循，不好掌握。其实，利用部首可以系
统地掌握汉字、提高汉字学习效率。因为部首从产生之后，性质、形体
不断发生改变，所以，在利用部首进行对外汉语教学时，要注意部首的
选择、掌握部首教学的步骤。

【关键词】汉语；部首；教学

汉字是留学生学习汉语的一个难点，汉字教学也是对外汉语教学的一个难点。如何
培养留学生学习汉字的兴趣、怎样提高留学生的学习汉字效率，是教授者一直要探索的。
部首是汉字的重要组成部分，很多学者已经注意到部首在汉字教学中的作用。为了更好
地利用部首、提高部首在汉字教学中的作用，有必要对汉字部首的产生、发展、变化等
方面进行了解，从而更好地对教学中所用的部首进行选择。

一、部首的产生及发展

东汉的许慎首创了部首。许慎以解析汉字为目的，在《说文解字》②（以下简称《说
文》）中利用"六书"理论将 9 353 个小篆，1 163 个重文"按类部居"归入了 540 个部
中，并由此创立了 540 个部首。由于这种给汉字分部的方法为人们提供了一个查找汉字
的途径，因此，用部首检字就逐渐成为部首的一个重要的功能。由于许慎是根据小篆字
体来编写《说文》的，随着字体由篆而隶、由隶而楷的发展，以小篆字体为对象而设立
的 540 部已经不甚符合后代汉字的归部要求。因此，后代字典辞书在部首的设立上都不
同程度地对《说文》的部首进行了调整。南朝梁顾野王的《玉篇》③是我国历史上第一
部楷书字典。它在继承《说文》部首的同时又增删了一些部首，共设立了 542 个部首。

---

① 张慧强：博士，长江师范学院文学院教师，主要从事中国现当代文学教学与研究。原文发表在《华章》2012
年第 10 期，近期略有修改。
② 许慎：《说文解字》，中华书局，1963 年版。
③ 顾野王：《大广益会玉篇》，中华书局，1987 年版。

唐代张参的《五经文字》①参照《说文》和《字林》的部首，设立了 160 个部首。张参编写此书的目的是记录五经中文字的变化，这部书中收字不多。其后玄度的《新加九经字样》②设立了 76 个部首，这部书收字更少，基本上是《五经文字》的续编。这两部书都不是严格意义上的字典，但是，书中反映出了一些部首的归并趋势。辽代僧人行均为了方便人们研读佛经而编写了《龙龛手镜》③这部工具书，书中设立了 242 个部首。它的部首主要是从形体的角度设立的，并且《龙龛手镜》的部首对《四声篇海》④的部首有影响。金韩孝彦的《四声篇海》设立了 444 个部首，这部书的前面有一个部首重组说明，说明了书中归并的部首情况，这可以作为我们对部首进行改革时的借鉴。明代都俞的《类纂古文字考》⑤设立 314 个部首，它以《洪武正韵》作为收字对象。这部书没有做到对部首系统全面的测查。其后徐孝的《字学集篇》设立了 200 个部首，它对《字汇》有所影响。《字汇》⑥对《说文》以来的部首作了全面测查，设立了 214 个部首，这 214 个部首对后世的影响深远。《康熙字典》、旧《辞海》等大型工具书都沿用了它的部首系统。此后，新《辞海》设立的 250 部，《汉语大字典》《汉语大词典》设立的 200 部，《新华字典》设立的 189 部，以及参照《康熙字典》《新华字典》和新《辞海》的部首拟定的《汉字统一部首表》中设立的 201 部，都是以《字汇》的 214 部为基础形成的。由此可以说，从《字汇》开始，部首已经逐步向检字法性质转变。

二、检字法部首的取舍

（一）属字的数量

保留了属字较多的部首，例如"木"部、"人"部等。归并了属字较少的部首。例如把"く"部和"巜"部归入到"巛"部。因为"く"部下没有属字，"巜"下只有一个属字"粼"。

（二）部首的位置

考虑到了部首的位置，保留了符合检字法要求的部首，删除了不符合检字法要求的部首。检字法性质的部首常常将字的显著位置的部件立为部首。例如处于字左边的部件"子"部、"水"部等；处于字右边的部件"欠"部、"邑"部等；处于字上部的部件"穴"部、"竹"部等；处于字外围的部件"广"部、"门"部等；处于字下方的部件"皿"部、"豆"部等。

---

① 张参：《五经文字》，国家图书馆出版社，2009 年版。
② 玄度：《新加九经字样》，商务印书馆，1936 年版。
③ 释行均：《龙龛手镜》，《中华书局》，1985 年版。
④ 韩孝彦，韩道昭：《四声篇海》，上海古籍出版社，2005 年版。
⑤ 都俞：《类纂古文字考》，齐鲁书社，2005 年版。
⑥ 梅膺祚：《字汇》，上海辞书出版社，1991 年版。

（三）部首的形体

将《说文》以来的叠字部首都进行了归并，例如将"晶"部归入"日"部、将"林"部归入"木"部、将"品"部归入"口"部等；将大多数形体相似的部首也进行了归并，例如将"巳"部归入 "己"部、将"七"部归入"匕"部等；将一些形体过大的部首进行了重新归部，例如将"稽"部归入"禾"部、将"眉"部归入"目"部、将"毇"部归入"殳"部等。

（四）本身无法归部的部首

保留了一些本身无法归部的部首。如"黽"部，它是一个象形字，楷化后，各个部分不能再分析，因此保留了下来。

（五）笔画部首

笔画部首的出现可能最初是一个不得已的办法。对于许多象形部首来说，它们本来是因为无法归入其他部首而单独列为部首的，部内的属字不多，并且有些部首的形体过大，这不符合检字法部首的要求，因此，这些部首面临着改革。但是由于这些字中无法切分出其他部首，只能将其归入笔画部首中。笔画部首的运用使难以归部的字有部可归，从而加快了人们对不合理部首全面改革的进程。从这个角度讲，这些的部首设立还是有一定的合理性的。例如丿、丨、乚等笔画部首。

（六）保留了代表性的部首

几个部首中含有共同的部件，前代字书把这个共同的部件提取出来立为部首。例如将含有"冂"部首的 "同""冢"等归入"冂"部。

三、检字法部首的类型

（一）笔画部首

这类性质的部首所占的比例较少，但是比较简单，容易掌握。部首下所属的汉字也有很多是容易掌握的，因此在现代的工具书中大多保留了这种笔画部首。并且由于这类部首容易识记以及容易辨认，很多现代工具书还有专门为留学生学习汉字所出版的工具书就全部用笔画作为汉字规部和查检的依据。

（二）意义性质部首

虽然现代工具书中的部首主要是为了检字方便，但是由于现代的检字部首大多都是由最初的意义性质的部首逐步发展来的，再加上很多意义性质的部首符合检字法部首对位置和属字等方面的要求，因此，现代为了检字方便而设立的部首中意义性质的部首仍然占很大比例。例如"木"部、"竹"部等。

（三）检字法性质部首

这类性质的部首主要是为了检字的方便快捷，考虑的主要也是位置是否显著、是否容易区分。这类纯检字法性质的部首所占比例也很小，例如："亠"部等。

（四）意义兼检字法性质部首

这种部首的形成大部分是由于汉字形体的变化造成的，还有就是把有些形似的部首合并而成的。例如"王"部包括了"王"部和"玉"部，这主要是由于作为部首的"玉"在汉字中与"王"字形体十分相似，因此在现代部首中就把这两个部首用"王"来表示。相似的还有"月"部等。这类部首所占的比例也很小。

四、对外汉语汉字教学中部首的选择

很多留学生认为汉字难学，这主要是由汉字的性质决定的，汉字是表义性质的文字，不同的字代表不同的意义。此外，由于汉字是方框文字，是由笔画和部件构成的，书写起来有相应的顺序和规范。因而，对于留学生来讲，学习汉字好像没什么规律，记忆起来比较麻烦。其实，由于部首在检字上的作用，尤其是有些部首的属字比较多，而且有大量的意义性质的部首存在，在对外汉语汉字教学中可以利用部首进行教学。这样学习汉字可以有规律可循，并且可以增加汉字的识记效率。在对外汉语汉字教学中，利用部首时，应注意选择以及教学的步骤。

（一）部首的选择

（1）选择简单易记的部首。简单易记包括形体简单及意义显著两个方面。形体简单的部首包括笔画部首以及"木""心""日"等意义显著的部首。这些部首比较简单，选择这些部首可以帮助学生入门，增加学习汉字的兴趣和决心，从而可以更深入地学习汉字。

（2）选择属字较多的部首。选择属字较多的部首可以提高学习汉字的效率，使汉字的规律性更加明显，有利于对外汉语汉字教学。

（二）教授部首的步骤

（1）对于初学者来说应该首先教授笔画部首。笔画是学习汉字的基础，学习部首也从笔画部首入手，可以克服学生的畏难情绪，并且可以使部首的学习和基本笔画的学习

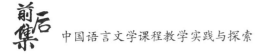

同步进行，使学生可以轻松掌握，并为下一步学习打下基础。

（2）教授形体简单的象形字部首。形体简单的象形字部首，字体和意义之间的关系十分明显，如看到"木"这个部首就可以知道它和树木有关。再学和部首"木"有关的汉字比较容易。

（3）教授形体复杂的象形字部首。这类部首虽然形体复杂，但是透过形体可以很容易地知道它所代表的意义。因此识记起来也是比较简单的。

（4）教授与已学部首意义相关的系列部首。在学生已经掌握一定数量部首的基础上，把和已学部首意义相关的部首放在一起学习，可以使学生了解部首之间的关系，同样了解不同部首属字之间的关系，从而更好地了解汉字之间的逻辑关系，更好地学习和掌握汉字。

（5）其他部首可以采用学生自学加指导的方式教学。通过以上步骤，可以说学习大部分汉字部首，并且能够激发兴趣并掌握一定的窍门。所以剩下的部首可以主要依靠学生自学，教师只要在必要的时候指导一下就可以了。

第五编

卓越教师人才培养与大学生专业素养技能训练

卓越教师人才应该具备深厚的文化底蕴、完备的知识结构、健全的民主法治观念、强烈的创新意识、良好的研究能力和为人师表的人格风范。具体到汉语言文学专业，就是要培养德、智、体、美、劳全面发展，具有良好的师德修养、职业道德、团队合作精神、社交沟通能力和自我发展能力，较扎实的汉语言文学基础知识和基本理论，以及一定的教育教学、教学管理、教学研究能力，能适应基础教育发展需要、发展潜力较好的初中语文骨干教师。因此，对标"新文科""新师范"建设要求，采取"校校协同、分类培养、学练结合"的人才培养模式，或是高素质应用型人才培养的有效选择之一。

——题记

新文科建设背景下校地联合培养卓越语文教师人才的现状与策略

周仁成[①]

（长江师范学院 文学院 重庆涪陵 408100）

【摘 要】目前诸多师范院校大力实施卓越教师人才培养，卓越教师、免费师范生、优师计划、骨干教师等概念交叉融合，界限不清，导致卓越教师人才培养内涵不明晰，培养效果不理想。为此，改革策略有四：一是跟踪社会市场需求，修订人才培养方案。二是优化卓越人才选拔，创设卓越教师实验班。三是以新文科统摄课程体系改革，创新课程教学内容。四是深化校地协作，构建卓越人才培养共同体。

【关键词】新文科建设；校地联合，卓越语文教师；培养

2018 年 9 月，教育部印发《关于实施卓越教师培养计划 2.0 的意见》，强调分类推进培养模式改革，重点探索"本硕一体化"卓越教师培养模式，为培养造就数以百万计的骨干教师、数以十万计的卓越教师、数以万计的教育家型教师奠定坚实基础。随着新文科建设的逐步推进，"文科拔尖学生培养与文科专业卓越教师培养在师范院校人才培养中高度叠加重合，统摄于新文科建设过程之中，新文科建设对文科专业卓越教师培养提出了新要求"[②]。到目前为止，诸多师范院校大力实施了卓越教师人才培养，卓越教师、免费师范生、优师计划、骨干教师等诸多概念交叉融合，界限不清，导致卓越教师人才培养内涵不明晰，培养效果不理想。

一、新文科背景下卓越语文教师人才培养的不足

（一）卓越语文教师核心素养不突出

自 2014 年教育部颁布《关于实施卓越教师培养计划的意见》以来，有关"卓越教师"这一内涵的探讨层出不穷。其实，该意见已经阐明了卓越教师的标准，即"信念坚

---

① 周仁成：博士，教授，硕士生导师，主要从事中外文化传播与高等教育研究。
② 王春阳：《新文科建设背景下师范院校中文专业卓越教师培养策略研究》，《南阳师范学院学报》，2022
年第 5 期。

定、基础扎实、能力突出，能够适应和引领中学教育教学改革的卓越中学教师"①。

然而，无论是部属师范院校，还是地方本科师范，卓越教师的培养效果不如人意。当前师范院校普遍转型应用型与综合性大学，致使汉语言文学专业师范属性削弱，部分师范生教育情怀不深厚，专业知识单一狭窄，师范素养训练不充分，入职后专业知识与教育教学能力转化率不足，离卓越语文教师目标相距甚远。

卓越教师培养效果不理想的关键是核心素养不突出。核心素养是卓越教师的核心竞争力，也是他们的看家本领。而核心素养不突出的根本，又在于过于陈旧单一的知识体系与过于单薄的教学能力。新文科背景下，"卓越教师培养中应该更加注重创新意识、创新思维、创新精神、创新能力的培养"②。因此，作为一名卓越的语文教师，新文科相关知识的储备显得异常重要。毕竟，语文是一门综合性实践性学科，它既需要过硬的汉语言文学专业知识，也需要丰富的文史哲与自然科技方面的知识。另一方面，作为一名"天然"的班主任，既需要教育学、心理学等教师教育理论，也需要宏观的统筹管理能力。

（二）新文科背景下课程体系改革不系统

课程体系改革是人才培养的核心，也是"新文科"建设根本的单元。《新文科建设宣言》提出："夯实课程体系""开设跨学科跨专业新兴交叉课程、实践教学课程，培养学生的跨领域知识融通能力和实践能力"。③"经过上百年的发展，汉语言文学专业已形成了相对固定的教学理念和人才培养模式，构建了相对稳定的课程体系，为社会培养了大批有用人才。"④然而，与绝大多数传统文科专业一样，汉语言文学专业过于强调知识的理论性、系统性与学理性，忽视了自然科学，尤其是现代科技对时代与社会的巨大影响。在此背景下，系统性与学理性就成为汉语言文学专业课程结构改革的主要障碍。一线教师长期封闭在自足的知识体系中，缺乏与其他学科的交流沟通。如此封闭自足的课程体系与教学方法，培养的师范生普遍重视知识传承与理论讲解，导致学科专业知识与教育教学知识、学科专业知识与实习见习相互脱节，学生教学实践能力普遍不足。长此以往，既不利于汉语言文学专业的发展与革新，更不利于卓越教师的创新能力培养。

（三）新文科背景下校地协作融合度不高

2014年，教育部启动卓越教师培养计划，明确提出建立高校与地方政府、中小幼学校在卓越教师培养过程中的全方位协同，提出建立教师教育师资队伍共同体和探索合作共赢长效机制等。2018年，为落实中共中央、国务院《关于全面深化新时代教师队伍建设改革的意见》（中发〔2018〕4号），教育部、国家发改委等五部委联合发布《教师

---

① 中华人民共和国教育部：《教育部关于实施卓越教师培养计划2.0的意见》（2018-09-30）。
② 王春阳：《新文科建设背景下师范院校中文专业卓越教师培养策略研究》，《南阳师范学院学报》，2022年第5期。
③ 新文科建设工作会在山东大学召开[EB/OL]）（2020-11-03）[2022-12-11].http://www.moe.gov.cnjyb_xwfb/gzdt_/s5987/202011/t20201103_498067.html.
④ 蓝芳：《新文科背景下汉语言文学专业实践课程改革》，《安顺学院学报》，2023年第4期。

教育振兴行动计划（2018—2022）》（教师〔2018〕2号），又提出，经过五年的努力，要基本形成以国家教师教育基地为引领、师范院校为主体、高水平综合大学参与、教师发展机构为纽带、优质中小学为实践基地的开放、协同、联动的现代教师教育体系；全面推进地方政府、高等学校、中小学"三位一体"协同育人。由此可见，校地协作，合作育人是卓越教师培养的必然途径。

然而，诸多地方师范院校虽然都设置了校地合作处，也建立了很多实践基地，但校地协同育人融合度始终不高，主要表现为以下几个方面。

首先，人才培养方案修订，地方政府与学校参与度不高。在师范专业认证的规约之下，很多师范院校都要求有地方政府与学校参与的人才培养方案。现实中，师范院校为了应对认证检查，象征性地到地方学校进行了走访。地方政府与基础教育界对人才的需求、人才培养与市场需要的适应度、用人单位对人才培养效果的反馈等方面的调查流于形式，缺乏深入的调研。其次，校地师资双向互动交流较少。虽然不少师范院校以各种方式推动学科教学论教师深入基础教育学校开展教学活动，合作教研交流等，但效果都不明显。究其原因，一方面身份互换带来的尴尬，另一方面也有经费保障机制的局限。最后，中学兼职导师聘任考核机制不够完善。为了深入校地协作，共同培养卓越教师，诸多师范院校都聘任了基础教育界名师承担教师教育类课程教学任务，指导卓越教师人才的见习实习工作。囿于基础教育优秀师资的限制，中学兼职导师的聘任考核比较随意，学生认同度不高，教学效果有待提升。

二、新文科背景下卓越语文教师人才培养的策略

针对以上问题，依据新文科建设与汉语言文学提档升级这一宏大背景，笔者提出以下四个方面改革策略。

（一）跟踪社会市场需求，修订人才培养方案

市场需求是人才培养的指向标，是人才培养方案制订的逻辑起点。为此，国家师范认证明确强调以"立足社会需要"即"产出导向"来制定人才培养目标。因此，师范认证的五个维度，无论是培养目标与培养效果的达成度、专业定位与社会需求的适应度、教师及教学资源的支撑度，还是质量保障体系运行的有效度、学生和用人单位的满意度都无一不指向社会需求。

为此，应建立卓越语文教师人才培养领导工作小组，每年定期开展围绕在校生、应届毕业生、往届毕业生、教学委员会、教学督导委员会、用人单位、学生家长等7个方面的调研工作，形成人才需求调研报告。根据专业人才需求调研报告，邀请基础教育界名师、名校长与地方用人单位，每年定期召开座谈会，共同修订完善人才培养方案，构建起适应基础教育界需要的高质量人才培养体系。同时，围绕人才培养方案的实施效果，从学生学业成绩、教师教育教学、教学督导评价等方面建立人才培养质量评价体系，反

馈优化人才培养方案。以此才能真正实现"学生中心、产出导向、持续改进"师范认证的理念。

（二）优化卓越人才选拔，创设卓越教师实验班

以高素质、专业化和创新型为目标的卓越教师实验班在探索人才培养机制体制方面具有示范带动效应，卓越教师选拔至关重要。卓越教师选拔与骨干教师不一样的地方在于其未来性。它不光需要扎实的专业知识、过硬的专业技能，还需要具备远见卓识的创新眼光。根据这一原则，双导师配备是卓越教师人才培养的重要师资保障。遴选年轻优秀的高层次人才担任班导师，开展卓越初中语文教师专业提升计划，围绕基础知识、基本技能与基本素养，以主题演讲训练学生汉字书写能力，以学科专业竞赛提升学生师范素养，以学术沙龙升华学生专业知识构架；同时，遴选基础教育界名师担任实践导师，根据四年一贯制实践教学体系，以师徒结对方式，定期开展教育实践，强化卓越初中语文教师的教育教学技能。

（三）以新文科统摄课程体系改革，创新课程教学内容

课程是人才培养的根基，也是高等教育的核心。"新文科的目标向上要支撑建设中国特色哲学社会科学体系的国家战略，向下涉及人才培养的重要任务，中间则关系到高等教育发展的未来。"①以新文科建设为契机，实施课程体系改革，既可实现汉语言文学专业提档升级，也是保障卓越语文教师培养的重要支撑。

首先，以新文科理念重构课程体系。联合教师教育学院，开发适应基础教育发展与需求的教师教育类课程；联合管理学院，开设行政管理类课程，以提升师范生教育管理能力；联合电子信息工程学院，运用当前新兴互联网技术成果，开发教育技术类课程；联合政治与历史学院，开设文史哲类的通识选修课程，夯实学生人文社会科学素养，提升学生思辨能力；联合数学与统计学院、生物与化学学院，举办"科学沙龙"，引导学生深入自然科学前沿，提升学生自然科学素养。

其次，以新文科思路，改革课程内容，创新教学方法。打通汉语言文学专业教师的文史哲观念，以学科交叉观念开发新课程，融入跨学科研究成果，改革教学内容，引导学生形成新文科视野与观念。强化专业教师科技素养，运用最新科学技术发展成果创新教学手段与方法。

（四）深化校地协作，构建卓越人才培养共同体

教育部 2014 版卓越教师培养计划明确提出"鼓励高校与中小学、教研机构、企事业单位和教育行政部门积极探索'协同教研''双向互聘''岗位互换'等教师发展新

---

① 《第一轮"双一流"建设接近尾声，中文学科发展如何？》，《社会科学报》，2019 年第 4 期。

机制"。因此，师范院校要培养卓越语文教师，"就必须实现与基础教育的融合发展"，不断加强与地方教育部门和基础教育的合作，"使高等师范院校、地方教育管理部门和中小学校有机融合起来，在师范生培养、基础教育研究、在职中学教师培训等方面开展长期的协同创新"①。

首先，联合基础教育界，构建教师教育共同体。联合基础教育界名师、名校长与教育行政部门，构建教师教育共同体，定期召开卓越教师人才培养联席会议，探究卓越教师人才培养方案、课程开发与建设、人才培养质量评价。

其次，聘请基础教育界名师，共同开发课程资源。邀请初中语文骨干教师，定期召开基础教育论坛，共商教师教育课程建设；聘请优秀教师在高校建立"名师工作室"，共建作文教学、阅读教学等课程。

最后，聘请基础教育界骨干教师，担任实践导师。聘请基础教育界教育教学、教学管理经验比较丰富的骨干教师，担任卓越初中语文教师实验班实践导师，联合制订卓越初中语文教师实践教学方案，定期奔赴名校开展教学实践，提升学生师范素养。

---

① 王春阳：《论高等师范教育与基础教育的协同融合发展》，《南阳师范学院学报》，2015年第2期。

"四好"标准下实习教师师德实践探析

李侠①

（长江师范学院　文学院　重庆涪陵　408100）

【摘　要】教育实习是教师职业专业化的重要途径，不仅是学习实践知识、训练实践技能、生成实践智慧的过程，也是师德的养成过程。实习教师在师德实践方面存在敬业精神不足、专业判断欠缺、言行举止不规范等问题，实习中应加强责任意识及自主意识培养，可以通过建立合理的奖励机制、在教育教学中渗透德育、借助个体道德体验促进德性生长等路径实施。

【关键词】"四有"好老师；实习教师；师德

习近平总书记 2014 年教师节前夕同北京师范大学师生代表座谈时提出做"四有"好老师，有理想信念，有道德情操，有扎实学识，有仁爱之心。②"四有"的核心是"德"，师德是教师的专业道德，师德建设始终是师资队伍建设的首要问题。教育实习作为师范院校教师教育类最重要的实践课程，在推进实习教师专业道德的建设中发挥着重要作用，扮演着重要角色，不仅是实习教师学习实践知识、练习实践技能、生成实践智慧的过程，也是实习教师专业道德形成的过程。教育实习为实习教师师德实践搭建了平台，是师范生在成为正式教师之前师德养成的最佳时间，很多师范生都是通过实习了解教师职业进而走进教师队伍的。如语文特级教师肖培东，"年少的他没有做过当教师的梦，然而，师范毕业前的教育实习，孩子们的真诚、宽容与纯洁的笑脸打动了他，以至于 20 多年后他还无比依恋那个湿润的雨季，还有分别时孩子们的泪眼"。③然而实习期间师德实践往往被忽视，一方面学生远离了师范院校的空间限制及管理教育，实习评价又多注重专业技能而忽视师德，另一方面实习院校因实习教师身份特殊，较少关注实习教师的师德，在整个实习过程中，师德教育常常处于无意识状态。

一、实习教师师德实践问题观察

（一）理论与实践碰撞间的茫然

实习过程，就是实习教师头脑里理想与现实、理论与实践碰撞的过程，表现为指导教师与实习教师观点不同、实习小组内各个成员的意见不同、带队教师与指导教师的看

① 李侠：长江师范学院文学院副教授，研究领域为语文课程与教学论、教师教育。原文发表在《中国成人教育》2019 年第 9 期，近期略有修改。
② 习近平：《做党和人民满意的好老师——同北京师范大学师生代表座谈时的讲话》，《新华每日电讯》，2014-09-09。
③ 余慧娟等：《师德之困》，《人民教育》，2013 年第 17 期。

法不同等，这一切都在实习教师头脑内冲撞。有的实习教师在这种矛盾冲撞中因为专业知识的欠缺而丧失专业判断，无所适从。

（二）角色转换中的不适应

实习教师是一个矛盾体，一方面，从管理学生、从事教学工作来说，他们和指导教师、带队教师一样，身份都是教师；另一方面，他们因经验不足，还要受指导教师及带队教师管理指点，又是学生的身份。大多数实习教师都谦虚好学，尊重指导教师、实习学校其他教师及带队教师。但对于教师这个既陌生又新鲜的角色，实习教师往往难以立刻从学生角色转换过来。

要解决上述问题，实习教师有必要先建立起关于师德的观念，明确实习教师师德实践的内容。正如张凌洋所说"在职前阶段，培养准教师基本的道德规范，使其明确自身的'角色义务'，主要包括引导其建立正确的师德观念、积极的专业态度与责任心，掌握专业发展所必需的专业道德知识"①。

二、实习教师师德实践内容

（一）培养责任意识：责任担当中坚定理想信念

"高度的责任感几乎是古今中外一切教师人格要求的共同特征。"②因而，责任意识的培养，是实习教师师德实践的首要内容，有责任，才有担当。

1. 爱校爱生教育：培养责任意识的基础

习近平总书记说，有爱才有责任。③爱是从事教育工作的基础，首先要求实习教师爱自己的母校，爱实习学校。树立"我就是母校""我的形象即是母校的形象""我的能力即代表着母校的能力""我的成绩就是母校的成绩""我是母校的形象大使"的意识，严于律己，为母校争光。要求实习生从踏进实习学校校门，和指导教师建立起联系的那一刻起，就把自己当成实习学校的一员。要教育实习教师爱自己的"新家"，熟悉新家的家规和家庭成员，尽快融入新的大家庭，树立"进某校门，做某校人"的意识，把自己当作主人翁。爱这两个学校，不仅爱惜他们的声誉，也爱这两个学校的老师、同学以及工人师傅，爱这两个学校的一草一木。其中，爱生又是重点。习近平总书记在讲话中引用了高尔基的话："谁爱孩子，孩子就爱谁。只有爱孩子的人，他才可以教育孩子。"④对于实习教师来说，爱的基础是了解，带队教师及指导教师要指导实习教师学

① 张凌洋、易连云：《教师专业道德的一体化培养：价值与路径》，《教育研究》，2017 年第 8 期。
② 戚万学、唐汉卫：《教师专业化时代的教师人格》，《教育研究》，2008 年第 5 期。
③ 习近平：《做党和人民满意的好老师——同北京师范大学师生代表座谈时的讲话》，《新华每日电讯》，2014-09-09.
④ 习近平：《做党和人民满意的好老师——同北京师范大学师生代表座谈时的讲话》，《新华每日电讯》，2014-09-09.

习了解学生的技能，通过观察、访谈、参加班级活动、收集学生作业试卷等方法尽快熟悉班内学生，为爱的教育教学打下基础。其次要求实习教师爱实习的集体。在同一所学校实习，这是一种缘分，实习教师要珍惜合作学习的机会，团结协作。爱校爱生最终的落脚点在实习教师自己身上，要教育实习教师有强烈的安全意识，学会爱自己，把认真对待生命的态度放在第一位。爱自己、爱学生、爱学校的实习教师，将来才能做好中国特色社会主义共同理想和中华民族伟大复兴中国梦的传播者。

2. 敬业乐业教育：体验教师职业的幸福感

所谓敬业，就是一心一意干好一项事业。教师行业对人的锻炼是全方位的，能力是可以迁移的，教育教学中形成的能力对个人以后所从事的职业会有帮助。敬业先从对实习教师仪容仪表的要求做起，再引导其积极参与教育教学。一般而言，付出得越多越爱，了解得越多越感兴趣。引导他们深入课堂，深入学生，把充沛的精力投入进去，实习后对教师职业的态度可能会与实习前大不相同。由无所谓变有所谓，由比较在乎变为很在乎，由一般的喜欢转为热爱。在对教师这一职业有了切实体验后，专业思想得到巩固，就可以从敬业转变为乐业。乐业对于实习教师来讲，就是体验到作为一名教师的幸福感。可充分利用实习学校德育资源，聘请实习学校育人卓有成效的优秀教师给实习教师做讲座。这种讲座成效显著，实习教师除了可以获得实践智慧外，更重要的是逐渐认识和理解教师职业的本质是塑造学生的灵魂，产生职业的崇高感与幸福感，树立职业理想。

（二）培养自主意识：师德内化中激发道德情操

教师是专业性很强的职业，习近平总书记讲话中提到"扎实的知识功底、过硬的教学能力、勤勉的教学态度、科学的教学方法是老师的基本素质"[1]，而这种"基本素质"则依赖于教师的自主发展。"自主发展是教师专业成长的关键"[2]，钟启泉也认为，"在'教师专业化'的界定中，一个关键的概念就是教师的'专业自律性''专业自主性'。这里所谓的'教师专业自主'，是指'教师在其专业领域里依其专业智慧，执行专业任务，包括课堂教学、学校或是组织决策，以维持其专业品质，及不受非专业的外界干预的状态。'"[3]缺少了专业自主，"德"就成为空谈。著名特级教师张思明认为，"教师真正有师德，就是要把自己的本职工作看得无比神圣，而不能只给学生一张没有价值的笑脸，就好像一辆车开进了加油站，加油站倒是盖得很漂亮、很豪华、很舒适，但是没有油可加。作为教育工作者有德无才也是另一种形式的'缺德'。"[4]师德是建立在专业基础上的道德，与专业知识与能力的发展密切相关，实习教师师德教育，必然以实习教师知识的拓展与教育教学能力的提升为重要内容。

① 习近平：《做党和人民满意的好老师——同北京师范大学师生代表座谈时的讲话》，《新华每日电讯》，2014-09-09。
② 彭寿清：《统筹城乡教育　促进教育公平——创建城乡师资多元互动的合作机制》，《长江师范学院学报》，2010 年第 3 期。
③ 钟启泉：《"教师专业化"的误区及其批判》，《教育发展研究》，2003 年第 Z1 期。
④ 张思明：《师德首先表现为对学生一生发展和幸福负责》，《中国教育学刊》，2007 年第 9 期。

1. 主体意识：提升专业能力

道德的内化要靠学生自身，主体意识教育是实习教师德育实践的重要内容之一。尤其是脱离了来自教师、父母的教导，这种主体意识的培养就显得更为重要。基于此，实习管理者要尽力创造条件，凸显实习教师的主体地位，要求实习教师加强自我管理，在自律中完成道德内化。主体意识的形成以实习教师自我管理、自我学习能力的形成为标志。自我管理主要指放手让学生独立、自主地管理自己。大学生已经是成人，具备自主管理的意识与能力。在未实习之前，他们的身份一直是受教者，教育实习把他们推向社会，加速了其主体意识的形成。带队教师及指导教师要充分发展他们的主体意识，在主体意识的培育中，促进实习教师主动实习，最终达到提升专业能力的目的。

2. 批判创新：培养专业思考

创新是教育的灵魂，师德的养成离不开创新意识的培养，"一味按照既定的规则来从事教学的教师不是在促进学生生命的成长，而是在'扼杀'生命；对教师本人来说，也必将走向专业发展的死胡同，是教师生命本身的异化。"[1]反思是促进教师专业成长的重要途径，实习教师的创新意识体现在学会反思上。对于指导老师在教材解析、教学设计、教法选择、作业布置与批改、课外活动的组织、班团活动组织等方面的教育教学理念与实践，实习教师采取全盘接受或全盘否定的态度都是错误的。正确的态度是辨别、选择、吸收，批判性地吸收就是对原有教育教学的创新。

3. 合作学习：熟悉专业文化

师师关系也是师德的一个方面，教育教学是在学校这一特定情境中发生的，育人需要教师之间协同作战。"教师的对话与合作观念是指教师应以平等的、交流与协商的、互相帮助以及共同解决问题的姿态来看待和处理教师与领导、教师之间、教师与家长、教师与学生以及教师与社会各界等各方面的关系，其中包含了平等、理解、尊重、信任、互相支持和共同负责等价值观念，教师应该把这些观念内化为人格的组成部分。"[2]作为实习教师，一方面应加强小组合作学习，向同伴学习，在小组研讨、小组试讲、小组经验交流中学会合作；另一方面也要积极参加实习校的教研活动，逐渐熟悉教师专业文化并建立先进的教育教学观，努力构建属于实习教师的专业文化。

三、实习教师师德培养路径

（一）建立合理的奖励机制

奖励与惩罚是实现社会公平的重要手段，在师德养成中也不例外。"所谓教师的道德回报，是组织或个人在评价教师行为动机和效果善恶的基础上，对教师进行的物质、

---

① 戚万学、唐汉卫：《教师专业化时代的教师人格》，《教育研究》，2008年第5期。
② 戚万学、唐汉卫：《教师专业化时代的教师人格》，《教育研究》，2008年第5期。

精神的奖励和惩罚。"①对实习教师的师德评价，应以奖励为主，以奖代罚，对在专业道德方面表现突出的实习教师给予表彰奖励，弘扬正气，建立合理的奖励机制，引导实习教师重视师德的个人建设。这就要求实习时做好师德实践的过程管理。实习前带队教师与指导教师齐抓共管，周密计划实习教师师德养成教育。对师德教育的目标、内容、时间安排、形式等提前规划，充分利用师德专题讲座、讲述实习育人故事、师德问题案例研讨、汇报实习经验、评比师德优秀实习生等活动，把师德教育贯穿于实习动员大会、座谈会、总结大会的全过程，从政策导向层面把师德评价纳入教师教育体系。

（二）教育教学实践中渗透师德教育

教育实习是一门实践课程，实习教师的师德养成教育不是在师范院校内通过知识学习、教导训诫以及专门组织的德育活动完成的，而是伴随着进入实习校门、认识指导教师、听课评课、备课说课、班务活动、小组研讨、自我评价等一系列真实情境中的教育教学实践活动进行的，因此实习教师的师德教育可以结合教育教学活动正面引导。比如可以引导实习教师充分挖掘教材中的德育资源。实习教师在挖掘德育资源的同时，自身也得到精神的洗礼。

（三）个体道德体验促进德性生长

最好的教育是自我教育，教育实习中的师德教育是真实情境中的道德教育，对品德的内化起着关键作用。实习教师与实习班级同学、指导教师、带队教师、其他实习教师的交往为实习教师师德养成提供了真实的体验环境，在思想、情感的碰撞中，在教学选择中，实习教师的道德认知渐趋深刻，最终获得精神上的成长，并内化为自身品德。同伴是除指导教师外影响实习教师的重要力量，可利用小组合作学习的方式，切磋研讨，比学赶帮。评价也可以采取民主评议的方式。优秀实习教师由他们组内评选，教师把关即可。让实习教师明确，真正的学习要靠自己。只有自我认识、自我规划、自我学习、自我监督、自我反省、自我评价、自我改进、自我修炼，实习教师才能尽快成长起来。

师德是教师之魂，需要用心培育。习近平总书记说："好老师不是天生的，而是在教学管理实践中、在教育改革发展中锻炼成长起来的。"教育实习正是培养好老师的第一个关键机会，只有遵照总书记的讲话精神，在教育实习中不断探索实践实习教师师德养成的规律，培养实习教师对职业的敬、爱，体验职业的幸福感，认识教师职业教书育人的实质，把育人的理念有意识地贯穿至教育教学中，才可以培养出更多的"四好"老师。

---

① 张凌洋、易连云：《专业化视域下的教师专业道德建设》，《教育研究》，2014 年第 4 期。

师范院校中文专业实习生语文课堂提问之误区及对策研究

王科[①]

（长江师范学院　文学院　重庆涪陵　408100）

【摘　要】课堂提问是教师根据一定的教学目的，针对相关教学内容，设置系列问题情景，引导学生思考或回答，促使学生积极思维，提高教学效果的教学方式，在课堂教学中有着举足轻重的作用。实习生语文课堂提问之误区在于堆积、过"深"和"欺骗"，提高效率的对策是强化实习生新课程理念、授之以课堂提问的基础理论和引领实习生自主探究。

【关键词】中文专业；实习生；课堂提问

课堂提问就是在教学过程中，教师根据一定的教学目的，针对相关教学内容，设置一系列问题情景，引导学生思考或回答，以促使学生积极思维，提高教学效果的一种教学方式。提问作为一项课堂技能，其在课堂教学过程中有着举足轻重的作用。正如英国教育专家卡尔汉所说的那样："提问是教师促进学生思维、评价教学效果以及推动学生实现预期目标的基本控制手段。"正是基于此，国家教委颁布的《高等师范学校学生的教师职业技能训练大纲（试行）》明确地将之与导入技能、板书板画技能、演示技能、讲解技能、反馈和强化技能以及结束技能并称为未来教师——师范生必须熟练掌握的七大基本课堂教学技能。而师范生获得课堂提问技能的主要渠道除了在校学习教学法等课程以外，最有效的途径便是教育教学实习。那么，作为培训单位和培训者的师范院校和师范教师到底应该采取怎样的方式方法才能最大限度地利用试讲和基地校实习这个教育教学的直接实践机会帮助实习生有效地提升课堂提问技能呢？本文拟以中文专业实习生课堂教学提问的实例为依据，分析实习生语文课堂提问失误之症结，探究提升课堂提问技能的方法和原则，以期为师范中文专业语文课堂提问技能培训活动提供可资参考的理论依据。

一、实习生课堂提问之误区

笔者曾对中文（小教）专业 2004 级 50 名学生的课堂提问进行了跟踪调查。结果显

---

① 王科：长江师范学院文学院副教授，主要从事写作等课程的教学与研究。原文发表在《现代语文（文学研究版）》2008 年 7 月号上旬刊，近期略有修改。

示：提问脱离教学目标者 2 人，占被调查人数的 4%，所设问题表述不清者 1 人，占被调查人数的 2%，问题设置过"深"者 3 人，约占被调查人数的 6%，有问无答者 2 人，占被调查人数的 4%，问题设置过多者 2 人，占被调查人数的 4%。其典型失误主要表现在以下三个方面。

（一）"堆积"之问

常言道："一叶落而知天下秋。"成功的课堂提问总是围绕教学目标，抓住课文中最具营养、最能激发学生兴奋点的话题来设计问题的。即教师设计问题一定要"紧紧围绕教材的训练重点，突破难点，问到关键之处"①。但一些实习同学在课堂教学中却常常忽略了这一点。《胡同文化》（人教版高中语文第一册）是汪曾祺为摄影艺术集《胡同之没》写的一篇序言，也是一篇文艺小品文，作者把普普通通的胡同，从来源到起名分类和这数不清的胡同中凝聚浸透着的独有的胡同文化自然融合起来，生动而细腻地向我们展示了北京胡同文化和那世世代代居住在这里的北京人的文化心态。一位同学在教这篇课文时是这样设计提问的："同学们，你们去过北京吗？你们看到过胡同吗？当你读到《胡同文化》这篇文章时，有何感受呢？它在语言上、构思上、表现方法上有什么不同呢？"试想，这么多问题，全部记下来都不容易，更不要说要求学生去思考、回答了！显然，这样的提问除了成为学生的精神负担外，于课堂教学目标的实现是没有帮助的。

（二）过"深"之问

有些实习生在课堂教学中问的问题太深，超过了学生的知识储备能力，要想得到学生的配合就很难。如一位同学在向学生介绍《大自然的语言》的作者竺可桢时问道："同学们，竺可桢是浙江大学第一任校长，他亲自为浙大题了校训，你们知道浙江大学的校训是什么吗？"这个问题对八年级的初中生来说太难了。不要说是初中生，就是成年人，知道"求是"是浙大校训的也不多。这种提问不仅不会激发学生的学习积极性，反而会伤害学生学习的主动性。那么什么样的提问才算是较为合理的呢？对此，苏联著名的心理学家维果茨基的"最近发展区"理论很有借鉴意义，他认为在儿童发展的总进程中，现有发展水平与可能发展水平（最大发展潜能）是一对不断移动的水平线，在这两条水平线之间存在着一个区域——"最近发展区"，只有"当活动目标处于儿童的'最近发展区'时，主体的活动才会使其由现有水平跨越到高一层水平"②。即问题的设置应该充分考虑其适龄性，如果问题设置过难，超过学生的接受能力，学生便会茫然无措，并最终失去自主探究的趣味。

（三）"欺骗"之问

常言道："发明千万言，起点在一问。智者问得巧，愚者问得愚。"有些实习同学

① 刘显国：《课堂提问艺术》，中国林业出版社，2000 版，第 38 页。
② 吴志华：《问题解决的实践活动模式思考》，《中国教育学刊》，2007 年第 9 期，第 67-70 页。

为问而问，只顾课堂热闹，忽略了提问之实效性。如一位同学在讲《长城》（人教本小学语文第七册）一课时，就设计了这样一个提问："同学们，你们知道长城是由多少块砖砌成的吗？你知道长城上有多少个枪眼吗？"问题倒是很有吸引力，但直到课文学完，学生也没有听到老师对该问题的回答。显然，这是一个欺骗性的提问，这种提问方式会挫伤学生探究问题的积极性，对以后的教学是很不利的。

二、提升师范中文专业实习生课堂提问效率之对策

（一）强化实习生新课程理念

在新课程背景下，"学生是学习和发展的主体。语文课程必须根据学生身心发展和语文学习的特点，爱护学生的好奇心、求知欲，鼓励自主阅读、自由表达，充分激发学生的问题意识和进取精神，积极倡导自主、合作、探究的学习方式。教学内容的确定，教学方法的选择，评价方式的设计，都应有助于这种学习方式的形成"[①]。新的课程理念对教师的课堂教学内容和教学方式、方法都提出了全新的要求。而作为即将走上教师岗位却缺乏实践经验的实习生来说，容易出现过"深"之问、"欺骗"之问等现象。因此，师范院校中文系和师范语文教师应在学生实习之前开展《义务教育语文课程标准》和《普通高中语文课程标准》的学习活动，以此培养他们新的学生观、新的教师观、新的课程观，为实习活动的顺利开展奠定扎实的理论基础。

（二）授之以课堂提问的基础理论

一般说来，课堂提问按思考问题水平的高低分为四种类型。一是判断性提问。这种形式的提问只要求学生对教师所提出的问题作简单的对错判断，它对思维活动和能力的要求是很低的；二是叙事性提问。这种提问要求学生对教师提出的问题作出完全的回答，回答的内容往往是旧知识的再现，它对思维活动的要求也是不高的；三是叙理性提问。这种形式的提问要求学生讲清道理，说明原因，不仅要知其然，而且要知其所以然。这种提问不仅仅只是知识的再现，还必须要经过周密的思考，才能作出正确的回答。它对思维活动的要求比较高，有利于培养学生分析问题和解决问题的能力；四是创造性提问。这种形式的提问要求学生打破常规，寻求变异。它要求学生从某一点出发，运用全部信息进行联想，探讨多种解法，其思维的结果不是唯一的，而是多种多样的。这种形式的提问只靠记忆背诵是很难得出正确回答的，它对思维活动和能力的要求是很高的。四种类型中，判断性提问和叙事性提问是低层次的，叙理性提问与创造性提问有利于培养学生的良好的思维品质和创造能力，是高层次的提问类型。在新课程理念下，教师课堂提问应多选与培养学生探究能力和创新能力紧密相连的高层次提问，少用或不用低层次提问。对师范实习生而言熟知这些课堂提问基本常识对于克服"堆积之问"、提升课堂提

---

① 中华人民共和国教育部：《义务教育语文课程标准》，北京师范大学出版社，2012年版，第8页。

问技巧是很有帮助的。但遗憾的是师范院校开设的教育学、心理学以及学科教学论课程因为篇幅容量的关系没能进行细致的理论阐释，因此，指导教师在学生实习期间采取行之有效的形式对其进行课堂提问基础理论知识的"补课"是很有必要的。

（三）引领实习生自主探究

师范学校带队教师以及基地校辅导教师的正确引导是教学实习活动得以科学而有序进行的重要保证之一。那么，作为实习学校的代表——中文系实习带队教师该怎样组织实习生进行教学技能的自我培训呢？笔者以为可以从以下几个方面开展工作：一是组织实习生观摩基地校优秀语文教师的公开课，有意识地培养他们的课程意识；二是组织实习同学互相听课，课后互相评课（评课中必须对课堂提问的设计进行专项讨论），以达到取长补短，共同提高的目的；三是利用课余时间遴选实习生中的课堂技能特别是课堂提问技能优秀者举行一至二次示范课，有意识地培养实习生的比、学、赶、帮意识；四是引导和督促学生写课后记，促使他们在积极的自我反思中提升自己的课堂提问技能。当然，课堂提问技能与其他课堂技能一样，并不是一朝一夕能熟练掌握的，它需要从教者长期磨炼和积累。研究证明：只有当教师的教学思想、理论知识、教学经验等，深深地转入教师的素质结构之中，同他们的情感、意志、个性等整个心理活动，以及教师心理活动的节奏、力度，思维活动的频率、速度等一起融合在教学内容之中，凝聚在无意识信号里，教学艺术之花才会越开越艳①。万丈高楼从地起，对于从未上过讲台的师范生来说，加强试讲或试教中的课堂提问训练，对于增强其从教技能，提升其职业素养，缩短毕业后的教学适应期等都具有不可小觑的现实意义。

---

① 冯雪琴、钱家荣：《教学艺术之我见》，《教育艺术》，2002 年第 5 期。

师范生技能大赛备赛策略与实践

万刘湘①

（长江师范学院　文学院　重庆涪陵　408100）

【摘　要】基于第十一届"华文"师范院校语文专业师范生线上教学能力测试及川渝首届师范生技能大赛的经验和体悟，本文认为优秀的参赛选手应当掌握文本解读的要领及文本选点的策略，学会运用查找资料、文本细读等方法挖掘出作品的深意与内涵，思考教材编者的编排意图，形成选手自身的独特理解，进而设计出紧贴文本、有一定深度又有所创新的教学切入点和教学思路。此外，还需要在紧紧围绕授课系统观和对课文整体结构的把握基础上，合理选择教学重难点，把突出重点、突破难点落到实处。选手在整个竞赛历程中，还要注意教学语言的积累与丰富。同时，对于每一类比赛的科学认识以及赛前赛中的心态调整也相当重要。最后，选手要认识到教学技巧和教学智慧对于驾驭课堂的积极作用，合理利用参赛技巧和参赛智慧，在文本解读等"硬件条件"过关的情况下，有效升级自身的"软件包装"。

【关键词】师范生技能；备赛策略；文本解读；心理建设

引　言

　　师范生教学技能大赛既是展示师范人才培养质量的窗口，也是反思专业课程教学实施效果的平台。作为训练师范生教学技能比较重要的方式，师范生技能大赛也历来被各师范院校所重视，由此，对参赛的研究不在少数。经过对所查论文文献资料的罗列梳理，笔者发现研究大多聚焦在优化教师教育类课程设置、加强师范生自主训练、调动积极性和主动性、建立师范生教学技能训练保障体系等方面。一部分研究者通过对应用型本科高校师范生教学技能培训存在问题的分析，提出加强应用型本科高校师范生教师教学技能培训的措施，力图在新形势下提高高校师范生教师教学技能水平。如郝琦蕾，张琦《师范生教学技能：问题、原因及对策研究——基于第七届"华文杯"全国师范院校师范生教学技能大赛》；胡传双，孙晓青《加强应用型本科高校师范生教学技能培训的探讨——由安徽省第二届高校师范生教师教学技能大赛的思考》；周仁成，张芬《汉语言文学师范专

---

　　① 万刘湘：长江师范学院文学院 2019 级学生，是首届川渝师范生技能大赛二等奖获得者，在老师指导下，回顾竞赛经历，总结竞赛经验，形成本文，获评为 2023 年重庆市优秀本科毕业论文（设计）。指导教师秦敬：长江师范学院文学院副教授，主要从事中国现当代文学教学与研究。

业文学类教学改革探析——基于师范生技能大赛的反思》等。

在对众多的研究论著的整理与分析后笔者发现，基于参赛选手外显的主要问题提出未来师范院校对于师范生教学技能培养的改进方式与方法的研究较多，改进方法多涉及语文教学技能课程体系的建设和灵活处理教学理论和实践之间的关系等。虽然论者个人的思维不一、所各自秉持的观点有所差异，但大多没有跳脱出"观察问题""问题原因分析""指出相应对策和建议"的三段论模式。对于参赛过程的整体性，参赛视角的多样性，参赛相关细节，参赛技巧，如何让选手知己知彼，知赛备赛等方面则关注不够。少有文章通过选手本人的第一视角，从备赛全过程着笔，结合自身实战经验，通过经验分享以及相关反思和总结来阐述师范生参赛选手备赛策略，便于其后的参赛选手参考。

实际上，不管作为选手还是老师都需要依据多方面的反馈信息，多途径反思促进自身能力提升。可以明确的是，参与备赛全程的选手会解决许多实际问题，比赛过程对选手的意志力、实践能力、创新能力、综合素质来说也是一种淬炼。选手如若能对备赛过程的经验进行内化吸收，加以总结，对于其后的参赛选手合理备赛具有一定的价值和意义。

笔者从三轮院赛开始，到校级比赛，再到两场省级比赛，参赛的所有作品在不断打磨中成熟完善，教学思维和备赛心理也不断得到改进，学会了在切实而丰富的比赛体验中有意识地采用直接且最接近真实课堂的模式发挥出自己的专业素养与应变特长。从文本解读、文本选点，到备赛节奏以及相关心理状态的调整，再到关注比赛相关的加分小技巧和细节注意点，最终能突破自身，形成系统观和大框架引导教学的意识……这些经验对我来说是极富价值且值得分享的。因此，本文从文本解读要领与方法、文本选点策略、备赛节奏及相关心理状态、教学语言的感知，由"内"向"外"的转化方法、备赛准备工作、比赛加分小技巧等处着笔，结合两次大赛备赛的实战经验，进行经验总结与分享。

一、备赛技巧之"五备"

"五备"即备教材、备学生、备文本、备作者、备目标。师范生技能大赛合理备赛涉及很多方面，为了寻找一个出彩的教学点，参赛者首先需要进行前期的深耕细作，也就是进行文本解读工作。文本解读涉及对教材、文本、学生、作者、课标要求、学生接受能力等多方面的研究。选手通过查找相关资料，挖掘出作品的深意与内涵，思考作者的编排意图，形成自身的独特理解，进而设计出符合文本、具有深度、又有所创新的教学点。此过程在开发文本教学内容的同时又锻炼了师范生文本解读能力，具体的前期备赛工作我们分为"五备"进行阐述。

（一）备教材

备教材就是指教师前期研读教材的准备工作，包括了解教材的结构、体例，单元导语和学习要求，篇目、序列、注释、重点阅读、课前提示、课后练习等。在备赛《孙权劝学》这篇文章时，我先关注到了单元导语，单元导语提示本单元选取的文章都是历史上著名的政治家、军事家、科学家、艺术家等为人类发展作出了突出贡献的人物的生动感人、广为流传的事迹。于是教学这篇文章非常重要且不能舍去的一部分便是带领学生在通览全篇、了解大意的基础上，把握关键语句或段落，结合人物生平和所属时代，透过细节描写，把握人物特征，理解人物的思想感情，感知历史人物的魅力。在备赛《孙权劝学》时，我们需要抓住一些关键语句。孙权一劝："卿今当涂掌事，不可不学。"引导学生读出孙权对吕蒙既要求严格，同时又对他十分关心，寄予厚望，对吕蒙可谓是语重心长，谆谆告诫。孙权二劝："孤岂欲卿治经为博士邪，但当涉猎，见往事耳，卿言多务，孰若孤？孤常读书，自以为大有所益。"二劝，劝得"有理""有情""有利"，循之善诱，言辞恳切，充满语言艺术。《孙权劝学》的详略安排非常得当，文章简练生动，用语不多，但能在寥寥数语中描摹出人物说话时的口吻、情态和心理，人物个性鲜明，跃然纸上，堪称人物语言描写的精品之作。将本文整体设计为孙权劝学，鲁肃就学，吕蒙赞学，把"谁在劝，为何劝，劝的效果如何"三个层次讲解清楚会便于学生把握文章内容。同时，抓住细节深入挖掘也显得尤为重要。在备赛《孔乙己》时，我们可以从"孔乙己是站着喝酒而穿长衫的唯一的人。""孔乙己，你脸上又添上新伤疤了！"等读出孔乙己的自我认知是读书人，他自视清高，认为自己的地位比短衣帮高。可这件长衫在别人眼里又脏又破，在酒客的眼里，孔乙己好吃懒喝，惯于偷窃人家的东西，即便在真凭实据面前，依然用荒唐的理由为自己狡辩，死命维护那早已荡然无存的尊严，实在可笑至极。孔乙己对自己的认知和看客对他的认知之间发生了认知错位，这是孔乙己的第一重悲剧。酒客们虽然是封建等级制最底层的人，是受压榨剥削的人，但他们认同这个等级制度，深刻内化社会权力秩序。弱者本应团结，抱团取暖，或可熬过黑暗与寒冷。弱者本弱，却"挥刀"向更弱者。这是孔乙己的第二重悲剧。像这样抓住关键语句与细节描写进行分析能帮助我们解读教材深意。

（二）备学生

学生的知识技能、心理情感、个性风格、兴趣爱好等都会对我们的教学有影响，因此，基于"学生需要"策略之上的学情分析就相当重要。以备赛《记承天寺夜游》为例，通过学情分析我们知道，八年级学生已经在小学初中阶段学过苏轼的《饮湖上初晴后雨》《题西林壁》等文章，对苏轼生平已大致了解，并且经过初一学年的文言文学习，学生已经积累了一定的文言实词和虚词，借助工具书阅读文言文的能力有所提高，但鉴赏品析文中情感和语言的能力还不足。并且学生与作者生活的时代相隔久远，人生阅历相差较大，苏轼本人在历经世事后所达到的闲适自由超脱的生活状态对初二学生来说难以理解，通过阅读本文，把握作者文中表达的丰富情感对初二的学生来说难度较大。基于此，教师便要学会运用多种方法和语言带领学生走进情景，走进文本。教师要合理选择并运用朗读法、探究法、质疑法等教法，诵读法、圈点勾画法、小组讨论法等学法。同时，语言传递的意境与引导对走进情景与文本也同样重要。比如，在备赛《记承天寺夜游》时，我设计了这样一段话进行语言情境的升华："苏轼被贬黄州，经历了身体和心灵的双重折辱，但是并没有悲悲戚戚，反而见月起兴，于寻常之景窥见美妙之处，这样的人心境乐观又豁达，希望我们的同学们在学习和生活中遇到困境时，也能升起心中的那一抹月色，走在生命的绝佳风景里。"在备赛《次北固山下》时，为了让学生明确理解作者由眼前景抒发胸中志，最终念及故乡情的逻辑结构，我讲述了看似平易的像乐曲前奏一样的首联，其实是为其后的高潮做铺垫。而对于高潮的引领同样需要循序渐进，比如："刚刚我们分析了首联叙事，描写了作者行舟绿水之间，驶向青山之外，有山有水有旅程，那么我们现在再次齐读诗歌，注意在读的过程中要思考颔联和颈联应该如何理解。""同学们想象一下，当江水涨起来了，涨得与岸一般齐，此时你驾着一叶轻舟，你说你是在水上呢，还是在岸上呢？又或是在天上呢？我们分不清，水天相接，一眼望去是无边无际的江景，我们的视野非常的开阔，这样的江景给你一种怎样的感受？""眼前景也是心中情，一个终日苦恼的人是没办法欣赏如此壮阔的景象的，联系到我们之前讲过的，这个时候王湾已经考取了进士，二十左右的年纪，正值少年最好的年华，少年人站在船上，他欣赏的虽是眼前景，但他要去的是青山外更远的地方，此去便是前程万里，景致无量。在你眼中这是一个怎样的少年郎？""风没有非常用力，没有特别费劲让船帆鼓成弓形。也就是端端正正刚刚好，稳稳当当向前行，联系到时代背景，这首诗创作于盛唐，那由此可见船沿着端正的方向稳稳当当地前行，是什么气象？"经过多层引导分析，学生便可以读出四重意境，即：开阔的江景、伟大的时代、得志的青年、萌动的春意。

同时，具有"预设生成"的能力也属于"备学生"的环节之一，可以理解成带领学生探索文本和方法的能力，你的预设能力越强，说明你对学生学情的掌握程度越高，课堂控场和驾驭能力越好，对于文本的横向拓展能力和深入探讨能力越强。在备赛《阿长与山海经》时，设计开篇便从学生已经学习过的最熟悉的文章发起，激发学生的学习兴趣。教师提问："同学们，鲁迅先生笔下的长妈妈，我们是"接触"过的，有同学能来说一说吗？"学生会说出在《百草园到三味书屋》中，"听"过长妈妈讲"美女蛇的故事"，由此，自然而然地引出"长妈妈"这一人物形象。接着，教师又请同学们在自读课文的基础上，找出描写长妈妈的事件或细节，并说说这些事件或细节体现了长妈妈什么样的性情。预设学生会找到长妈妈"常喜欢切切察察"、"逼"着我吃福橘、给"我"讲长毛的故事、给"我"买来《山海经》等，教师在预设学生回答的基础上引导学生理解作者从多个层面、多个角度刻画了长妈妈的形象，长妈妈是一个饶舌、多事、有许多繁文缛节，但又爽朗、热情、乐于帮助别人，有着淳朴、宽厚、善良、仁慈的美德的人。像这样的预设与引导能使教师的控场能力更强，课堂节奏也显得更加张弛有度。"课前"预设提出问题后学生的反应和回答，"课中"掌握师生之间的生发创造，"课后"进行反思和总结，是教师成长的必经之路。

（三）备文本

作为一名教师，需要具备较强的文本解读能力，最好的状态是能不借助任何参考资料进行文本白读，也可以理解成文本细读，包括理解选文类型，确立重点等，教师在阅读文章时要学会提出自己的问题，抓住矛盾点进行教学。同时，教师应该具备"咬文嚼字"的能力，能就一词一句深入分析，并能将自己的教学思考用合理恰当的教学方法落实到学生身上。文本解读较为薄弱的选手需要多与指导老师沟通，时间充足的情况下大量阅读相关文献，深化自身对文本的理解。备赛准备期需要阅读大量的文献，教师自身对文本全面了解之后进行文本选点，选点的筛选过程体现了教师对文章精华的把握过程以及对教学目标的认知，选点又是片段教学出彩的前提。以备赛《记承天寺夜游》为例，正式备赛前指导老师推荐了几本书让我选择阅读，分别是《苏东坡词传：人间有味是清欢》《东坡词研究》《苏轼传》。通过阅读，苏轼在执教人心中变成了一个更加鲜活的人，由此生发的教学和传达会更加生动，苏轼此文仅 85 个字，却运用了记叙、描写、抒情等多种表达方式，创造了一个清冷皎洁的艺术世界，传达了作者豁达乐观的心境。联系游记的特点，游，必先有兴，而后能赏，兴赏之间，这一个"闲人"活焉。因苏轼具有游之"兴"，才会产生游之"事"，学生通过初读，找出游之因，即：月色入户，欣然起行。能引导学生掌握诗词学习的切题方法，迅速有效地进入诗词的主题与情境。其后在赏月中悟境，月泻庭下与月映竹柏是实景，积水空明与藻荇交横是虚境，实景虚景皆因月而生。只因一个在眼观，一个由心出。此景虽然常在，但此境却不易生，非有闲人之心而不能得之意。经过分析，我们将逻辑大框架串联为：闲之兴（见月起兴）—闲之乐（观月生境）—闲之味（品月印心）。其中，"味"即由赏月之景、悟月之境而品出的真意、真趣，落实到文中外显为"闲人"，具有三重意蕴。

（四）备作者

"知人论世"是一种很好的阅读和教学方法，对于作者生平和思想的探究和深入挖掘在片段课中处于比较重要的地位，以备赛《记承天寺夜游》为例，元丰六年（1083）是苏轼因"乌台诗案"被贬到黄州的第三个年头，"乌台诗案"是苏轼人生中遭遇的最大苦难，他通过耕种自济、养生自保、著书自见、文学自适、韬晦自存等方式，完成了对苦难的成功转化与华丽升华，并且实现了对生命的突围，达到了"也无风雨也无晴"的状态。短短 85 个字中寄予了作者伟大的生命体悟。

笔者与指导老师进行文本交流和挖掘后，最终一致认同片段教学确立为先概述闲人之兴，重点讲闲人之乐与闲人之意，景物逐层分析后，讲解闲人内涵，世人不闲，虽月常有、竹柏常见而不能乐赏之。故闲人之"闲"，先是对于忙人之"忙"而言的，"忙人"忙的是案牍劳形，事务缠身，而使身心俱疲，错过无数佳景胜境。联系宋神宗年间，苏轼因反对新法，屡遭贬谪。元丰三年（1080）春苏轼因"乌台诗案"受诬陷被贬黄州任团练副使，不得签书公事，无住所，无薪俸。帮助学生理解概括"闲人"的第一重意蕴为"政务清闲之人"。接着联系苏轼 21 岁中进士"奋励有当世志"；38 岁任密州太守"扫灭蝗灾，赈贫救孤"；40 岁任徐州太守"抗洪救灾，力挽狂澜"；44 岁至 48 岁任黄州团练副使，53 岁任杭州太守"疏浚西湖，修建苏堤"。结合苏轼在朝任职期间为国为民所做的实事，从而理解苏轼因政治打击，虽有满腔热血但又无法实现而带有一丝自嘲的心情。引导学生理解概括"闲人"的第二重意蕴为"微微自嘲之人"。苏轼在《东坡易传》中说"清明在躬，志气如神"，苏轼在《超然台记》中说"凡物皆有可观。苟有可观，皆有可乐，非必怪奇伟丽者也。" 正因为苏轼有澄澈的心境，平静、空明的状态，才能清醒地看到这个世界存在的多面性，才能容纳一切，达到生命的突围状态。苏轼被贬黄州，经历了身体和心灵的双重折辱，但是并没有悲悲戚戚，反而见月起兴，于寻常之景窥见美妙之处，这样的人心境乐观又豁达。引导学生理解概括"闲人"的第三重意蕴为"乐观豁达之人"。

（五）备目标

"《义务教育语文课程标准（2022 年修订版）》提出的核心素养，走了一条从学科本位、知识本位到素养本位的转型之路。新课标的发布，标志着义务教育语文课程改革进入了深化阶段"①，对于新课标的了解和研究，对于阶段目标的明确和把握是重要且必要的，新课标的提出契合当下所提倡的"大语文"概念以及"跨学科融合学习"，非常强调对学生的思维能力、审美创造等能力的培养，教师根据对新课标的理解，依据教学大纲和教学目的以及学生的接受能力，浓缩、再现教学内容，帮助学生更好地理解课文。由此本文的教学可划分为事、景、情三个层次，教学目标也紧紧围绕四个核心素养进行确定。

二、文本选点策略

文本选点不能脱离文本，要做到在立足学生中心与文本中心的基础上合理选择教学重难点并进行突破。"学生是学习和发展的主体。语文课程必须根据学生身心发展和语文学习的特点。关注学生的个体差异和不同的学习需求，爱护学生的好奇心、求知欲，充分激发学生的主体意识和进取精神，提倡自主、合作、探究的学习方式。"②因此，教师在多角度、多侧面进行作品解读后，应总结阅读方法，思考在教学中可以选择的文本切入点，选择合适的理论与方法突出重点，突破难点，最终达到"授人以渔"的教学效果。

（一）突出重点，突破难点

教学重难点的突破方式有许多，可以采用以读代讲、适时介绍背景、教师精彩的语言讲解、从学情出发搭建教学梯度等方法。"由于高师院校教师多采用'讲授—接受式'教学方式，受此影响，师范生在讲课时，也是自己讲的内容多，不安排或很少安排学生活动。虽然知道'学生为主体，教师为主导'的教学理念以及培养学生自主学习、合作学习、探究学习的重要性，但仍无法具体落实到自己的教学设计与教学实践中，提问等

---

① 韩中凌：《从三个维度透视义务教育语文新课标》，《内蒙古教育》，2022 年第 11 期。
② 中华人民共和国教育部：《义务教育语文课程标准》，北京师范大学出版社，2011 年版。

学生活动只是形式而已，蜻蜓点水，小组合作学习等活动设计得更少。"①所以，在确定教学重难点的突破方式时一定要明确学生中心和文本中心，基于此，活动设计目的会更加明确。

以备赛《记承天寺夜游》为例，我们将逻辑大框架串联为：闲之兴（见月起兴）—闲之乐（观月生境）—闲之味（品月印心）。其中，教学重点为欣赏文中景物所表达的清幽宁静的意境，学习借景抒情的方法。教学难点为理解作者在文中所表现出来的"闲人"意蕴，启发学生乐观豁达地面对学习与生活中可能出现的逆境。教学片段紧紧围绕作者在承天寺中庭欣赏到的美景以及探究"闲人"的两重意蕴展开，通过两大环节，引领学生感悟作者因寻常事物起游"兴"，感受到的却是深切的游之"乐"。即使遭遇政治打击，虽有满腔热血但又无法实现，苏轼仍然有乐观的人生态度和豁达的心境，教学本片段，能给学生留下感慨与深思，启迪学生更加乐观地面对学习与生活中可能出现的逆境。总体而言，思路清晰、中心明确，便于学生理解与深思。升华结尾时我们在苏轼的许多文章中选择了其在《临皋闲题》中说的一段话用来突破重难点，他说："江山风月，本无常主，闲者便是主人。"闲者才是无边风月无量景致的主人，可见苏轼拥有的是不受约束的自由精神和丰富的心灵，是无处不美的审美愉悦，即使不做江山风月的主人，也能做回自己的主人。

以备赛《回忆我的母亲》为例，为了让学生学习用典型事例突出人物性格特征和精神品质的方法，品析文章朴实无华而又饱含深情的语言，体会其中隐藏的情感，理解"母亲"对"我"精神品格形成的重要影响，教师在导入激趣时便出示毛泽东主席赠送给朱德母亲的挽联："为母当学民族英雄贤母，斯人无愧劳动阶级完人。"走进这位平凡而又伟大的母亲。其后，引导学生运用鱼骨法找出相关事件并分析母亲形象。让学生在概括事件，一段一总结的基础上认识到母亲在艰苦生活面前体现出的宝贵品格，理解母亲是如何面对生活中的苦难的，母亲的形象如此的饱满，作者的语言却是如此的朴实。

总而言之，引导学生结合资料，通过文章分析，联系创作背景，让学生进一步理解文章的内容，探究作者的人生态度。通过自主研习、知人论世、深入探讨等环节，让学生层层深入文本，体会作者情感，最终达到突破教学重难点的目的。在备赛时需要注意，只要能做到重点突出，难点讲清，情绪饱满，过程中有心灵启发即可，教师不一定要在试讲末段生拉硬扯地用一整段华丽的辞藻去升华。

（二）文本选点之"广撒网，取精髓"

"教师不仅要依据文本、学情科学地拟定问题，而且还要引导学生运用各种理论方法深入解读文本，及时总结归纳，随时引申拓展，将问题层层深入。"②备赛《背影》

---

① 郝琦蕾、张琦：《师范生教学技能：问题、原因及对策研究——基于第七届"华文杯"全国师范院校师范生（生物）教学技能大赛》，《教师教育论坛》，2018 年第 7 期。
② 周仁成、张芬：《汉语言文学师范专业文学类教学改革探析——基于师范生教学技能大赛的反思》，《长江师范学院学报》，2018 年第 3 期。

这篇文章时，我将这篇文章的教学重点定在了背景基础上的文本分析，花了大量的时间讲述身处旧时代父亲的不完美，将文中情感简单地理解为由于父爱子，子爱父，父子最终体悟到了对方的爱并且达到了爱的双向奔赴，而忽略了站在作者"我"的立场上看情感是具有复杂性的，我的情感体悟有一个过程，也忽略了文中的许多细节。父亲说的每一句话、每一个举动都蕴含了深厚的感情，我对背景的多加赘述反而影响学生对于此篇文章的理解。

其后进行反思，笔者发现自己的文本解读不够深入全面，"咬文嚼字"的能力不够强。看一篇课文需要参考的因素很多，从素读文本，也就是不参考任何资料情况下的文本白读，再到文本精细化的全面解读都需要遵循"广撒网，取精髓"的原则。"广撒网"可以理解成如果有机会将这篇文章中教师读出的所有东西都教给学生，教师能读出哪些"可教"的体悟。"取精髓"也就是选定教学内容，即确定教学重难点，更可以理解成一篇课文教学完成后你能带给学生什么，再确定教学主线框架，最后确定板书设计、课件制作等后续环节。最终我们将《背影》的教学重难点确定为第六段望父买橘，引导学生理解两次背影、两次落泪，体会其中父子双方的感情，引导学生学会体会爱，彼此施予爱，在爱当中得到自我救赎和宽慰。

总之，我们应学会将文本解读转化为教学资源，将每一份教学资源拆分为一个个小点，思考选择符合教学需要的点并且思考每个点之间的关系，预设学生反应，要求既要符合学生学情，又能给评委眼前一亮的感觉。

三、备赛节奏及相关心理状态

（一）比赛前的准备工作

要完成一项高质量、高价值，且能发挥选手最好状态，取得相应成果的比赛，对于比赛的认识以及赛前心态的调整就显得相当重要，每一个大的比赛都必然会经历一个自我接受、自我认知同化的过程，所以我们必须在一开始就认识到选择一种正确训练方法的重要性。

笔者所参与的两场比赛均为线上直播，线上比赛虽不比线下比赛直面真实的评委，但仍然需要注意许多细节。首先，是对于网络传输速度的把控以及比赛相关软件的熟悉，"华文杯"和"川渝"都采用腾讯课堂进行比赛，对于腾讯课堂会议室的使用和调节方法要多加关注。关于设备问题，腾讯会议分组表和参赛选手比赛流程图需提前与调试设备的同学沟通熟知，一些进入会议马上须调整的设置问题要多加注意，比如进入会议室须关闭美颜、水印、视频镜像；视频和麦克风需要设置成相关的摄像和收音设备；提前做好姓名、学校等身份信息的遮盖；提前调试支架位置；提前测试多媒体设备的灵活程度；是否需要窗帘遮光；粉笔数量和颜色是否足量；黑板是否提前清洁完毕等。做好这些准备可以更好地衔接流程以及获得更好的观感体验。选手最好在比赛前一天下午能模拟一遍流程，试开腾讯会议室，邀请老师或者相关同学远程观看，试看音视频效果，提前踩台试讲，保持赛前良好状态。

（二）比赛中的心理建设

赛中的紧张不可避免，很少有人能做到完全克服，笔者认为最好的解决方式是沉浸式试讲，将关注点放在自己状态的保持和所讲内容上能有效缓解紧张和慌乱。试讲时，你只需要投入热爱，保持激情，充分调动自身，绘声绘色地讲完便可。不辜负无数个为之准备的日日夜夜就是你的目标，也就是老话常谈的"关注过程不要太关注结果"，线上比赛帮我们避免了直视他人眼神时容易产生的头脑风暴、断片式遐想和眼神逃避所透露出的慌乱感，面对摄像头会比直视人的视线更让人放松。

在整个线上赛场中，应避免与摄像区域外的工作人员有过多的眼神接触，以免分散注意力。流程调试和环节把控建议提前与相关同学协调好。如遇突发情况，若能沉着冷静应对，并且在突发情况下照常发挥，能给评委留下一个比较好的印象，这个小插曲很有可能会变成加分项。

（三）建立系统思维感知教学语言

1. 系统思维的建立

十分钟的片段课同样强调系统观和整体结构的把握，也需要建立在对全文的把控和深入理解基础之上。文本解读和文本理解上的不全面导致我疏忽了许多细节，犯了逻辑不清晰的错误。《阿长与〈山海经〉》一文中，阅读从叔祖处得书之难时我忽略了"力逼"这个词，仅仅关注到了"逼"便把从叔祖处得书之难概括为催促无果，其实"力"这个字也同样重要，名家无闲笔，一词一句都有深意。"力逼"体现了一次次的催促，也就是小鲁迅曾提醒催促过叔祖很多次。联系上下文我们可以知道，叔祖的性格是"疏懒"的。教师的解读更准确通顺，学生也更容易理解。

教师于无声试讲之时要注意落实课程育人、系统思维、学生为本的理念。一篇优秀的片段课设计中，对于整篇文章结构的把控好比骨架，每一部分的教学思路好比经络，而运用教学材料和教学方法解决问题就好比血肉。血肉的丰满生动和语言的准确简练不是一朝一夕能做到的，至少需要在实际教学工作中站稳讲台练习很长一段时间才能做到。但值得借鉴的一种师范生教学技能的训练方式为"框架训练法"，即记住大问题大主线之后，就上台进行试讲训练，其中可能会碰到一次次的语言组织卡顿，坚持讲完，之后再去对卡壳处进行修正，直到能比较顺畅地讲清楚、讲明白所想表达的意思为止，这种训练方法虽然不能短时间内提升选手本人的语言系统，但却能对有效的试讲方式有所感知。流程的确立建立在重难点明确过程之后，其后的讲解需要在自己理解课文内容基础上随机生发阐释，注意"阐释"不能脱离文本，围绕文本将问题阐释清楚便是最朴实无华却最真实的教学艺术。

2. 教学语言的感知。

"逐字稿"有无必要。"逐字稿"是否有必要应当根据赛制和教学内容的性质来决定，初期训练我还处在背逐字稿的阶段，讲课的语言辞藻华丽。有声配合的学生为本专业的大学生，大学生能跟上教学的语言和节奏，笔者现场状态良好，课上也生发了许多贴合现场的教学语言，所以整体效果尚佳，凭借着接近半个月的磨砺和配合，一周的反复演练，对内容的熟悉程度、文本解读的亮点让我在华文决赛时脱颖而出，并且成功通过川渝初赛，进入决赛。但这种方法也有许多弊病，效率太低，可能束缚选手发挥，不适宜短时间内备赛大量篇目。

川渝首届师范生教学能力大赛采用选手线上比赛、评委线下集中评分的方式进行。线上比赛包括教学设计、课件制作、即席讲演、模拟授课、现场答辩五个内容。决赛前组委会提前一个月便发放了十篇课文题目，大家的思考和备赛时间都是相对充足的，为了达到更好的比赛效果，语言的打磨修饰是有必要的，但不必纠结于一字一句背诵。立足学生和文本熟悉思路和框架，对于实在难讲的知识点，可以进行语言的精研和细磨，不停地熟悉并且内化记忆后，成为教师自身的一部分向外生发，如此反复多次积累对教师的发展具有长足作用。此外，语言的精致和补充是为了使课堂更具有内涵、功底和底蕴，万不可成为束缚和累赘。

避免"过度阐释"的错误。"由于文学作品自身具有多义性、开放性的特点，不同读者因其解读能力、知识储备、审美情趣等的不同往往会对同一文本作出不同的理解，因此多元解读逐渐被教师们广泛应用。但并非所有解读都是合情合理的，这些多元化的解读结论中不乏存在许多偏差的过度解读，影响着读者对文本的正确判断，背离了多元解读的本意，亟须在教学中加以改正、完善。"①下面列举一下笔者备赛《阿长与〈山海经〉》时所犯"过度阐释"的错误。在川渝决赛试题中，对于此篇目的要求为：设计一个活动，引导学生把握"我"的心理变化，体会作者对阿长的思想感情。由此我将教学重难点确立为抓住阿长买《山海经》这一关键事件，体悟阿长这一血肉丰满的"小人物"身上所蕴藏的深情，并感悟中年鲁迅对于阿长的感激与怀念。让学生理解到这些小人物虽然平凡，但在他们身上又常常闪现优秀品格的光辉，引导学生向善、务实、求美，学会关注并尊重生活中的普通人。我们以探究为何《山海经》是"最为心爱的宝书"作为切入，带领学生理解这是一本作者渴慕已久且来之不易的书，这本朝思暮想却总不能得的书是由连书名都会叫错的农村妇女"阿长"历经万难为她心爱的小鲁迅带回的，由此带领学生体悟阿长身上蕴藏的深沉又纯净的爱。为了运用情景化模式进行教学，我设计了模拟阿长买书路途之难以及与书店老板对话两个环节。其一，这两场表演耗费大量时间且容易造成学生哄笑，破坏课堂氛围，我所犯为"过度阐释之误"。其二，阿长不一定知道书店在哪里，我所犯为"文本理解之误"。实际上，要求学生结合时代背景、课文内容和阿长的人物境遇合理推测阿长得到奇书的途径，预设一个错误猜测：书店。三个正确猜测：逛庙会所得，从走街串巷的货郎处所得，从粗通文墨的乡邻处所得，便

---

① 庞雪琪：《中学语文阅读教学中的过度解读现状分析及对策研究》，辽宁师范大学，2020 年硕士论文。

可以很好地解决这个问题。

四、加分小技巧

"师范生技能竞赛要求参赛者不仅要熟练地掌握学科教学的基本技能，还要掌握相关学科的新技术和新方法，乃至融会贯通创造新的教学设计，是对师范生综合素质的检阅。"[1]拥有教学技巧和教学智慧的老师能更好地驾驭课堂，拥有参赛技巧和参赛智慧的选手也更容易得到赏识，"硬件条件"过关的情况下，"软件包装"也需要多加注意，一名优秀的语文老师不仅仅要做到对文本解读和文本选点的知悉，还需要在各个外显的方面提高自己的综合素养，比如赛时个人风格的打造以及形象魅力的提升、PPT 和教学设计以及板书美观程度的调整、加速由"内化"向"外化"转化的方式方法、"即席讲演"和"答辩"需要注意的细节，说课的技巧与环节等。对这些技巧的多加关注是为了更好地出彩和创新。"若参赛者不具备深厚的专业素养和综合素养以及创新能力，则很有可能隐藏在众多的参赛者中，不能脱颖而出。所以对师范生的培养，仅仅关注他们的专业素养是不够的，还需要提升他们的综合素养和创新能力，尽可能地缩短他们成为合格乃至优秀教师的专业成长过程。"[2]

（一）赛时个人风格的打造以及形象设计

个人讲课风格有其天生气质的痕迹，或多或少会对比赛的效果产生影响，如若想直接改变一个人的讲课气质和风格不太，但可以在自身气质的基础上做改进优化。当然，如若比赛篇目可以自由选择，所选篇目要尽量贴合选手擅长的篇目和气质。

选手带给评委的听感也显得很重要，包括朗读时语音语调问题。笔者常犯错误就是朗读时的轻重音格式不太对，这也是西南片区语音语调常犯错误。比如"记承天寺夜游"之"游"，"瑞脑销金兽"之"兽"，诵读古诗词时，轻重音格式的问题从听感上来说会比较明显。"说和写是一名教师最基本的也是每天面临最多的事情，说着一口流利的普通话加之清脆悦耳的嗓音，以及出口成章，条理清晰，将是留给学生的第一印象，也是作为教师基本功的最大魅力，无论学生还是同行都会刮目相看。"[3]

改进此问题，需要一定时间的训练，但如若确定了篇目以及讲授的内容，可由指导老师或者专业的普通话老师指导范读，选手进行练习，如果有条件限制，指导老师可线上指导，选手反复听读，这对于短时间的短板弥补具有一定作用。此外，选手的音量一定要足，注意面部表情的控制，面对镜头即席演讲和答辩时，保持微笑。

---

① 罗添灿，李国英：《师范生教学技能大赛对专业教学的启示及互融——以汉语言文学专业为例》，《湖北师范大学学报（哲学社会科学版）》，2017 年第 4 期。

② 罗添灿，李国英：《师范生教学技能大赛对专业教学的启示及互融——以汉语言文学专业为例》，《湖北师范大学学报（哲学社会科学版）》，2017 年第 4 期。

③ 胡伟双，孙晓青：《加强应用性本科高校师范生教学技能培训的探讨——由安徽省第二届高校师范生教师教学技能大赛的思考》，《巢湖学院学报》，2012 年第 1 期。

（二）PPT 和教学设计以及板书美观程度调整

1. PPT 设计与美观

首先，一页 PPT 最多放三分之二的内容，且最好有一个大的思路或者标题引领，比如《回忆我的母亲》一文，川渝决赛试题要求为：设计活动，引导学生学习《回忆我的母亲》的 6、7 段的选取典型事例表现人物性格特征和思想品质的方法。我们将大的逻辑串联点定为"我既为我，有迹可循"，围绕这一主题，我们可以设计几个活动。活动一：运用"鱼骨法"理解与母亲相关的典型事例中凸显的母亲形象。活动二：多方评价，链接母子传承。活动三：名著助学，读懂"我"，我们选择引用美国记者埃德加·斯诺《红星照耀中国》一书中对于朱德的评价，再以中共中央评朱德"八路功勋大孝为国，一生劳动吾党之光"等引入朱德的伟大之处。一言以蔽之——母亲的平凡中蕴含了伟大，而朱德的伟大则来源于平凡。围绕这一主题，设计活动的顺序可以根据情况调整，甚至可以添加可循之"迹"还有哪些方面，比如勤劳有序的家庭，革命经历的锻造等。这些标题和引言采用同一字体放置在整页 PPT 排版左上方，整课 PPT 字体大小尽量不超过四种。

2. 板书设计与美观

板书设计是非常重要的一环，虽然对于汉语言师范专业的学生来说，在大学的三笔字课程中锻炼了书写能力，但如若想要短时间内优中求优，还需要对已经设计好的板书进行集中训练。可以选择"范字"进行笔画与单字的练习，大概每周安排 3～4 次，请书法老师做相关指导，争取最终做到书写快速流畅，字形大小适度，清楚整洁，美观大方，规范正确。

3. 教学设计形式创新

形式上，教学设计的形式可以有所调整和创新，不用全部采用统一的白色页面背景加层级文字的排列方式，页面背景可以插入相应信笺纸或者排版美观的图画，加上合理运用软件的图形插入和边框颜色变换功能，设计出符合自己风格又能让评委眼前一亮的排版，教学设计在形式上便已经成功了一大半。以下放置《记承天寺夜游》以及《白杨礼赞》封面设计作为参考，如图 1 所示。

图 1　《记承天寺夜游》以及《白杨礼赞》封面设计

内容上，教学目标要在核心素养基础上确立，从教学目标到教学重难点的确立应以思维导图的方式表现清楚。参考示例如图2所示。

三、目标阐述

语言运用	思维能力	审美创造
反复诵读课文，积累文言词汇，识记"户""但""遂""相与"等重点文言词语，翻译全文。	欣赏文中景物所表达的清幽宁静的意境，学习借景抒情的方法。	理解作者在文中所表现出来的"闲人"意蕴，启发学生乐观豁达地面对学习与生活中可能出现的逆境。

目标有机融合

教学重点	教学难点	教学方法
欣赏文中景物所表达的清幽宁静的意境，学习借景抒情的方法。	理解作者在文中所表现出来的"闲人"意蕴，启发学生乐观豁达地面对学习与生活中可能出现的逆境。	朗读法、探究法、质疑法等教法；诵读法、圈点勾画法、小组讨论法等学法。

图 2　教学目标阐述

教学过程的每一环节可以精心取名，做到表述高级、准确、吸引人。比如，在设计《记承天寺夜游》时，我以短句的形式概括出相应教学环节内容，具体如下：

激趣导入，"雪泥鸿爪"知人生；简介作者，疏通篇章之词；整体感知，诵读全词理"游"之事；品之欣然，寻常事物起游"兴"；景中见意，游中体悟闲之"乐"；深化体验，细品"闲人"意蕴。

（三）如何快速由"内"向"外"转化

1. 定时练胆，限时踩台

赛前一周，指导老师通过多种方式让我在不同的群体面前磨炼语言和胆量，包括学院领导亲临指导，进入大学课堂试讲等。另一个比较好的方法便是进入实际中小学课堂，选择比赛篇目所对应学段试讲，试讲后进行反思总结，通过不断磨课固定基本的教学内容和语言，所需精力和时间较多，对于教师本身综合素质要求较高，但如若能落实，对于倒逼教师成长、改善内容具有明显作用。

正如上文所说，由于应届毕业生未在实践中形成适合自身的精炼准确的教学语言表达系统，因此需要在一遍遍的练习中调整十分钟的教学内容，录制视频的方式不仅有利于训练表达的流畅性，还会倒逼教师自身词汇的生发和补充。同时，有利于增强选手十分钟时间概念的养成。

2. 把握教学对象，充分肯定自身

无论是有生还是无生试讲，对象感的确立都相当重要，这是教师很重要的能力之一，

教师应调动自身情感，了解学生面临的问题和诉求生发试讲。如果心中没有学生，只进行自我的情感运动，那么在试讲的过程中，就像一叶孤舟，会迷茫甚至无从下手。教师在清楚线索框架内容、明确教学步骤后，需要多加练习，想象自己是一名真正的老师，此处就是真正的课堂，面对现实的学生应该运用怎样的语气语调授课，如果学生不懂教师又要如何恳切地引导。

遇事先完成，完成比完美重要。"教育是遗憾的艺术"，我们永远都不会有完全准备好的时候，直面自己的恐惧，正确看待问题并敢于实战，在不那么完美的每一次试讲中暴露问题，解决问题，方是自我成长的最佳之路。前期的充分准备是为了更好地亮相而助力，不要让"逐字稿""背环节"之类的前期准备成为束缚自己的牢笼。面对结果不明的事情，告诉自己最重要的是过程，抛开给自己的设定，有不足之处，和指导老师一起调节，要知道，准备的过程已经滋养了我们的试讲能力。要有勇气，有强烈的自我认同感，接受自己的平凡和真实，接受自己的不完美，才能意识到备赛过程的价值。

（四）"即席讲演"和"答辩"策略

"师范生要在师范生教学技能竞赛中的即兴演讲项目上取得好成绩，必须了解师范生即兴演讲的竞赛性、材料性、教育性特点。"[1]参赛者应具备多方面的知识素养和能力，特别需要敏捷的思维能力、快速的语言表达能力和灵活的应变能力，此环节主要考查参赛者应用教育教学知识解决教学问题的能力、思想的深度以及思维的敏锐程度。经历备赛师范生技能大赛后，我认为最行之有效的方法是分主题训练，限时无依赖作答，及时提出意见，马上改进作答。

即席讲演的主题划分大致有如下几类：应急应变类、自我认知类、时政热点类、人际沟通类、组织管理类、综合分析类。备赛时需要总结每一类题目惯用的思路和一些常用的名人名言，进行识记和反复练习，不可一字一句背答案。需要识记的是必要的教育理论和教育家名言以及阐述较难思路时的相关阐述语言。可以阅读相关教育理论家的著作，比如《教育是心灵的艺术：李镇西教育随笔选》，这本教育教学随笔集通俗易懂，有思考也有深度，对于快速吸收教育思想、拓展思路有帮助。此外，对教育热点要多加注意，比如"双减"政策、课后延时服务、劳动教育、普职分流、跨学科教学等。川渝决赛我所抽到的即席演讲题目为"《义务教育语文课程标准（2022 年版）》强调了'过程性评价'，你对过程性评价怎么看？"由此，对于新课标相关内容的理解也相当必要。

现场答辩首先要做到能准确理解问题，能运用专业知识分析解决问题，切中问题的要害与关键，回答问题思维灵活，能用理论与事实说明问题，在解决问题的思路和方法上有独到之处，言简意赅，概括性强，条理清晰，语言流畅，语速适中。本人所经历的两次答辩问题分别为"对于《记承天寺夜游》中的闲人意蕴，你是如何理解并设计教学的？""你是否觉得景物描写的作文设计有点浮于表面，对于学生的落实不够到位？"评

---

① 杨硕林：《师范生即兴演讲的准备》，《语文建设》，2012 年第 20 期。

委答辩所问，大多依据你的教学内容，选手真诚回答，面带微笑地自信讲出即可。

（五）说课技巧

"说课是在个人备课的基础上，说出某一节课的教学设计及理论依据。"[①]，也是教学设计的口语化显现。三分钟之内需要阐述一课时的授课内容，阐述语言要尽量做到简洁明了。说课的结构应做到完整，包括说教材、说学情、说教学目标、说教学重难点、说教学理念、说教学过程、说板书设计这七个环节。对于教学环节的阐述要详略得当，重点环节要详说，也就是将十分钟相关的片段授课内容突出，目的是为其后的模拟授课做好准备和前期的印象铺垫工作。说课PPT要形成自己的模板，可以运用一些优质串词串联说课语言。比如，我的教学目标有如下三点，其中，目标二是我的教学重点，目标三是我的教学难点。如若说课有教学反思，注意不要把自我贬得太低，简单说我有哪些优势和不足，课堂知识的落实，学生情感的感受度即可。

（六）正视不足

整个比赛历程中，我也有许多未能考虑到的错漏点，倘若当时能加以重视和完善，效果可能会更好。比如，朱德的《回忆我的母亲》中母亲的形象非常饱满，作者的语言如此的朴实，所回忆的事件也是日常生活中的小事，如何让学生于平凡中体悟母亲的深情成了我的难题。前文提到，试讲《背影》时，我对背景的赘述干扰了学生对情感的理解，我对于母亲所做事件太过平淡的讲述也同样限制了学生情感的发散。好在指导老师提示我应当将"话语权"交还给学生，并想出了用"鱼骨法"串联教学层层解剖带入学生的好方法，由此可见"学生为本"的理念只是在我的脑海中留下了印记却并没有生根发芽，希望这个理念在我以后的教学之路中能不断得到改进和强化。

反思我所参与的多次教学技能竞赛，我的文本解读能力还有很大的提升空间，一名汉语言文学专业师范生的内在文学涵养无法速成。比如，在备赛《孙权劝学》时，我对于人物形象的分析常常停留在表面，需要指导老师对文本进行全面分析后才对人物有更深刻的感知。如若在我的眼中，孙权、鲁肃、吕蒙等人物都不够鲜活和生动，又怎么能让学生对这些人物有更深层次的感知呢？所以，对于一名优秀的赛手而言，自身的文学储备一定要足够丰富，文本解读的功力才会更深厚。

结　语

"教育大计，教师为本。师范生作为卓越教师的后备力量，师范技能是其不可或缺的核心素养之一。师范技能的养成过程，是培养师范生掌握教书育人实践性知识、增强职业认同、形成良好师德师风、逐步具备卓越教师素养要求的重要途径，是培养师范生

---

① 梁光明：《微格说课：师范生从教素质训练的新形式》，《教育理论与实践》，2013年第9期。

服务国家、服务人民、增强社会责任感的重要载体。"①在接近一年的比赛锻炼下，我的收获和体会都很多，所参与的两次比赛也都取得了相对不错的结果，对这些经验加以总结，是备赛这段时间的经验内化。总而言之，希望我的分享和总结能为后来的参赛选手提供一定的参考价值。让选手意识到，在备赛过程中，为了寻找一个出彩的教学点，参赛者首先需要做好前期的精耕细作，精雕细琢打磨竞赛作品，也就是精研文本解读工作。而文本解读又涉及对教材、课标要求、文本、学生、作者等多方面的研究。当然，一名优秀的参赛选手不仅仅要做到对文本解读和文本选点的知悉，还需要在各个外显的方面显发自己的综合素养。比如赛时个人风格的打造以及形象魅力的提升、PPT 和教学设计以及板书美观程度的调整、加速由"内化"向"外化"转化的方式方法、"即席讲演"和"答辩"需要注意的细节、说课的技巧与环节等。另外，及时调整赛时心理状态，认真熟悉赛事规则，按时提交文档资料，合理运用加分小技巧等，也能帮助我们取得好成绩。

---

① 彭上观等：《卓越教师师范技能养成体系的实践与探索——以华南师范大学为例》，《吉林省教育学院学报》，2021 年第 8 期。

第六编

附录

教育是人类共同的事业，是传递文明、传承文化、培养人才、维系社会、促进发展，最基本、最重要的行为，研究不同民族的教育思想，是彼此借鉴吸收的前提。站在大中小一体化视野下，大学教师突破高等教育与基础教育的壁垒，"向下"思考中小学课堂教育教学的原则、路径与方法，或许能从"教学相长"角度，提高学科专业课程教学的针对性与实效性。

——题记

论《格列佛游记》的教育思想

丁世忠[①]

（长江师范学院 文学院 重庆涪陵 408100）

【摘 要】英国启蒙思想家、小说家斯威夫特参加社会活动，通过创作谈论各种社会
问题。其代表作游记体小说《格列佛游记》描写英国医生格列佛在小人国、
大人国、勒皮他等岛国及慧骃国的见闻，广泛反映 18 世纪前期英国的社会
现实，其中表现出来的教育思想体现了对教育问题的认识与思考。

【关键词】斯威夫特；《格列佛游记》；教育思想

斯威夫特是英国 18 世纪启蒙运动中重要的思想家和小说家。他所生活的时代，欧洲已处于由封建社会向资本主义过渡的社会转型时期。当时社会、政治、经济、思想文化等新旧力量撞击十分剧烈。特别是在欧洲各主要国家，随着封建势力同包括一般资产阶级在内的人民群众的矛盾日益尖锐化，推翻封建制度，建立和发展资本主义社会成为时代的要求。启蒙思想家们不仅提出了建立"理性国家""理性社会"的社会政治思想，而且重视文化教育和科学技术，并要求把教育从贵族和教会控制下解放出来，培养合乎他们理想的新时代的"新人"。

18 世纪英国的政治形势也复杂多变。1688 年的"光荣革命"，造成了贵族和资产阶级的妥协。随着君主立宪制的确立，贵族、资产阶级所推行的土地、税收和殖民政策，加速了资本主义原始积累的过程，也导致各种矛盾的加剧。在这样一个大动荡、大变革的时代，作为一个启蒙思想家，斯威夫特积极参加各种社会活动，同时也通过自己的创作，参与各种社会问题的讨论。其代表作《格列佛游记》采用游记体小说的形式，描写英国医生格列佛在小人国、大人国、勒皮他等岛国及慧骃国的见闻，广泛地反映了 18 世纪前期英国的社会现实。作品内容丰富多彩，既有对科学的追思、民主政治的向往、对金钱罪恶的批判以及对腐败政治的讽刺，也有对教育问题的探讨，《格列佛游记》所表现出来的教育思想，体现了作者作为一个启蒙思想家对教育问题的认识与思考。

一

教育活动是培养人的社会实践活动。"教育活动的目的是通过培养人，影响人的身

---

① 丁世忠：长江师范学院文学院前院长，教授，重庆市级一流专业汉语言文学专业负责人。原文发表在《西南民族大学学报》2008 年第 9 期，近期略有修改。

心发展，从而使每个人都能更充分、更真实地生活，最终影响人类的发展。"①教育对于每一个人的成长和人类社会的发展进步，都具有不可忽视的作用，正如美国教育家富兰克林所说："对于个人来说，教育是开启幸福之门的钥匙，是增加经济财富的重要手段；对于社会来说，教育则是家庭与国家安定繁荣的坚实基础。"②教育是如此的重要，所以古今中外有远见卓识的政治家、思想家都非常注重教育问题。

德育作为教育的一个重要组成部分，对个体的发展和社会的稳定具有重要的影响和作用。道德教育作为德育教育的重要组成部分，"它侧重人的行为规范和道德风尚，以培养人的一定的道德品质为目的"③。德国教育家赫尔巴特说："教育的唯一工作与全部工作可以归结在这一概念之中——道德，道德普遍地被认为是人类的最高目的。"④斯威夫特作为启蒙思想家，也特别重视道德教育。在《格列佛游记》中，他通过描述利立浦特人的学术、法律、风俗和教育儿童的方法，反复强调道德的重要性。他指出，"优良的品行比卓越的才能更被重视"⑤，并且认为："人人都能够掌握真诚、公正、克制自己等等道德。""如果人人能实践这些美德，再加点经验和为善之心，人人就能为国服务。"⑥相反，"如果一个人缺德无行，即使他具有卓越的才能也无济于事，任何事务也不能委托这种危险分子去办"⑦。他还认为："如果一个人的品行端正，只是因为无知才犯错误，他对于公众利益不会发生什么严重的影响，绝不会像那些品质恶劣、存心贪污腐化的人一样会给社会带来致命的损失，正因为这种人手段高明，他们才能加倍地营私舞弊，而同时又能巧妙地掩饰他们的腐败行径，这种人为害社会之烈，远远超过由于无知而犯错误的人。"⑧，在他看来，高智商的犯罪最可怕、危险性更大，而有品行的人，即便有过失，也不会给社会带来大的危害。

中国古代教育家孔子说："君子怀德。"（《里仁》）一个有学问有修养的人经常想的就是道德。如果道德沦丧，必然造成严重的后果。在大人国布罗卜丁奈格，斯威夫特借国王对格列佛所进行的质询和诘问，指出格列佛所诉说的一系列大事记，不过是"一大堆阴谋、叛乱、暗杀、屠戮、革命或流放。这都是贪婪竞争、伪善、无信、残暴、愤怨、疯狂、嫉妒、怨恨、嫉妒、淫欲、阴冷和野心所能产生的最大恶果"⑨。作者感叹在利立浦特这样一个黑暗、腐朽、混乱的社会中，取得任何职位都不需要具有什么道德是非常可怕的。

良好的道德表现为一个人应该讲道义，有情有义，才是一个人应有的品质。所以，斯威夫特主张对"忘恩负义应判死罪"。"以怨报德的人应该是人类的公敌，他对待人类可能比他对待自己的恩人还要恶毒，因为世人没有施恩于他，这样人的人根本不配活

① 孙俊三：《教育原理》，中南大学出版社，2001年版，第6页。
② 单中慧：《西方教育史》，山西教育出版社，2004年版，第303页。
③ 孙俊三：《教育原理》，中南大学出版社，2001年版，第366页。
④ 赫尔巴特：《普通教育学》，商务印书馆，1939年版，第46页。
⑤ 斯威夫特：《格列佛游记》，人民文学出版社，1979年版，第42页。
⑥ 斯威夫特：《格列佛游记》，人民文学出版社，1979年版，第42页。
⑦ 斯威夫特：《格列佛游记》，人民文学出版社，1979年版，第42页。
⑧ 斯威夫特：《格列佛游记》，人民文学出版社，1979年版，第42页。
⑨ 斯威夫特：《格列佛游记》，人民文学出版社，1979年版，第111页。

在世上。"①可见，那些恩将仇报、无情无义的行为，是作者所强烈鄙视的。

诚实守信，也是重要的道德规范。斯威夫特在作品中指出，人无论在什么情况下都不能撒谎。当格列佛向彼得罗·德·孟戴斯船长讲述自己在慧骃国的奇特经历而对方不相信他时，他发出了这样的感叹："我听了不禁大为生气。因为我差不多已经忘记了在'耶胡'统治的国家里，人们都具有撒谎这种特殊的本领，他们对别的同类说的实话也常常加以怀疑。"②当然，在他理想的国家，人们是讲究诚实守信的，"如果我在'慧骃'国中住上一千年，也不会听到最下等的仆人撒一个谎"③。

斯威夫特强调友谊和仁爱的重要性，他在《行善》这本小册子中说："除了我们对街坊邻居每一个个人应有的这种爱以外，还有一种更加广泛的义不容辞的责任，即我们对街坊邻居作为社会的人的爱，因为他是联邦大团体的一员，与我们生活在同一个政府之下。这通常叫作爱民众。我们甚至必须比爱自己更严格地履行这一义务，因为我们自己和所有的街坊邻居全部都共同生活在一个大团体之中。这种对民众之爱，对联邦之爱，对祖国之爱，在古代被恰当地称为美德，因为它名列一切德行之首，并被认为包含了一切道德……"④在他理想的慧骃国，"友谊和仁爱是'慧骃'的两种重要美德，这两种美德并不限于个别'慧骃'，而是遍及全'慧骃'类"⑤。慧骃国的慧骃重友谊，对他人热情有礼貌。慧骃对自己和别人的子女非常仁善，充满了爱心。在慧骃的家庭内部，夫妻相敬如宾，"永远不会发生嫉妒，溺爱，吵架或者不和睦的事"⑥。

理性是人类宝贵的财富。由于受笛卡尔唯理主义学说的影响，越来越多的人意识到近代人的觉醒和反封建盲从的社会进步，以及近代科学知识的获得，这些都有赖于人的理性思维。在18世纪，"理性崇拜"成为启蒙运动的思想核心。启蒙学者认为，要改造社会就要用"理性"和符合"理性"的科学知识去"照亮"人们的头脑，启迪人们的蒙昧无知。斯威夫特在《格列佛游记》中，表达了他对理性的崇尚之情。在他理想的慧骃国，主人天生就有道德，"他们是理性动物，根本不知道什么叫罪恶，所以他们的格言就是要发扬理性，一切都受理性支配。"⑦正是由于慧骃很有理性，所以慧骃"根本不知道还有什么辩论、吵闹、争执、肯定虚伪或者含混的命题等罪恶"⑧。

二

道德修养固然重要，但能力的培养也非常重要。《格列佛游记》在强化道德的作用的同时，也讨论了能力的培养问题。

斯威夫特认为，理想的人应该有坚强的意志力。在慧骃国，"'慧骃'要孩子们在

① 斯威夫特：《格列佛游记》，人民文学出版社，1979年版，第43页。
② 斯威夫特：《格列佛游记》，人民文学出版社，1979年版，第264页。
③ 斯威夫特：《格列佛游记》，人民文学出版社，1979年版，第264页。
④ 鲁宾斯坦：《英国文学的伟大传统》，上海译文出版社，1998年版，第319页。
⑤ 斯威夫特：《格列佛游记》，人民文学出版社，1979年版，第246页。
⑥ 斯威夫特：《格列佛游记》，人民文学出版社，1979年版，第247页。
⑦ 斯威夫特：《格列佛游记》，人民文学出版社，1979年版，第245页。
⑧ 斯威夫特：《格列佛游记》，人民文学出版社，1979年版，第245页。

崎岖的山岭跑上跑下，或者在坚硬的碎石上跑来跑去，以训练他们的体力、速度和耐性，他们跑得浑身出汗时，就命令他们跳进池塘或者河里，全身浸在水中"①。在作者看来，慧骃要生存，就必须通过严格得近乎残酷的训练来培养自己意志力。慧骃作为一种有理性的马，其体力、速度和耐力都非常重要，因此，这种高强度的训练，既是对慧骃的意志力的培养，也是对慧骃生存能力的培养。

教育要培养人的探索精神。在 18 世纪，数学、物理、化学、生物学和地质学等自然科学已经各自形成了独立的学科。牛顿的万有引力理论为其他许多学科的大发展奠定了基础。瓦特发明了高热效率的蒸汽机，并使之成为工业可用的发动机，于是英国开始了工业革命。因此，斯威夫特重视科学，鼓励人们思考宇宙的奥秘。在慧骃国，慧骃能根据日月的周转运行计算年月，已经"知道日月蚀的道理"；进行医药研究，能够用中草药治病；特别是在建筑方面，"他们的建筑虽然十分简陋，但是非常方便，而且构造巧妙可以防御寒暑的侵袭"②。

人才培养是一个复杂的过程，需要家庭、学校、社会等多方面共同参与。由于学校教育具有较强的目的性、系统性、选择性、专门性和基础性，因此，学校教育是教育的主要形式，在教育活动中处于核心地位。斯威夫特认为，"子女的教育绝不可以托给他们的生身父母"③，而应该把学生送到学校，让他们接受学校教育。在小人国，人们在每个市镇上都建有公共学校，"做父母的，除了村民和劳工以外，都必须把年满二十个月的儿女送到学校里去受教育"④。

学校教育应该有不同的类型，"以适应于不同阶层和性别的儿童"⑤。学校生活要有规律性，注意劳逸结合，"除了短暂的吃饭、睡觉时间和两小时的娱乐、体育活动以外，他们都有事情要做"⑥。此外，学校教育要注意课程设计，孩子们在学校能够受到"荣誉、正义、勇敢、谦虚、仁慈、宗教、爱国等原则的熏陶"⑦。在慧骃国，"青年男女都要学习有关节制、勤劳、运动和清洁的功课"⑧。当然，学校教育并非义务教育，人们每年要交教养娱乐费。这种理想的学校、理想的教育，体现了作者的理想追求，因此，他觉得"它们教育青年的方法令人敬佩，很值得我们效法"⑨。

学校教育要注重实际应用能力的培养。斯威夫特本人在伦敦作学徒期间，就曾经找人补习航海学和数学中的一些学科，他坚信"对有志旅行的人来说这都很有用"⑩。在大人国，人们非常注重实用，"他们的数学完全用在有益人生的事情上，用在改良农业

---

① 斯威夫特：《格列佛游记》，人民文学出版社，1979 年版，第 247 页。
② 斯威夫特：《格列佛游记》，人民文学出版社，1979 年版，第 251 页。
③ 斯威夫特：《格列佛游记》，人民文学出版社，1979 年版，第 43 页。
④ 斯威夫特：《格列佛游记》，人民文学出版社，1979 年版，第 43 页。
⑤ 斯威夫特：《格列佛游记》，人民文学出版社，1979 年版，第 43 页。
⑥ 斯威夫特：《格列佛游记》，人民文学出版社，1979 年版，第 43 页。
⑦ 斯威夫特：《格列佛游记》，人民文学出版社，1979 年版，第 43 页。
⑧ 斯威夫特：《格列佛游记》，人民文学出版社，1979 年版，第 247 页。
⑨ 斯威夫特：《格列佛游记》，人民文学出版社，1979 年版，第 247 页。
⑩ 斯威夫特：《格列佛游记》，人民文学出版社，1979 年版，第 3 页。

和一切机械技术上"①；慧骃也注重应用能力的培养，注意向野兽学习各种智慧，"蚂蚁不是教导我们要勤奋工作，燕子教导我们怎样盖房子？"②如果不注重实用知识的学习和应用能力的培养，就会流于形式和空谈。在勒皮他，由于人们轻视实用几何学而导致他们的房屋建筑得很坏，在任何房间里也找不到一个直角。同时，作者也讽刺了他们不切实际、虚幻的科学研究，如：他们的思想永远跟线和圆相联系，担心地球有一天会被太阳吸收、吞没，太阳光线最后会消耗完而灭亡等。在巴尔尼巴比，科学家从事的工作有：从黄瓜里提取阳光、把粪便还原为食物、把冰烧成火药、"从屋顶开始建筑，自上而下一直盖到地基"③。

学校教育教学中，要注意引导学生主动、积极、自觉地掌握知识，发展能力。斯威夫特说："我读一章《天路历程》，比高谈阔论什么意志、理智、简单和复杂的思想，可以得到更好的享受和更多的知识。"④因此，斯威夫特在《格列佛游记》中，强调学校要注意培养学生自己的自主能力。利立浦特的孩子，"四岁以前，男仆人给他们穿衣服，四岁后，不管他们身份怎样富贵，都要自己穿衣服"⑤。这样，孩子们就可以从小锻炼自己的自主能力，脚踏实地，避免空谈、空想。

教师是人类文化的传递者，他在知识、技能、思想、品德、行为等各个方面对学生产生影响。"教师个人对学生心灵的影响所产生的力量，无论什么样的教科书，无论什么样的思想，无论什么样的奖罚制度都是代替不了的。"⑥学校配有业务能力强的教师，他们道德高尚、博学多才⑦，同时，学校要求教师以身作则，"因为我们以身作则会产生很大的影响，也许足以阻止历代那种令人叹息的人性不断退化的趋势"⑧。

斯威夫特主张男女平等享受受教育的权利。他主张学校教育应该男女平等，女子可进学校接受教育，"我也没有发现她们的教育由于性别不同而有差别"⑨。这种男女平等的教育观，具有进步意义。

斯威夫特认为，理想的教育一定能取得理想的成绩。由于教育的良好作用，他理想的慧骃国在各个方面都有成就。从文学来看，"就它们的诗歌而论，可以说已经超过了任何有生命的动物。它们的诗歌比喻恰切，描写细致正确，都是我们学不来的。它们的韵文富于比喻和描写，内容一般是描述友谊和仁慈的崇高观念，或者颂扬赛跑和别的体力运动中的优胜者"⑩。

但《格列佛游记》表现的教育思想有明显的等级差异。学校一般收容贵族名门子弟，收容一般绅士、商人、做小生意的和手艺的子弟，"村民和劳工都把孩子养在家里，他

---

① 斯威夫特：《格列佛游记》，人民文学出版社，1979 年版，第 115 页。
② 斯威夫特：《格列佛游记》，人民文学出版社，1979 年版，第 250 页。
③ 斯威夫特：《格列佛游记》，人民文学出版社，1979 年版，第 161 页。
④ 鲁宾斯坦：《英国文学的伟大传统》，上海译文出版社，1998 年版，第 308 页。
⑤ 斯威夫特：《格列佛游记》，人民文学出版社，1979 年版，第 43-44 页。
⑥ 孙俊三：《教育原理》，中南大学出版社，2001 年版，第 27 页。
⑦ 斯威夫特：《格列佛游记》，人民文学出版社，1979 年版，第 43 页。
⑧ 斯威夫特：《格列佛游记》，人民文学出版社，1979 年版，第 190 页。
⑨ 斯威夫特：《格列佛游记》，人民文学出版社，1979 年版，第 44 页。
⑩ 斯威夫特：《格列佛游记》，人民文学出版社，1979 年版，第 251 页。

们的本身是耕种田地，所以他们的教育和公众没有多大关系"①。另外，作为 18 世纪的启蒙主义者，斯威夫特具有明显的轻视家庭教育和社会教育的倾向。我们知道，教育是一个复杂的系统，它包括家庭教育、学校教育和社会教育三个部分。"家庭教育和社会教育是对学校教育的补充和完善。家庭教育为学校教育打基础，学校教育指导家庭教育；社会教育有广泛而强烈的渗透性，对学校教育有重要影响，学校教育在面临社会教育的挑战和冲击时，不断调整自身，和社会教育相互促进。"②在作品中，作者所强调的仅仅是学校教育，这也反映了他思想的局限。

---

① 斯威夫特：《格列佛游记》，人民文学出版社，1979 年版，第 44 页。
② 孙俊三：《教育原理》，中南大学出版社，2001 年版，第 10 页。

中学文言文阅读教学略谈

王洋河　邹璐　龙吟娇①

（长江师范学院　文学院　重庆涪陵　408100）

【摘　要】本文主要简述文言文阅读教学的意义、目标、任务、教学内容，以及文言文阅读教学方法。文言文阅读教学有助于提升中学生文言文阅读理解能力，增强中学生中华文化传承能力，提升中学生语言表达能力。文言文阅读教学目标，涵盖文言阅读目标，文化传承目标。文言文阅读教学任务，涉及记诵文言课文名篇，评析文言思想内容，传承文言优秀文化。文言文阅读教学内容，包括文言文字词教学，文言文篇章教学，语法教学。文言文阅读教学方法，主要有串讲法，翻译法，诵读法，表演法，评析法。

【关键词】中学；文言文阅读；教学

汉语是世界上具有悠久历史而又最富稳固性的语言之一。汉语至少有一万年的历史，殷墟甲骨文距离现代三千多年，如果说五千年前我们的祖先就创造了文字，还算是谨慎的估计。②古代汉语与现代汉语以 1919 年五四运动为分水岭，它的内部又分为上古汉语、中古汉语及近代汉语，不同阶段汉语的语音、词汇、语法变化较大。古代汉语共有书面语与古白话两个系统，文言文属于古代汉语书面语系统，中学文言文阅读教学研究具有重要意义及作用。

一、文言文阅读教学的意义

文言文阅读教学的意义包括提升中学生文言文阅读理解能力，增强中学生中华文化传承能力，提升中学生语言表达能力等。文言文教学亦有助于陶冶情操、增强中学生爱国主义情怀与民族自豪感。

（一）提升中学生文言文阅读理解能力

文言文阅读教学的意义在于提升中学生文言文阅读理解能力。中学生通过学习文言

---

① 王洋河：博士，长江师范学院文学院教师，主要从事古代汉语教学与研究。邹璐：长江师范学院文学院副教授，主要从事古代汉语教学与研究。龙吟娇：博士，长江师范学院文学院教师，主要从事写作教学与研究。
② 王力：《汉语史稿》，中华书局，2013 年版，第 571 页。

文，逐步掌握文言字词、语法，理解文言文特点，从而提升文言文阅读理解能力。在文言文学习中，学生要掌握古代汉语基本的字词、语法。如代词方面，理解第一人称代词"吾、我、予、余"，第二人称代词"女、汝、尔、若、而、乃"，指示代词"之、其、彼、夫"（这些指示代词常常用来称代第三人称）。

文言词汇是文言文的基础，学生只有理解掌握了文言词汇，才能读懂文言文。文言词汇以单音词为主，词语具有多义性，词义复杂，如一般与特殊，特指与泛指等。要根据一定理论和方法来学习，才能避免出现胡子眉毛一把抓的情况。如"私"，其词义众多，应根据语境具体分析。《出师表》"不宜偏私，使内外异法也"，"私"指偏爱，不公道。《鸿门宴》"项伯乃夜驰之沛公军，私见张良"，"私"指私下，偷偷地。《陈情表》"欲苟顺私情"，"私"指私人的，自己的。句式方面，文言句式复杂多变。以课文《鸿门宴》为例，"若属皆且为所虏"，此为被动句，标志词是"为所"。"如今人方为刀俎，我为鱼肉"，此为判断句，标志词是"为"。"不然，籍何以至此"，此为宾语前置句，"何"是介词"以"的宾语。"孰与君少长"，此为固定句式，"孰与"表比较。

文义教学内容丰富，知识要点多。《高中语文课程标准》（2020）明确要求"重点掌握常见的150个文言实词、18个文言虚词和主要文言句式在课文中的用法"。在教学中，要调动学生学习的自主性和积极性，让学生初步掌握文言文性质和特点，提升文言文语感。在思维中对所学文言知识进行重新建构，并转化为新的知识框架，从而加深对文言文的理解和认知，提升文言文阅读能力。

（二）增强中学生中华文化传承能力

文言文阅读教学的意义在于增强中学生中华文化传承能力。学习文言文，就是要切身感受古仁人志士的先进思想与高尚审美情趣，学习并传承他们留下的精神瑰宝。《义务教育语文课程标准》（2022：5）指出，学生要"认识中华文化的丰厚博大，汲取智慧，弘扬社会主义先进文化、革命文化、中华优秀传统文化，建立文化自信"。中学生要在广泛而深刻的文言文阅读中，进一步开阔视野，增长学识，不断吸收与继承中国古代文化，增强对中华民族民俗礼仪、典章制度、风土人情的理性认识，提升中学生中华文化传承能力。

先秦时期百家争鸣，开创了中华古代思想史大发展、大融合的先河。《论语》《孟子》《庄子》《韩非子》等著作是中华传统文化的精髓，各家学派独树一帜，在社会思想、人生态度上都富有启发性，深刻影响了中国哲学、政治、教育、伦理、文化等各方面。再如中华民族特有的天干地支纪年法，"甲、乙、丙、丁、戊、己、庚、辛、壬、癸"为十天干，"子、丑、寅、卯、辰、巳、午、未、申、酉、戌、亥"为十二地支，天干地支按顺序相配，六十为一周期。中华文化灿烂辉煌，源远流长，中学生要通过文言文学习，扫除语言文字障碍，充分汲取古代文化中的营养和智慧，继承和弘扬中华珍贵文化遗产。

（三）提升中学生语言表达能力

中学生学习文言字词、语法以及各类表达技巧，能够增强语言表达能力。语言与思维关系密切，语言是思维的工具与载体，是思维外在的表现形式。学生通过语言运用训练，获得直觉思维、逻辑思维、辩证思维和创造思维的发展。[1]在文言文学习中，学生分析疑难字词，掌握语法，独立翻译文本，能锻炼思维能力，通过语言建构与运用，强化话语表达训练，构建自己的言语体系，进而提升语言表达能力，促进语文核心素养的提高。

文言文言简意赅，内涵深刻，富有韵味。选入教材的文言文体裁众多，有歌赋、散文、小说等，文采斐然，是中学生学习古文的优秀范本。如《滕王阁序》骈俪对偶，平仄协调，音韵和谐。全文绘景华丽，句不离典，达到了较高的艺术境界，是历代文人墨客争相模仿的华章典范。

二、文言文阅读教学的目标

文言文阅读教学目标主要包括文言阅读目标、文化传承目标。文言阅读目标方面，要培养学生阅读浅易文言文的能力。文化传承目标方面，要提高学生文化传承与理解力。教学目标是教学活动的出发点，对教学有直接的导向作用，文言文阅读教学目标对文言文教学具有重要的指导作用。

（一）文言阅读目标

文言文属于古代汉语书面语系统，它以先秦口语为基础，经过历代文人修饰，更显艰涩难懂。《义务教育语文课程标准》（2022）指出，要培养学生阅读浅易文言文的能力。文言文阅读教学中，要让学生掌握常见的实词、虚词和文言句式。如常用的指示代词"此、斯、兹、是、然、否、者、所、他"，句首句中语气助词"夫、其、唯、者、也"等，疑问代词"谁、孰、何、曷、奚、胡、恶、安、焉"。还有词类活用现象，包括名词使动用法和意动用法，形容词使动用法和意动用法。如《毛遂自荐》"文王以百里之壤而臣诸侯"，"臣"为名词使动用法，指使谁称臣。《伤仲永》"稍稍宾客其父"，"宾客"为名词意动用法，指以谁为宾客。《小石潭记》"凄神寒骨，悄怆幽邃"，"凄、寒"为形容词使动用法，指使神骨凄寒。《师说》"而耻学于师"，"耻"为形容词意动用法，指以什么为耻。文言文教学还要让学生学会各类文言句式，如判断句、双宾语句、倒装句等，以及熟知古文常用的表达技巧。综言之，要切实加强文言基础知识的教学，不断提升学生的文言阅读能力。

语言文字的学习，出发点在"知"，而终极点在"行"；到能够"行"的地步，才算具有这种生活的能力。[2]学生通过积累文言知识，不断感悟，将所学文言知识应用到

---

① 教育部基础教育课程教材专家工作委员会：《普通高中语文课程标准（2017 年版）解读》，高等教育出版社，2018 年版，第 62 页。

② 叶圣陶：《叶圣陶语文教育论集》，教育科学出版社，2015 年版，第 2 页。

阅读、写作实践中，提高阅读写作能力。教材中的文言文注释具有导学性质，能够"培养学生的自学能力，提高学生独立阅读、独立思考能力"。①教师应充分利用教材注释和工具书，培养学生自主学习的思维能力，逐渐提升学生文言文阅读能力。

（二）文化传承目标

文言文教学的核心目标之二是传承中华优秀传统文化。"文化传承与理解"是语文学科核心素养内容之一，通过文言文阅读教学，要让中学生熟悉和鉴赏古代文化，开阔视野，提升文化品位与理解能力，增强文化自信，进而提高文化传承力。习近平总书记二十大报告中指出："我们必须坚定历史自信、文化自信，坚持古为今用、推陈出新，把马克思主义思想精髓同中华优秀传统文化精华贯通起来。"《义务教育语文课程标准》（2022：6）也指出，要"注重了解中华优秀传统文化的源远流长、丰富多彩，提升自身中华优秀传统文化修养"。要之，文化传承是文言文阅读教学的重要目标。

中华文化绵延数千年，薪火相传，弦歌不辍。中学生要广泛阅读文言文，深刻感受与体悟古代哲学思想文化。如品读儒家文化的代表四书五经，四书是《论语》《大学》《中庸》《孟子》合称，《大学》《中庸》是《礼记》中的两篇。五经指《诗经》《尚书》《礼记》《周易》《春秋》。熟悉了四书五经，就对中华传统儒家文化有了初步了解。再如中华文化史学典籍《史记》，被评价为"史家之绝唱，无韵之离骚"，列为二十四史之首。其与《汉书》《后汉书》《三国志》合称"前四史"，对后世史学和文学的发展都产生了深远影响。中学生要学习其中的《陈涉世家》《荆轲刺秦王》《廉颇蔺相如列传》等。在教学中，教师应让学生注重积累文化知识，提高文化素养。

另一方面，教师应引导学生批判地接受继承文化传统。要去粗取精、去伪存真，摈弃文言文中落后的、狭隘的文化思想，吸收积极、健康、向上的文化，增强学生文化底蕴。让学生能够与时俱进，永葆思想的先进性。

三、文言文阅读教学任务

根据《义务教育语文课程标准》（2022）及《普通高中语文课程标准（修订版）》（2020），文言文阅读教学任务主要集中在记诵文言课文名篇、评析文言思想内容、传承文言优秀文化等方面。

（一）记诵文言课文名篇

文言文教学任务之一即记诵文言课文名篇。《义务教育语文课程标准》（2022）"附录"明确指出，义务教育阶段要求学生背诵古今优秀诗文，推荐古诗文135篇（段）。其中1~6年级75篇，7~9年级60篇。《普通高中语文课程标准（修订版）》（2020）"附录"明确规定，古诗文背诵篇目共32篇，其中必修10篇，选择性必修10篇，选修12篇。

---

① 顾黄初，顾振彪：《语文课程与语文教材》，社会科学文献出版社，2001年版，第86页。

记诵对于文言文教学来说，具有重要的意义。其一是使学生加深对课文的理解。朱熹曾言："大抵观书先须熟读，使其言皆若出于吾之口；继以精思，使其意皆若出于吾之心，然后可以有得尔。"记诵能够增强学生对文本的深度理解，提升学生阅读能力。在反复记诵中，记住关键词句，理解文章思路，弄清各层次间的逻辑关联，有助于把握课文思想情感与表达技巧。其二是能够丰富学生的文言储备。无论阅读何种书籍，要把应当记忆的记忆起来，把应当体会的体会出来，把应当研究的研究出来。①义务教育与高中阶段教材的文言文都是经过专家与编写者反复斟酌后选入课本的，其大多是脍炙人口的名篇，这些诗文辞藻华丽，注重句式整齐，音韵和谐。记诵这类诗文，能够丰富学生的文言储备。其三是能增强学生的口头表达能力。通过记诵文言文，充分吸收文中的词汇、句子，掌握各类表达技巧，能够增强口头表达能力。如形容晚霞灿烂、湖水辽阔，可以引用《滕王阁序》"落霞与孤鹜齐飞，秋水共长天一色"。形容应向优秀的人学习，可以引用《论语》"见贤思齐焉"。

记诵文言文方法多样，有分段背诵、联想背诵等，核心要点是"记诵三要素"。即口熟，通过反复诵读记住文本内容；利用支撑点，即记准若干关键句串联起全文；掌握文章思路，探寻写作意图，弄清各个层次之间的联系。②记诵文言文要注重理解，利用记忆的理论与规律，多次重复背诵，常背常新，将短时记忆转变为长时记忆。在教学中，教师应提倡熟读成诵，不要死记硬背；提倡日积月累，不要贪多求快。

（二）评析文言思想内容

评析文言思想内容是文言文阅读教学的重要任务。《义务教育语文课程标准》（2022：28）"阅读提示"指出，要"重视古代诗文的诵读积累，感受文学作品语言、形象、情感等方面的独特魅力和思想内涵"。字词是思想的载体，是用来传达思想文化的中介。文言文阅读教学中，字词教学不是终点，教师应引导学生以字词为线索，因文解道，解读文章思想内涵，剖析"所言志、所载道"，将对文本的感性认识上升到理性认识。在教学中，切实提高学生的鉴赏能力，使学生能客观正确评析文言文的思想内容、表现形式、风格特色以及审美价值。③

教材中的文言文或沉郁顿挫，或豪放澎湃，或婉约秀美，或微言大义，中学生要在古文学习中不断体悟其中的思想情感。如《离骚》抒发了屈原"受命不迁"的爱国情怀，展现了"路漫漫其修远兮，吾将上下而求索"的求索思想。④《廉颇蔺相如列传》将史家笔法与文学笔触合二为一，生动刻画了蔺相如足智多谋、纵横捭阖的贤相风采，展现了他"先国家之急而后私仇也"的博大胸怀。《苏武传》塑造了苏武面对威逼利诱，不为所动，历尽磨难而不辱使命的光辉形象，生动诠释了儒家"富贵不能淫，威武不能屈"

① 叶圣陶：《叶圣陶语文教育论集》，教育科学出版社，2015 年版，第 23 页。
② 张必锟：《学文言非诵读不可》，《中学语文教学》，1997 年第 6 期。
③ 钱威、徐越化：《中学语文教学法》，华东师范大学出版社，2000 年版，第 147 页。
④ 刘永涛、徐典波：《赋予屈原精神更多时代内涵》，《湖南日报》，2023 年第 3 期。

的精神。《梦游天姥吟留别》抒写了诗人对光明、自由的渴求，对黑暗现实的不满，表现了蔑视权贵、不卑不屈的抗争精神。古代仁人志士给中学生树立了优秀的榜样，值得他们潜心学习。教师要引导学生深入挖掘文言文中的文化意蕴、人文精神、价值理念、道德规范及美学意义，从而让学生提升审美情趣，涵养高雅情操，养成健康的审美意识和正确的审美观念。

（三）传承文言优秀文化

文言文阅读教学任务之三是传承文言优秀文化。文言文与中华优秀古文化水乳交融，习近平总书记《把弘扬优秀传统文化同马克思主义立场观点方法结合起来》强调，"如果没有中华五千年文明，哪里有什么中国特色？如果不是中国特色，哪有我们今天这么成功的中国特色社会主义道路？"《义务教育语文课程标准》（2022：18）也明确提出了"中华优秀传统文化"主题，指出传承中华优秀传统文化主要载体为古代诗词、古代散文、古典小说、古代文化常识等。简言之，文言文教学目的不仅在于培养学生阅读文言文的能力，其还在于传承与弘扬文言优秀文化。

在文言文阅读教学中，应让学生广泛学习各类古文，增长学识，吸收其中的优秀文化因子。如中国古代传统"六艺"，即古代教育的六种科目，包括礼（礼仪）、乐（音乐）、射（射箭）、御（驾车）、书（识字）、数（计算）。它集德育、智育、体育、美育、劳动教育于一体，构建了中国较早的育人体系。①再如中国古代的礼文化。礼是中国传统文化中的重要内容，包括典章制度，以及日常举止规范和仪节，如祭祀礼、冠礼、飨燕饮食礼、宾礼等，礼强调的是社会中的制度规范以及人际的平等、尊重关系。"孝"是礼的重要内容，是中华优秀传统文化。所谓"百善孝为先"，"孝"已深刻融入民族文化血液之中。课文《陈情表》以孝动人，言辞恳切，生动表现了作者对祖母的至孝至诚，千百年来感动了一代代中华儿女，成为不朽的名篇。在家庭礼仪中，传统礼仪提倡"父慈子孝、兄友弟恭"，夫妻之间"相敬如宾"。在教育中，传统礼仪指出"天、地、君、亲、师"，表现了尊师重教的优良传统。礼对古代社会的发展和文明进步产生了深远的影响。

在文言文中，学生还能学到大量成语、俗语。如出自《鸿门宴》的成语"秋毫无犯"，形容军队纪律严明，丝毫不侵犯群众的利益。"项庄舞剑，意在沛公"，比喻说话或行动虽然表面上另有名目，其真实意图却在于对某人某事进行威胁或攻击。"人为刀俎，我为鱼肉"，比喻人家掌握生杀大权，自己处在被宰割的地位。文言文中蕴藏着深厚的中华优秀文化，在教学中，要让学生学习并传承。

四、文言文阅读教学内容

古汉语指古代汉族人民所使用的语言，包括文言与白话两个系统，文言系统即古代

---

① 郭强：《"六艺"蕴含的育人智慧》，《中国教育报》，2023 年 03 月 30 日，第 8 版。

书面语。中学文言文阅读教学主要讲授文言字词、语法，以及古汉语修辞、古文工具书的使用等。文言文内容深奥丰富，部分知识点不容易深入掌握，教师在教学前需要充分备课，研究教材，把握重难点。

（一）文言文字词教学

文言文字词教学主要包括文言文疑难字、重点词语讲解。在文字讲授中，应注意运用"六书"理论分析汉字字形，探究古今字、异体字、繁简字等特殊文字关系，重点讲授通假字现象。文言词汇教学中，要分析词语的本义、引申义，以及词义变化种类等。还应结合中考、高考考纲，着重分析在考试中多次出现的文言字词，让学生有针对性地掌握知识点。

1. 文字教学

（1）掌握"六书"理论。教师讲授的文字学知识，主要是"六书"理论，即象形、指事、会意、形声、转注、假借。^①汉字是记录汉语的符号系统，它的产生有两个途径：一是契刻符号；二是记事图画，而且主要产生于记事图画。^②汉字是表意体系的文字，文字的形体和意义关系密切，分析字形有助于了解汉字承载的本义。在讲解文言文时，教师应该运用"六书"理论将字形构造讲透彻，这样才能便于中学生理解并记忆。如"牛"，其为象形字，甲骨文字形为"ψ"。"休"乃会意字，甲骨文字形为"𣲚"，本指人靠着树休息。高中课文《鸿门宴》"旦日飨士卒"，部分学生不熟悉"飨"词义，可以用"六书"来分析字形。"飨"是形声字，左边的"乡"表示读音，右边的"食"表示意义。该字本义与食物有关，就是"用食物来犒劳"的意思。我国古文献资料浩如烟海，疑难字词数不胜数。在文言字词教学中，只有把方法教给学生，让学生真正掌握基础理论，才能切实提高文言文阅读理解能力。教师应将"六书"理论教给学生，让学生领悟体会，逐渐学会用"六书"理论分析汉字字形构造。如象形字"日、月、鱼"，指示字"寸、本、末"，会意字"休、牧、比"，形声字"草、室、泥"等。

教师要讲透汉字构造理论，应扎实掌握《说文解字》。《说文解字》是我国古代第一部字典，产生于东汉时期，其通过小篆字形讲解文字的构造，阐明意义。教师精通该字典后，对文言字词教学也就游刃有余了。

（2）分析文字关系。一个字原则上只有一个形体，但在汉字发展过程中，一些字出现了两种以上的写法。^③其主要有三大类，即古今字、异体字、繁简字。古今字又称分化字，分化前的字称古字，分化后的字称今字。如"见、现""属、嘱""唱、倡""取、娶"。异体字指音义相同、字形不同，在任何时候都可以互换的一组字。如"蚓、螾""睹、覩""峰、峯"，其产生原因主要是造字方法不同、造字素材（形符、声符）不同、

---

① "六书"一词，最早见于《周礼》。汉代谈"六书"的学者有班固、郑众和许慎，这三家"六书"之说，名称、顺序均有所不同。后人讲"六书"时，名称及定义大多采纳许慎之说，顺序则依班固之说。
② 朱振家：《古代汉语》，高等教育出版社，2010年版，第4页。
③ 王力：《古代汉语（第一册）》，中华书局，2001年版，第170页。

偏旁位置不同等。繁简字指汉字的繁体与简体，汉字简化是汉字发展的总趋势，便于书写和表达。汉字简化包括减省结构、笔画，如"寶、宝""燈、灯""擔、担""稱、称"等。

文言文中较重要的用字现象是通假。"通假"即临时找一个音同或音近的字代替本字的现象。①如《师说》"所以传道授业解惑也"，"受"通"授"，指传授。《登泰山记》"须臾成五采"，"采"通"彩"，指彩色。《荆轲刺秦王》"秦武阳色变振恐"，"振"通"震"，指惊恐。古汉语对通假字、古今字、异体字等不同用字现象使用不同术语，包括"通、同、本作"等。由于学界对部分文字关系的判定还未达成一致意见，训诂术语尚无定论，中学语文教材使用的注释术语未作太详细的区分，一般只用术语"通"，主要是为了避免引起质疑与争议，给教师与学生带来困惑。

2. 词汇教学

词汇又称语汇，是一种语言中所有的(或特定范围的）词和固定短语的总和。古代汉语以单音节词为主，现代汉语中复音词特别是双音节词占优势地位。从语言内部看，语音、词汇与语法之中，词汇变化最快，其主要表现在旧词不断消亡，新词不断产生，词义不断演变。②

（1）词的本义与引申义。在文言文词语教学中，本义与引申义分析比较重要。词的本义是指词的本来的意义，是与该词书写形式相应并有古文献参证的最古的意义。词的引申义指在本义的基础上繁衍派生出来的意义，引申义又分为直接引申与间接引申。如"节"，本义是竹节，引申为骨关节，即骨骼连接的地方，其又引申出"节气、节操"等义。"御"，本义是驾驭车马，引申为一般的驾驭。"保"，本义是抚养、抚育，引申为保护之义。"城"，本义是城墙，引申为城市之义。"寺"，本义是官署，因汉传佛教的发展，又引申出寺庙之义；昏，本义是黄昏，因古代男女多在黄昏结婚，引申出结婚之义，该字后作"婚"。

（2）古今词义的变化。古今词义差别明显，主要表现在以下方面。一是词义扩大，如"河"，最初指黄河，逐渐扩大为水系的总称；"睡"，最初指坐着打瞌睡，逐渐扩大为一切形式的睡眠。二是词义缩小，如"臭"，最初泛指所有气味，包括香臭，后来逐渐缩小指难闻的味道。"汤"，最初泛指热水，后来词义逐渐缩小指菜汤、肉汤。"子"，最初指儿女，词义逐渐缩小，后来专指儿子。三是词义的转移。如"羹"，上古汉语"羹"指带汁的肉，中古以后指带肉的浓稠的汤；"恨"，古义主要指遗憾，词义逐渐转移表示仇恨；"涕"，上古汉语"涕"指眼泪，词义逐渐转移，转指鼻涕。教材相关例子，如《荆轲刺秦王》"微太子言，臣愿得谒之"，"微"指如果没有，现代汉语中指微小、微弱。《出师表》"未尝不叹息痛恨于桓、灵也"，"恨"指"遗憾"，现代汉语中多指仇恨、憎恨。《登岳阳楼》"凭轩涕泗流"，"涕"指眼泪，现代汉语中指鼻涕。词义的变化还涉及情感色彩的变化。如"谤"，上古汉语是中性词，指议论别人的过失，

———————————
① 朱振家：《古代汉语》，高等教育出版社，2010 年版，第 292 页。
② 王力：《古代汉语（第一册）》，中华书局，2001 年版，第 82 页。

今指诽谤、毁谤，是贬义词。"贿"，上古汉语中指财物，中性词，今义指行贿、受贿，是贬义词。

在文言文教学中，不能将古文中尚未凝结成词的词组误认为是复合词，如"朋友"，本指"同门曰朋，同志曰友"。"婚姻"，本指"婿之父为姻，妇之父为婚"。"饥馑"，本指"谷不熟为饥，蔬不熟为馑"。古人对于这一类同义词常常加以区别，文言文中究竟是单音词还是复合词，要结合具体语境分析。在文言词汇教学上，教师应提倡综合分析法，对于某些词义的分析，教师不应该只停留在具体单一的语境中，而应该综合其他语言材料，如方言、俗语、成语等，为学生提供一个立体的、综合的知识信息网，这样才有助于学生在课堂上高效地理解词义。

（二）文言文篇章教学

文言文篇章教学内容主要包括文章思想情感、表达技巧教学等。选入教材的文言文大都是流传千古的名篇佳作，在篇章教学中，应注重将思想与表达技巧解读贯穿于字词讲解中。在字词讲授的基础上，帮助学生分析本文的行文思路以及创作背景，从文中感受文言文华美的辞采以及蕴涵的真情实感。

1. 思想情感教学

"文章合为时而著，歌诗合为事而作"，文言文的创作目的是表情达意，传递思想。文言文教学中，教师应指导学生积极思考文章的思想情感和人文情怀，进行审美体验，从中寻求更深层次的启示。《义务教育语文课程标准》（2022：26）"发展型学习任务群·文学阅读与创意表达"指出，"引导学生在语文实践活动中，了解文学作品的基本特点，欣赏和评价语言文字作品，提高审美品位"。在文章思想内涵分析中，教师应让学生注重积累、感悟和运用，提高自己的欣赏品味。如《观沧海》描绘萧瑟秋风、汹涌洪波以及日月星辰之景，抒发作者内心万丈豪情，表现了统一四海的伟大抱负。《桃花源记》借武陵渔人游桃花源这一线索，勾连现实和理想，寄托美好的政治理想，表达了对安宁生活的渴求之情。《送东阳马生序》叙述作者虚心求教和勤苦学习的过程，表达了面对困难毫不退缩、发愤图强的精神。

在思想情感教学中，应指出文章思想的积极意义和历史局限性，要弃粗取精，引导学生批判性学习。一是舍弃封建糟粕思想，教师应该教育学生摒弃这类落后、不合时宜的思想禁锢，如"三纲五常""三从四德""忠君思想""男尊女卑"等。二是继承吸收中华民族优秀文化精神，如《离骚》表现出的关爱百姓的民本思想，《劝学》强调的专心致志、持之以恒的学习态度，《阿房宫赋》表达出的杜绝骄奢淫逸、重视人民力量的思想。

在思想情感教学中，要重视写作背景教学。斗转星移，时代变迁，文言文距离当今时代已经非常久远，学生对于文言文容易产生一定的隔膜感，不利于对文本的思考与理解。陈寅恪指出，古人著书立说皆有所为而发；故其所处之环境，所受之背景，非完全明了，则其学说不易评论。①叶圣陶也强调，又如古书，阅读它而要得到真切的了解，必须明了古人所处的环境与所怀的抱负。②教师应在教学中介绍文章创作的历史背景，让学生将文本与时代背景结合起来，全面解读文章的思想内涵。如《谏逐客书》，该文正反论证，利害并举，说明用客卿强国的重要性。鲁迅评价为"秦之文章，李斯一人而已"。但要真正读透文章，还应结合写作背景综合思考，才能更深刻地体会文本的思想。当时秦国出现了间谍，于是秦王下令驱逐一切非秦国籍的客卿，李斯亦在被逐之列。当学生了解文章写作背景，对文本的理解又加深了一层。教师通过讲解背景知识，能激发学生学习文言文的兴趣，引起情感共鸣，增强学习动机。也有助于引导学生归纳总结作者思想观点、写作思路，点评作者情感，帮助学生进行审美创造，让学生通过感受、理解、欣赏、评价语言文字及作品，获得较为丰富的审美经验。

2. 文章表达技巧教学

"言之无文，其行不远。"文学是语言的艺术，修辞是艺术的语言。文言文的特征是引经据典、骈俪对仗，综合运用多种表现手法。其文学色彩浓厚，炳炳烺烺，表达技巧运用得炉火纯青。《义务教育语文课程标准》（2022：26）"发展型学习任务群·文学阅读与创意表达"指出，"阅读表现人与自然的优秀文学作品，包括古诗文名篇，体会作者通过语言和形象构建的艺术世界，借鉴其中的写作手法"。文言文是广大中学生汲取文学养分、采撷名言佳句、获取创作灵感的源泉。教师在教学中应多指导学生分析文章表达技巧，包括谋篇布局、章法结构、字句锤炼等，以提高读写能力。

在文言文教学中，可以分析创作风格，如现实主义、浪漫主义、豪放、婉约等；赏析艺术手法，如直抒胸臆、借景抒情、托物言志、借古讽今等；归纳语言特点，如平淡质朴、含蓄隽永、清新雅致、沉郁顿挫等。以课文为例，如《岳阳楼记》立意高远，鲜明表达了作者"先天下之忧而忧、后天下之乐而乐"的爱国爱民情怀。从表现手法来看，全文写景、抒情与议论交融一体，动静相生，巧用排偶。锤炼字句也颇见功夫，"衔远山，吞长江"之"衔、吞"化静为动，气势磅礴。再如《送东阳马生序》，课文勉励青年人要珍惜良机，专心治学。字里行间都是谆谆教导，生动感人。在表达技巧探究中，指导学生分析该文的对比说理、细节描写手法。如《三峡》随物赋形，动静相生，全文描绘了三峡错落有致的自然风貌，语言简洁精练，生动传神，形象表现了祖国大好河山的雄浑壮观。《念奴娇·赤壁怀古》笔力遒劲，境界宏阔，将写景、咏史、抒情融为一体，给人以撼魂荡魄的艺术力量，被誉为"古今绝唱"。中学生要从文言文中吸取文学创作技巧，感受古文常见的"直抒胸臆、寓情于景、借古讽今、卒章显志"以及"白描、铺陈、比兴、渲染、欲扬先抑"等手法，体会文言文锤炼字句的精妙，增强现代语文读写能力。

（三）语法教学

汉语语法主要体现在虚词与词序方面，中学文言文语法教学主要涉及词法、句法教

---

① 陈美延：《陈寅恪集·金明馆丛稿二编》，生活·读书·新知三联书店，2001 年版，第 279 页。
② 叶圣陶：《叶圣陶语文教育论集》，教育科学出版社，2015 年版，第 22 页。

学。教师可通过情境默写、抽查、测验等方式强化文言文重点虚词及句式的理解与掌握。同时,应注重知识迁移,触类旁通,让学生掌握更多的语法知识。

1. 词法教学

词法教学内容包含实词和虚词两大类。实词主要涉及词类活用,包括名词、名词性词组、形容词、数量词活用为动词,其中名词活用为动词的现象较普遍。以《鸿门宴》为例,"素善留侯张良","善"是形容词作动词,指友善、交好。"项伯杀人,臣活之","活"是形容词使动用法,指"使什么活命"。"吾得兄事之""常以身翼蔽沛公","兄、翼"均为名词作状语,指"像兄长一样""像翅膀一样"。"籍吏民""范增数目项王","籍、目"均为名词作动词,指"造册登记""使眼色"。词类活用教学中,不是死记硬背各类现象,而应从词义的变化和动词的语法特点来识别词类活用,注意活用为动词后的语法特点及词义变化。如名词作状语等现象,其语义类型主要有四种,即表比喻,表依据,表工具或方式,表处所等。在教学中,应根据语境具体分析。

虚词泛指没有完整词汇意义、只有语法意义或功能的词。虚词包括副词、介词、连词、助词、语气词、感叹词、助动词等。文言文每 100 个词中,有 30 个左右虚词。常用虚词有 70 多个,其中最常用的有 40 个左右。①中学文言文主要涉及 18 个文言虚词,即"而、乃、乎、何、其、且、若、所、为、焉、也、以、因、于、与、则、着、之"。以助词为例,助词指附着在词汇、词组或句子上起辅助作用的虚词。古代汉语常用的助词是"之",其用法主要如下:一是用于定语和中心词之间,帮助组成修饰、限定关系,作用相当于现代汉语的"的",如《陈涉世家》"燕雀安知鸿鹄之志哉"。二是用于主语和谓语之间,取消句子独立性,"之"一般不能或不必译出,如《愚公移山》"虽我之死,有子存焉"。"之"还用作宾语前置的标志,定语后置的标志。主动建构性即意味着在文言词汇教学中,教师应该给学生提供思索的线索,让学生通过自己思维的综合、重组等过程,来从本质上掌握词义。而不是将现成的知识灌输给学生。

2. 句式教学

文言文特殊句式多,变化灵活,其中有判断句、省略句、倒装句、被动句和固定句式等。在教学中,教师须结合具体语境把句义讲透,在解析句义的基础上,再为学生分析句式中的语法现象与特点。教师不能照本宣科,应给学生一些提示,让学生结合所学知识和经验来理解文言句式,牢牢掌握句式的意义及语法特征。以被动句为例,被动句中主语和谓语是被动关系,其主要有四类。一是用介词"于"表被动,如《赤壁赋》"此非孟德之困于周郎者乎";二是用助词"见"表被动,如《廉颇蔺相如列传》"秦城恐不可得,徒见欺";三是用介词"为"表被动,如《鸿门宴》"吾属今为之虏矣";四是用"被"表被动,如《屈原贾生列传》"信而见疑,忠而被谤,能无怨乎"。再看宾语前置句,宾语前置指宾语放在动词前的语法现象。其可分为三类,一是疑问代词作宾语的,二是否定句代词作宾语的,三是有"是""之"等助词为标志的。

---

① 朱振家:《古代汉语》,高等教育出版社,2010 年版,第 167 页。

文言文中有部分常用句式，使用频率高，教师应该着重讲解。如疑问句式"孰与、孰若、孰如、何与、何如、奚与、奚若"，以及"何……为""何以……为""何以为……"。还有感叹句式，如"何其……""不亦……""无乃……""得无……"。学生掌握上述常用句式后，能够以简驭繁，举一反三，进一步提高古文阅读能力。在教学中，教师应教给学生语言积累和梳理的方法，注重积累、梳理与运用相结合。

五、文言文阅读教学过程

文言文阅读教学过程主要包括文言文预读、文言文探究、文言文反思与感悟。文言文内容深奥古朴，在课堂教学中，应遵循教学规律，注意循序渐进，由浅及深，指导学生反复理解。

（一）文言文预读

文言文教学中，教师应安排学生提前预习，让学生做好文言文预读。建构主义理论认为，学习不是教师向学生传递知识的过程，而是学生构建自己知识的过程，学生是主动的信息建构者，而不是被动的信息吸收者，学生通过综合、分析、重组、改造头脑中的知识经验来解释、建构新知识。在文言文教学过程中，教师是学习活动的组织者和引导者，教师要尊重学生主体地位，给学生留出思索、探究、表达的空间，充分调动学生学习的自主性、能动性。教师在教学中指导学生使用教材助学系统，包括单元提示、注释、课后练习，基本掌握课文相关的文言知识，包括字音字形、实词虚词、文言语法等，初步疏通文义，基本熟悉文本内容。王本华指出，部编义务教育语文新教材注重建构助学系统。[①]助读系统是语文教材的重要组成部分，它经过教材编写者的精心设计，能帮助学生有效展开预习任务。如九年级《醉翁亭记》"预习"部分提示，要"朗读课文，结合创作背景，体会作者的思想感情。读课文时，注意文中'者、也、而、之'等虚词的使用，感受文章舒缓自如的特点"。教育专家朱绍禹也指出，要引导学生自己阅读、自己思考、自己讲解，以使他们真正理解，并激起阅读的兴趣。[②]教师应有意识地安排学生预读课文，充分利用教材助读系统，促进学生在预习中独立思考，形成有价值的认识、体验、感悟。教师在课堂上应注意引导，实现从"教会学生知识"到"教会学生学习"的转变。只有学生掌握了文言文学习方法理论，增强了自主学习能力，才能更好地提高学习效率。

（二）文言文探究

文言文探究内容主要包括梳理文章思路脉络、分析人物形象、探究思想情感及归纳表达技巧等。在解决文言字词的基础上，教师应引导学生深度解读文本，梳理文本写作

---

① 王本华：《强化核心素养创新语文教科书编写理念—部编义务教育语文教科书的主要特色》，《教育实践与研究》，2017 年第 2 期。
② 朱绍禹：《中学语文教学法》，中华书局，2015 年版，第 138 页。

脉络、探究思想，真正读透文本。

1. 分析文本主题与思想情感

教师应指导学生把握文言文主要内容，梳理情节的变化发展，抓准文章主题，体悟情感内涵。刘勰《文心雕龙》曾言"文以明道"，文即文本，道即思想感情、精神内核，文道相依，道不能脱离文本。教师在文言文教学中，应结合文本重点分析主题与思想情感。如讲授《出师表》时，要注重归纳文章"劝勉后主广开言路、严明赏罚、亲贤远佞"等内容，赏析诸葛亮匡复汉室、以身许国的爱国主义精神，让中学生在学习中接受高尚精神的熏陶。讲授《琵琶行并序》时，归纳诗文借琵琶女身世观照作者被贬遭遇的思路，鉴赏"同是天涯沦落人，相逢何必曾相识"的慨叹，探究作者壮志难酬的才子之悲。一言蔽之，教师应引导学生以文解道，将文道合一，赏析字词背后的思想内涵。

文言文教学中，学生难以读懂的主要是政论文，如《谏逐客书》《过秦论》《论积贮疏》《答司马谏议书》和《六国论》等。这些文言文思想深邃，充满思辨色彩，如《过秦论》以史为镜，总结秦王朝兴亡的根本原因，体现了作者明达而深湛的政治见解。教师应结合文章创作背景，把文章结构讲明白，把逻辑思路讲透彻，帮助学生准确分析文本主题与思想情感。

2. 分析文本的表达技巧

表达技巧指作者在文本创造中运用的写作原则、规律和方法，包括表达方式、表现手法以及修辞手法等。常见的表达方式有叙述、描写、说明、抒情、议论，表现手法有托物言志、写景抒情、寓情于景等，修辞手法有比喻、拟人、夸张、反问、对偶、排比等。表达技巧还包括行文结构、材料安排等方面。"言以载事，而文以饰言"，恰到好处的表达技巧能化平淡为生动、化抽象为具体，让语言更加形象，文学色彩更加浓厚。《义务教育语文课程标准》（2022）"文学阅读与创意表达任务群"指出，学生要阅读表现人与自然的优秀文学作品，包括古诗文名篇，体会作者通过语言和形象构建的艺术世界，借鉴其中的写作手法。[①]教师应指导学生多琢磨、吸收优秀古文的表达技巧，学以致用，提高表达技巧的鉴赏与运用能力。

如《六国论》交错使用长句、短句，通过一系列对比论证，包括"所大欲、所大患""得地难、献地易""地有限、欲无厌"等，归纳出"赂秦而力亏，破灭之道"的道理，全文综合运用比喻、引用、举例论证，使文章气势充沛，论辩有力，令人信服。《琵琶行并序》描写琵琶声出神入化，综合使用了比喻、叠词和正侧面结合、叙议结合等手法，语言流转匀称。总之，学生应广泛借鉴文言文中的表达技巧，提高写作能力。

（三）文言文反思与感悟

文言文是封建时代的产物，由于政治制度、时代背景、社会思潮的不同，文言文客

---

① 教育部：《义务教育语文课程标准（2022）》，北京师范大学出版社，2022年版，第26页。

观上会留下时代的烙印。在解读文本的基础上，教师应该鼓励学生悟读、反思，进行深度探究与拓展。如《陈涉世家》教学中，在分析陈胜人物形象后，教师可以引导学生探究司马迁对陈胜的态度与评价，深度挖掘文本的思想价值。教师指导学生思考总结，并得出有效答案。"世家"是《史记》为王侯将相所作的传记，司马迁将陈胜与王侯齐观，是对陈胜推翻秦王朝残暴统治的功绩的充分肯定，也是司马迁进步史学观的鲜明体现。

教师应指导学生在学习文本后，不断反思与感悟。所谓"不愤不启，不悱不发"，教师要在学生有疑惑、有困难的情况下，巧妙地引导与讲解，才能取得更好的教学效果。再如《荆轲刺秦王》教学，在解读文本后，要引导学生客观分析荆轲刺秦失败的悲剧原因。从本质上看，秦国是战国七雄中实力最强的，统一六国是历史发展的必然趋势。荆轲违背了当时的历史大趋势，所以导致了悲剧结局。同时，荆轲为报答太子丹的知遇之恩，慨然赴秦，最终命殒秦廷。在今天看来，以生命为代价报答知遇之恩是不可取的。

六、文言文阅读教学方法

文言文阅读教学方法多样，主要有串讲法、翻译法、诵读法、表演法及点评法。不同的教学方法有不同的教学效果，教师应根据教学内容灵活选择文言文教学法，也可以综合采用上述教学法，增加学生对文言文的理解，提高文言文阅读教学效率。

（一）串讲法

传统文言文教学多以逐字逐句串讲为主。串讲是最为简单可行的讲授方法，但也存在一定弊端。叶圣陶指出，逐句讲解是最省事的办法，但是专用逐句讲解的办法达不到国文教学的目标。[1]部分学者也指出，串讲表面上看起来似乎很彻底，实际上由于是灌注式的教学，可说是教师强加给学生的，反而是最不彻底的。[2]我们强调的串讲不是从头至尾、一字不落地讲授。教师在讲解中应区分重难点，根据学生的语文积累和理解能力，围绕着中心知识点串讲，让学生对文本有准确完整的理解，在讲解中力争达到学生的最近发展区。

串讲的内容，包括说明文本创作背景、解释字词、翻译语句等。教师应系统讲授教学目标中强调的实词、虚词，重点讲授学生普遍难以理解的关键字词，消除文言语句之梗塞，让学生顺畅地理解、翻译句子。在精讲字词的基础上，教师要将文言句子连起来讲解，把句子翻译清楚，使学生理解句子大意，为人物形象及思想情感分析奠定基础。叶圣陶指出，学生认识生字生语，往往有模糊笼统的毛病，用句成语来说，就是"不求甚解"。[3]在串讲词句时，教师应准确用词，不能给学生传递似是而非、模棱两可的答案。在使用有意义的讲授法同时，教师也可以适当采用提问法，见缝插针地提出一些解释疑难字词的问题，促进学生不断思考，而不是缺乏目的性地一味灌输。

---

① 叶圣陶：《叶圣陶语文教育论集》，教育科学出版社，2015年版，第52页。
② 朱绍禹：《中学语文教学法》，中华书局，2015年版，第138页。
③ 叶圣陶：《叶圣陶语文教育论集》，教育科学出版社，2015年版，第7页。

教师在教学中不能有掉书袋的倾向，不能将知识点引申得过远，也不能把内容讲得过于深奥艰涩，将简单的文言知识繁复化，把课文讲得支离破碎，超过学生认知范围。总言之，在串讲中要有重点、有目标，把文言知识讲透彻。

（二）翻译法

文言文教学中，翻译文本是探究性学习的基础，翻译包括口译和笔译。新课标指出文言文教学目标是"阅读浅易文言文，能借助注释和工具书理解基本内容"。[①]文言文翻译也是历年中考、高考的考核内容，重要性不言而喻。教师应指导学生参照注释，翻译文言文，达到"准确、通顺、文雅"的要求。

文言文翻译形式多样，其一是直译。直译就是按原文逐字逐句翻译，字字落实，一一解释。一般是将文言文的单音词翻译为双音词，然后连词成句，确保不改变原句句式及风格。如《岳阳楼记》"政通人和"，教材注释为"政事顺利，百姓和乐"。其二是意译。文言文用词灵活，句式多变，有被动句、宾语前置句、定语后置句、双宾语句等。如采用直译法，会被句式束缚，导致句子翻译不通顺，文意不畅。这种情况应采取意译法，灵活翻译。如《荆轲刺秦王》"太子及宾客知其事者，皆白衣冠以送之"，"太子及宾客知其事者"乃定语后置句，"白衣冠"则是词类活用，名词作动词。全句应翻译为"太子和那些知情的宾客，都穿着白衣，戴着白帽给他送行"。

在文言文翻译中，经常会遇到句子省略现象，如主语省略、谓语省略、宾语省略，以及虚词省略。翻译时，应该把省略成分补充完整，保持句意通顺。如《邹忌讽齐王纳谏》"皆以美于徐公"，该句省略了"我"，教材注释为"都认为（我）比徐公美"。《鸿门宴》"所以遣将守关者，备他盗之出入与非常也"，该句省略了连词，应翻译为"派遣将领把守函谷关的原因，是（为了）防备其他盗贼进来和意外的变故"。在翻译中，固有名词一般不翻译，如地名、国名、人名以及物名等，在翻译中应直接保留。文言句中的部分语气词也可不翻译，有些词语仅有语法作用而无法译出的，可以删去不译。如《曹刿论战》"夫大国，难测也"中的"夫"，《陋室铭》"何陋之有"中的"之"，《论语》"学而时习之"中的"而"等。

（三）诵读法

诵读是声音与意义的结合。[②]诵读即熟读成诵，在朗诵中掌握节奏、韵律，如轻重、缓急、抑扬和断连，注意吐字清晰，普通话标准。诵读是文言文的基本教学方法，得到大多数语文教学名家的认同。文言文教学"只有大量诵读，多样的诵读，有效的诵读，才能让学生真正形成文言语感，实现文言素养的提高"。[③]以往文言文教学中，存在"底

---

① 教育部：《义务教育语文课程标准（2022）》，北京师范大学出版社，2022年版，第15页。
② 黎泽渝等：《语文教育论著选》，人民教育出版社，1996年版，第203页。
③ 丁卫军：《诵读·积累·讲析：文言文教学必须强调的几个关键词》，《江苏教育》，2013年第14期。

层语感缺失、顶层缺失美感、中间缺失理解性思辨"的问题。①教师应该通过诵读，将语感、美感、思辨作为重要教学目标，提升课堂文言文教学质量。

诵读方法多样，包括范读、自由读、齐读、角色朗读、指名读、分配乐朗诵等。教师范读是较重要的文言文教学形式。随着教学设备不断更新，语文教师普遍选择名家朗诵的音频、视频等教学资料展开教学。相比较而言，在精心准备下，教师范读能产生更好的教学效果，能够加强师生互动，调动学生的诵读兴趣，营造良好课堂氛围。教师应不断提升自身诵读水平，为学生树立优秀榜样。自由朗读是文言文教学较普遍的诵读方式，晨读课就是典型。学生理解能力不同、文言功底不同，学生根据自身水平开展个性化诵读，进行个性化学习，有利于不同基础的学生共同进步。教师也可以因材施教，对不同诵读水平的学生进行差异化指导。其不利因素是不便统一管理，个别同学会分心走神。

齐读在课堂教学中效果良好，可以检查学生对字词、句子的理解与掌握情况，便于教师及时纠正错误。齐读方式也有助于集中学生注意力，激发学生学习热情，活跃课堂氛围。齐读篇幅不宜过长，可以分段齐读，否则容易使学生疲惫，达不到预定的教学效果。分角色朗读有助于把握文中人物形象特点与心理变化过程，体会情感。在角色朗读中，学生投入情感，有助于理解文章角色形象特点，产生情感共鸣。其不利因素是占用一定课堂时间，部分同学得不到诵读的机会，参与度不高。配乐朗诵具有一定文学艺术性，师生在朗诵中融入情感，能产生一定艺术效果，易于形成情感共鸣。不同教学环节中，诵读作用不同，教师应灵活把握。

余映潮、王崧舟等教学名师均对诵读提出自己的理解，并在教学中积极实践。余映潮《狼》诵读教学中，他让学生在读准字音、停顿和轻重的基础上理顺文义，鉴赏品味语言。最后抓住文体特点，开展趣味诵读，深入体味小说人物情感变化。"从读得流畅到读出故事味道"。②王崧舟《爱莲说》以读代讲，借反复诵读陶渊明和唐人的诗句来引导学生感悟菊花和牡丹的象征意义。③王崧舟老师在诵读教学中非常注重使用背景音乐，他认为汉语具有太强太浓的音乐性。丁卫军将朗读贯穿课堂，包括读单元要求，明确学习方向；读全文，把握字音字形；读段落，理解文本思路层次；读句子，琢磨文言语法特点，同时情境读出意蕴。④上述教学名家具备出类拔萃的诵读能力，他们的诵读设计巧妙，诵读风格鲜明，教学效果令人满意。当前文言文教学中，部分专家已取得一致性意见，即"诵读应该成为文言文教学的基本要求，也应该成为判断一节文言文教学好课的基本标准"⑤。教师在文言文教学中，应多开展诵读活动，读出文言文的美感与意境。

（四）表演法

表演法是将抽象的文本形象化，通过表演将文本语言呈现为肢体动作，让学生更清

---

① 王元华：《百年文言文教学的反思与重建》，《课程·教材·教法》，2015年第6期。
② 汲安庆：《中学语文名师教例评析》，华东师范大学出版社，2018年版，第191-199页。
③ 王崧舟、林志芳："《〈爱莲说〉课堂实录与品读》，《小学语文教学》，2019年第10期。
④ 丁卫军：《〈桃花源记〉课堂实录》，《语文教学通讯》，2017年第35期。
⑤ 丁卫军：《诵读·积累·讲析：文言文教学必须强调的几个关键词》，《江苏教育》，2013年第14期。

晰准确地理解文本。表演法将文言文教学从课本延伸到艺术表演中，将文学转化为表演艺术。文言文教学中的表演大致有三类情况。一是即兴表演。在文言文讲授课中，对于重要的词句或者学生难以理解的段落，教师可以邀请理解能力强的学生即兴表演，通过肢体动作将字词含义形象地表演出来。如《狼》"顾野有麦场"之"顾"，《木兰诗》"当窗理云鬓，对镜帖花黄"之"理云鬓、贴花黄"，《核舟记》"卧右膝，诎右臂支船"之"诎右臂"等，部分学生对这类动词理解不透彻。通过邀请学生表演相关动作，能够加深对字词的体悟。

二是将文言文改编为舞台剧。通过添置必要道具，把课文搬上舞台，演绎其中的故事情节。课文改编属于创新性的课堂教学，通过创造立体舞台形象，重新解读原文情节，展现课文的思想情感。《普通高中教育语文课程标准》（2020）强调教师要"改变因循守旧的教学习惯，同时也要打破技术至上的观念，采用多种形式进行教学，合理利用信息资源"。《义务教育语文课程标准》（2022）也提出，"注重探索研究，注重对文本的体验、感悟、辨析、归纳"。①表演法实际是对文言文的再创造，是理解知识后的重新运用。叶圣陶也认为，语言文字的学习，就理解方面说，是得到一种知识；就运用方面说，是养成一种习惯。理解是必要的，但是理解之后必须能够运用。②学生通过表演，能增强对文本的理解、感悟。现场表演中的艺术感染力也能引导学生进一步对文本进行解读，深入挖掘课文的思想情感。三是参照已有的成熟剧本进行表演，如讲授《廉颇蔺相如列传》时，安排学生表演舞台剧《将相和》。

总之，表演法是用舞台艺术翻译文言词句，将字词意义形象呈现出来，能够增强学生的创新力，锻炼学生的文学创造力，挖掘学生的表演才能。学生通过联系历史、政治、地理等学科知识，将课文知识向外拓展，能够加强学习的迁移。

（五）评析法

评析法指对文章内容、形式作简明扼要的评析，对字词句的难点或文章要旨作简要阐释。在字词句教学中，教师应对关键字词、复杂疑难句式作点拨评析。在思想内容教学中，中学生通过自主学习还达不到全面深刻理解文本思想情感的程度，教师应对文章行文思路、人物形象、文章思想内涵等进行深度评析，帮助学生正确体悟知识点。如课文《琵琶行并序》，该文情节曲折起伏，学生一般不易读透，教师应引导学生评析文章脉络，梳理出"江头送客闻琵琶→江上聆听琵琶曲→歌女倾诉身世苦→同病相怜伤迁谪→重闻琵琶青衫湿"的思路。

在文言文教学中，要引导学生评析关键词句，鉴赏文本，归纳文章思想。如《记承天寺夜游》"何夜无月？何处无竹柏？但少闲人如吾两人者耳"教学中，教师应引导学生评析"闲人"一词，由此归纳出作者郁郁不得志、在自然美景中寻求精神慰藉的情感。《陋室铭》教学中，教师引导学生评析"斯是陋室，惟吾德馨"一句。该句乃文章主旨句，

---

① 教育部：《义务教育语文课程标准（2022）》，北京师范大学出版社，2022年版，第3页。
② 叶圣陶：《叶圣陶语文教育论集》，教育科学出版社，2015年版，第2页。

鲜明体现了作者品行高洁、安贫乐道的情怀。教师在教学中也可反其道行之，在剖析文章思想之后，启发学生评析鉴赏字词。如在古诗文教学中，先通过思想情感创设情境，未成"曲调"先有情，帮助学生深刻理解文本、品读字词。如《登高》教学中，教师先以作者杜甫的人生遭遇、悲伤情怀来创设情境，再引导学生评析"万里悲秋常作客，百年多病独登台"中的"悲"，分析作者因何而悲，有多少层悲。

当前文言文教学提倡群文阅读。《普通高中语文课程标准》（2020）"教学建议"中指出，"通过主题阅读、比较阅读等多种方式，加强课程实施的整合"。群文阅读处于主题阅读和比较阅读的中间地带，最突出的特点是在有限的时间内进行多文本教学，教师在教学过程中要整合课程内容，恰当评析，引导学生从不同角度展开个性化的解读，使课堂从封闭走向开放。如《阿房宫赋》《六国论》联读教学，对两篇文章的文体、行文结构、论证方法、作者的观点及意图等对文章进行对比阅读。教师通过评析，讲解作者所处时代背景，让学生感受借古讽今的艺术特点，体察作者真挚而深切的爱国之心，培养责任与担当精神。

后 记

长江师范学院文学院贯彻党和国家的教育方针，秉承"治学促乡，师从师出"的办学传统，践行"文以化人，学以明道"的院训，依托中国语言文学学科，整合优质资源，开设汉语言文学专业，推进教育教学改革，创新人才培养模式，历经数十年办学，在培养中小学骨干语文教师方面，积累了较为丰富的经验。自汉语言文学专业获批为重庆市特色专业和一流专业并通过教育部师范专业认证以来，文学院积极探索"校地协作，分类培养，学练结合"的人才培养模式，较好探索了卓越教师和博雅人才的培养经验，成果较为可喜。

近年来，文学院贯彻落实"为党育人、为国育才"的教育方针和党的二十大精神，自觉落实"立德树人"的根本任务，切实对标"新师范""新文科"建设要求，引导全院师生探索学科专业建设规律，转变人才培养观念，创新人才培养模式，推动教育教学改革，总结教研教改经验，形成了具有一定理论深度、参考作用的研究成果。

在宏观理论研究方面，专业负责人丁世忠教授总结了英国启蒙思想家、小说家斯威夫特融会在《格列佛游记》的教育思想，周仁成教授研究了新文科建设背景下校地联合培养卓越语文教师的现实状况与改进策略。张江元副教授依据新课程标准和部编语文教科书，指出语文教育价值导向新变化。教研室主任梁平教授以语文课程标准和教育教学的虚实相映特征，强调语文教师应是虚实相映的高素质人才。李金荣教授认为急需切实提升地方师范院校专任教师的课堂教学、课程思政、实践指导、智慧教学、教研科研、创新创业指导和职后培训等能力。系主任白瑞芬从乡村教师具备成长为新乡贤培养潜质出发，提出通过政府顶层设计和政策激励、优化乡贤社会成长环境、设置乡贤培养路径体系、培养形成群体和个体乡贤的路径。姜游老师指出新时代师德师风建设的急迫性，就改进相关工作提出可行性。

在教学改革研究方面，张良丛教授结合当前美学理论研究、美学教材编写转向新形态美学的状况，指明提高美学教学效果的路径。李胜教授结合自己多年"中国古代文学"课程系列教学案例，指出高校教师改进教育教学的办法和策略。肖太云教授以《边城》的审美化教学设计为例，总结文学通识课的审美化教学及其课堂操作。高月副教授结合新时期课程思政要求，总结和梳理西部普通师范院校中国古代文学课程的教学策略。对此，郭芳丽副教授提出文学概论课程思政实现路径是将文学理论问题中国化、具体化。彭福荣教授认为中国古代文学课程教学应该助力铸牢中华民族共同体意识，应该明确各民族共同创造中华民族文学。张玫博士亦研究中国文学类课程教改实践，指出当前课程教学改革存在的问题和改革的策略。付清泉副教授指出中国现当代文学课程具有丰富的思政教育资源，提出教研教改措施。李利芳老师以《齐桓公伐楚》教学为例，探讨构建人类命运共同体话题。赵久湘副教授就高校训诂学课程教学，提出系列教学改革措施并取得有效成果。逯宏副教授突出学生中心地位，积极探索中国古代文学课程混合教学实践。王科副教授强调"以生为本"的教学理念，总结问题式导课法，应遵循趣味性、针对性、效益性和悬念性四条基本原则。王盛婷副教授总结梳理应用型大学古代汉语文选教学改革实践，强调师生互动来共同提高教学效率。张立娟与张慧强老师强调利用部首的特征，提高对外汉语汉字教学的效率。

在学生专业素养提升与技能训练研究方面，李侠副教授强调在"四好"标准下，加强实习教师的师德建设。王洋河博士分析了文言文阅读教学的意义、目标、任务、教学内容，以及文言文阅读教学方法。方玲玲老师则是在教育数字化背景下，总结和思考《诵读能力训练》数字化教材建设问题。对此，李荣老师基于普通本科汉语言文学师范专业教学实践分析了新媒体背景下古代小说教学现状及其改进策略。常爽博士思考中华优秀传统文化的高中传承问题，提出改进措施。秦敬副教授指导万刘湘同学经历多场次师范生技能大赛，总结了学生参加高水平竞赛的成功经验。

由此可见，本书汇集近年文学院教师对中国语言文学学科建设和汉语言文学专业建设和学生专业素养提升与技能训练的理性认识、规律探索、经验总结和实践反思，具有较强的理论性、实践性和指导性，内容涉及教育思想讨论、高校师德师风建设与业务能力提升、具体课程教育教学改革和高素质人才培养等，体现我们在此领域的实践与努力。

但必须承认，结集出版的这些成果尚处于探索阶段，甚至只是粗浅表面，旨在抛砖引玉，向学界同行请教交流。所以，我们热诚欢迎大家指正，以便于改进工作，以求进步。另外，我们希望通过展示"可能不太像样"的这些成果，引发更多关于高等教育尤其是高校中文教育教学的改革思考，推动我校或者市内外中国语言文学学科建设和汉语言文学专业发展。

在书稿整理和出版之际，我们感谢长江师范学院文学院全体师生的辛勤付出、积极探索和贡献智慧，感谢长江师范学院学生易炳龙等同学为集成本书做了信息采集和文献整理，感谢为本书出版辛勤劳动的审读、校对人员，感谢本书所引用、参考论著成果的全部作者。谢谢大家。

由于时间仓促和能力水平所限，本书或有较多错讹，欢迎批评指正。

白瑞芬

2023 年秋于钩深副楼